莊子 철학 우화②

털끝에 놓인
태산을
어이할까

莊子 철학 우화②
털끝에 놓인 태산을 어이할까

지은이 윤재근
펴낸이 양동현
펴낸곳 도서출판 나들목
　　　　출판등록 제6-483호
　　　　주소 136-034, 서울 성북구 동소문로13가길 27
　　　　전화 02) 927-2345 팩스 02) 927-3199

초판 1쇄 발행 2003년 1월 25일
초판 4쇄 발행 2017년 9월 15일

ISBN 89-90517-01-X / 04150

www.iacademybook.com

莊子 철학 우화 ②

털끝에 놓인
태산을
어이할까

윤재근 지음

나들목

《장자 철학 우화(莊子哲學寓話)》를 3권으로 묶어 초판을 출간했던 때가 1990년 동짓달이었다. 10년이 넘어 표지도 갈고 편집도 달리해 새로운 모습으로 독자들 앞에 다시 나오게 되었다. 내용은 그냥 두고 새 옷을 입힌 셈이다.

30대를 보내면서 삶의 명암(明暗)이 나를 서글프게 하거나 힘들어 지치게 할 때면 나는 성현(聖賢)들을 뵙고 나를 철들게 하려고 했던 버릇이 있었다. 나는 그런 버릇을 내 행운으로 여기고 산다. 젊어서부터 성현을 뵐 때마다 내 나름대로 성현의 말씀을 듣고 체험한 바를 비망록(備忘錄)으로 간직해 두곤 했었다. 나는 성현을 할아버지로 여기고 뵈었지 철인(哲人)으로 여기지 않았다. 그랬던 내 버릇은 지금도 변함이 없다.

《장자》를 〈철학 우화〉라고 한 것은 《장자》를 철학(哲學)으로만 볼 것이 아니라 그 세계를 우화(寓話)로 여기고 체험한다는 뜻을 간직하고 있기 때문이다. 성현을 연구해 보자고 할 것이 아니라 성현의 말씀을 체험해 보자는 것이다. 나는 《장자》를 연구하는 전문가가 아니다. 《장자》를 성현의 말씀이 담긴 이야기로 여기고 그 성현을 할아버지로 뵙고 나는 손자가 된 마음가짐으로 성현의 말씀을 체험하려고 했다. 만일 《장자 철학 우화》가 연구서(研究書)였더라면 복간(復刊)이 아니라

개정판(改訂版)으로 나와야 의미가 있을 것이다. 그러나 《장자 철학 우화》는 연구서가 아니라 성현의 당부를 잊지 않고 간직하기 위한 우리 모두의 비망록(備忘錄)이 될 수 있다는 믿음에 복간하는 것이 좋겠다는 생각이 들었다.

살아가면서 괴롭고 쓰라릴 때일수록 《장자》를 만나 성현을 뵙고 손자가 되어 보기를 권하고 싶다. 《장자》를 만나 성현들의 말씀을 들으면 막막하던 미래가 밝아지고 옹색하게 묶여 끙끙거리던 나로부터 훌훌 벗어나 자유로운 삶을 누리는 또다른 나를 발견할 수 있다. 이런 비밀을 나는 내 체험을 빌어 장담해 두고 싶다.

《장자》는 나에게 내 자신을 살펴보라고 한다. 내 밖을 살피지 말고 내 속을 살펴보라고 한다. 그리고 나를 목마르게 하는 것들(돈·명성·출세 등등)을 훌훌 털어 버리고 자신을 있는 그대로 사랑해 보라고 한다. 그러면 초라해 보였던 내 자신이 엄청 커지는 살맛을 느끼는 순간과 마주하게 된다. 여기서 살아가는 힘이 솟는 법이다. 사는 힘을 남김없이 주는 《장자》를 만나면 저마다 나름대로 삶을 자유롭게 설계해 가는 힘을 성현의 큰 마음으로부터 얻어 낼 수 있다.

성현의 큰 마음보다 더 소중한 삶의 선물은 없음을 확인하리라고 확신한다. 그래서 《장자 철학 우화》의 복간이 내 자신에게도 새삼스럽다. 온 정성을 다해 복간해 준 도서출판 나들목 양동현 사장님이 고맙다.

2003년 1월

　　장자의 〈외편(外扁)〉은 철학이 생활과 밀접한 관계를 맺으면서 이야기를 펼쳐 나간다. 생활이란 세상의 여러 사건들과 맞물려 얽히게 마련이다. 그래서 세상을 다스린다는 말이 나온 셈이다.

　　언제나 잘살기 위해 세상을 다스린다고 약속을 하면 사람들은 그것을 믿고 따른다. 그러나 그러한 약속들이 얼마나 허망하게 문질러져 눈물과 한숨을 자아내게 하는가. 이를 묻지 않아도 다들 안다. 왜 세상을 다스린다고 하면서 세상을 망쳐 간단 말인가? 이러한 인간의 역사를 장자는 괴로워한다. 역사를 괴로워함은 인간의 운명일까 아니면 인간의 잘못일까? 이러한 물음을 던지고 장자는 우리로 하여금 응답하게 한다.

　　사람을 못살게 하는 것이 무엇인가? 그것은 바로 사람이다. 왜 사람이 사람을 못살게 하는 것일까? 장자는 자연을 어기고 엇난 인간들이 너무나 오만해지고 옹졸해지고 겁 없이 덤비는 인간들의 수작 탓임을 알려 주고, 인간으로 하여금 한번 부끄러워하라고 타이른다. 그러나 사람들은 장자의 이러한 간곡한 말을 귀담아 듣지 않은 지 이미 오래다.

　　장자는 인간을 겸허하게 한다. 그리고 인간을 아주 작은 존재로 몰아가다가 엄청나게 크나큰 존재로 떠올려 준다. 이는 새로운 시야로 세상을 바라보는 눈을 뜨게 하고 귀를 트게 하는 까닭이다. 옹졸한 인간을 시원하고 훤하게 넓혀 주고, 애달파 마음을 졸이는 인간을 훨훨 나는 새처럼 자유롭게 한다. 장자는 행복의 철학을 이야기로 들려준다. 그래서 불행할수록 장자는 벗이 되어 불행한 상처를 낫게 하는 셈이다.

장자는 인간의 마음을 뒤집어 놓는다. 알게 하는 것보다 모르게 하는 것이 더 마음을 편하게 하고, 모르게 하는 것보다 잊어버리게 하는 것이 더더욱 마음을 편하게 함을 깨우치게 한다. 지금 우리는 무엇을 몰라서 탈이 아니라 너무 많이 알아서 탈이다. 그래서 모두 나름대로 마음의 병을 앓는다.

마음에 병이 깊이 든 사람일수록 장자는 어루만지며 마음속의 먼지를 털어 준다. 마음을 하나의 호주머니로 생각한다면 장자는 그 호주머니를 뒤집어 먼지를 털어 준다.

털어 먼지 없는 사람이 어디 있단 말인가. 장자의 〈외편〉은 마음속의 잡것들을 털어 내는 먼지떨이와 같다. 장자의 먼지떨이는 부드럽고도 즐겁게 인간의 마음속을 털어 낸다. 그리하여 마음속을 첫새벽의 하늘처럼 말끔하게 씻어 내는 장자의 우화들은 현대인을 괴롭히는 암담한 절망을 털어 내 준다. 마음이 허공처럼 맑고 쇄락하다면 마음이 가벼워진다. 마음을 가볍게 하라. 이 말이 왜 참말인가를 장자는 타일러 준다.

괴로워 말고 그것을 생각하라. 생각했다면 잊어라. 생각했음을 잊어버림이 곧 무심(無心)인 것을 깨달으면 상대적인 것들이 저절로 풀린다고 장자는 소곤거린다. 사랑하다 증오하려거든 사랑하지 마라. 이것이 사랑의 무심일 게다. 믿다가 의심하려면 믿지를 마라. 이것은 믿음의 무심일 게다. 억지를 부리지 말고 물이 흐르듯이 바람이 불 듯이 살라. 이것은 삶의 무심일 게다. 장자의 먼지떨이는 마음을 무심으로 이끌어 사람을 편히 자고 편히 일어나게 한다. 그러니 장자의 우화는 먼지떨이도 되고 베개도 되는 셈이다.

　장자의 철학에서 우화를 체험하면서 위와 같은 독백들을 자주 내 자신에게 타일렀다. 그리고 특히 장자의 말씀〔語錄〕에는 생활의 지혜들이 듬뿍 담겨 있다고 여겼다.

　《詩論》을 십수 년에 걸쳐 준비하면서 玄岩社의 《莊子》를 줄곧 읽었었다. 그러면서 어록(語錄)을 메모해 두었던 것들을 원고로 옮겼다. 원고로 옮기면서 대만판인 영역본과 民音社의 《莊子》도 참조하면서 현대인의 구미에 맞게 해 보려고 했다. 이 책을 연구서가 아니라 생활의 지혜로 체험해 주었으면 한다.

복간 서문 · 4
머리말 · 6

제1부 장자(莊子)와 함께 있으면

장자(莊子)와 함께 있으면 ─────────────── 16
1. 장자여 왜 시비를 거는가 ─────────────── 20
2. 편하게 하라 ─────────────────────── 24
3. 자연을 보라 ─────────────────────── 28
4. 탈을 벗어라 ─────────────────────── 32

제2부 우화(寓話) 속의 인물들

1. 〈변무(騈拇)〉의 인물들
모자라도 탈, 넘쳐도 탈이다 ─────────────── 38
(1) 눈이 밝은 이주(離朱) ─────────────── 42
(2) 귀가 밝은 사광(師曠) ─────────────── 44
(3) 인의를 파는 증삼(曾參)과 사추(史鰌) ───────── 47
(4) 사랑을 앞세운 양주(楊朱)와 묵자(墨子) ──────── 49
(5) 큰 죄를 범한 순(舜) 임금 ─────────────── 53
(6) 똑같은 백이(伯夷)와 도척(盜跖) ───────────── 55
2. 〈마제(馬蹄)〉의 인물들
재주가 탈인 사람들 ─────────────────── 58
(1) 명마(名馬)를 만든다는 백락(伯樂) ──────────── 62

(2) 성인(聖人)을 꾸짖는 혁서씨(赫胥氏) ——————— 64

3. 〈거협(胠篋)〉의 인물들

도둑질하는 사람들 ———————————————— 68

(1) 나라를 훔친 전성자(田成子) ————————— 72

(2) 성인을 훔치는 도척(盜跖) ——————————— 74

4. 〈재유(在宥)〉의 인물들

세상을 그대로 가만히 두라 ——————————— 78

(1) 노담(老聃)을 뵙는 최구(崔瞿) ———————— 80

(2) 탄식하는 장자 ———————————————— 83

(3) 황제(黃帝)를 박대한 광성자(廣成子) ———— 85

(4) 도를 터득한 운장(雲將) ——————————— 88

5. 〈천지(天地)〉의 인물들

안다고 재주를 부리지 마라 —————————— 91

(1) 군자를 밝히는 부자(夫子) ————————— 93

(2) 구슬을 찾아준 상망(象罔) ————————— 97

(3) 임금을 혼낸 봉인(封人) —————————— 100

(4) 우주를 짚는 장자 —————————————— 101

(5) 빗나간 공자 ———————————————— 103

(6) 두 번이나 혼난 자공(子貢) ———————— 104

(7) 공자를 원망하는 자공 ——————————— 105

6. 〈천도(天道)〉의 인물들

하늘의 즐거움을 아는가 ——————————— 107

(1) 영탄하는 장자 ——————————————— 109

(2) 노자를 만난 공자 ———————————————— 112

(3) 노자를 만난 사성기(士成綺) ———————————— 115

(4) 높은 분을 무안케 한 윤편(輪扁) ——————————— 117

7. 〈천운(天運)〉의 인물들

벌레들의 사랑을 아는가 ————————————————— 121

(1) 인간에게 답하는 무함소(巫咸祒) ——————————— 123

(2) 급소를 찌르는 장자 —————————————————— 125

(3) 두려워하는 북문성(北門成) —————————————— 127

(4) 사정없는 사금(師金) ————————————————— 130

(5) 몰라도 되는 것만 아는 공자 ————————————— 133

8. 〈추수(秋水)〉의 인물들

무엇을 안다고 뽐내나 ——————————————————— 136

(1) 임자를 만난 하백(河伯) ———————————————— 138

(2) 걸림이 없는 북해약(北海若) —————————————— 141

(3) 애걸하는 하백 ————————————————————— 144

(4) 후련해진 하백 ————————————————————— 146

(5) 조롱받는 공손룡(公孫龍) ——————————————— 149

(6) 제 발에 밟힌 혜자(惠子) ———————————————— 151

9. 〈지락(至樂)〉의 인물들

즐거움이 어디 있는가 ——————————————————— 155

(1) 문상갔던 혜자(惠子) —————————————————— 157

(2) 지리숙(支離叔)과 골개숙(滑介叔)의 만남 ———————— 160

(3) 주검을 베고 잔 장자 —————————————————— 162

(4) 걱정을 사서 하는 공자 ——————— 165

(5) 주검과 말을 나누는 열자(列子) ——————— 168

10. 〈달생(達生)〉의 인물들

무엇을 따르고 무엇을 잊어야 할까 ——————— 171

(1) 사물을 넘은 관윤(關尹) ——————— 173

(2) 매미를 잡는 꼽추 ——————— 176

(3) 안연(顔淵)을 혼내준 뱃사공 ——————— 179

(4) 돼지우리 앞의 축종인(祝宗人) ——————— 181

(5) 마음속을 꿰뚫는 황자고오(皇子告敖) ——————— 184

(6) 달생을 누리는 사람들 ——————— 186

11. 〈산목(山木)〉의 인물들

왜 편히 살지 못하는가 ——————— 191

(1) 중간에 선 장자 ——————— 193

(2) 천국의 마을로 가라는 시남자(市南子) ——————— 196

(3) 공자를 회개시킨 대공임(大公任) ——————— 199

(4) 사람을 고쳐주는 자상호(子桑戶) ——————— 201

(5) 왕을 꾸짖는 장자 ——————— 204

12. 〈전자방(田子方)〉의 인물들

왜 텅 빈 마음이 그득할까 ——————— 207

(1) 수가 높은 전자방 ——————— 209

(2) 한숨짓는 온백설자(溫伯雪子) ——————— 212

(3) 뉘우치는 공자 ——————— 214

(4) 망신당한 애공(哀公) ——————— 217

(5) 편하게 사는 사람들 ——————— 220

제3부 외편(外篇)의 장자 어록(語錄)

1. 〈변무(駢拇)〉의 어록 ──────────── 224

2. 〈마제(馬蹄)〉의 어록 ──────────── 239

3. 〈거협(胠篋)〉의 어록 ──────────── 248

4. 〈재유(在宥)〉의 어록 ──────────── 259

5. 〈천지(天地)〉의 어록 ──────────── 276

6. 〈천도(天道)〉의 어록 ──────────── 288

7. 〈천운(天運)〉의 어록 ──────────── 297

8. 〈추수(秋水)〉의 어록 ──────────── 306

9. 〈지락(至樂)〉의 어록 ──────────── 315

10. 〈달생(達生)〉의 어록 ──────────── 321

11. 〈산목(山木)〉의 어록 ──────────── 329

12. 〈전자방(田子方)〉의 어록 ──────────── 334

제1부
장자(莊子)와 함께 있으면

장자(莊子)와 함께 있으면

　장자는 꼭두각시 놀음을 싫어한다. 그러므로 흉내짓을 하게 되면 허수아비가 되고 만다. 그렇게 되지 않으려면 스스로 보는 눈을 뜨고 스스로 듣는 귀를 트라고 장자는 부탁한다. 마음속에 있는 것들을 비워내기 위해 그렇게 해 달라고 부탁한다. 그래서 장자와 함께 있으면 스스로 있게 되는 비밀을 만나게 된다.

　장자는 풍각쟁이를 싫어한다. 풍을 쳐서 사람의 마음을 풍선처럼 둥둥 뜨게도 하고 폭삭 떨어지게 수작을 부리는 짓거리를 하면 모든 것으로부터 멀어지는 이유를 장자는 솔직하게 말해 준다. 특히 장자는 세상을 책임지고 구하겠다는 사람을 신용하지 말라는 주문을 한다. 그런 위인일수록 사람의 목을 묶는 밧줄을 감추어 두고 겉으로 미소를 지어 사람을 속이는 짓을 한다고 밝혀 준다.

　장자는 수수함을 좋아한다. 그래서 잘난 사람보다는 못난 사람을 좋아한다. 교양이 넘치고 세련된 사람의 가슴속에는 매서운 냉기만 도사리기 쉽고 이해타산에 따라 웃고 우는 엉큼함이 감추어져 있음을 살펴보게 한다. 장자와 함께 있으면 자신도 모르게 수더분한 사람으로 바뀐다. 얄밉지 않은 사람을 누가 싫어할 것인가. 이처럼 장자는 참다운 벗을 얻는 비밀을 밝혀 주어 사람을 즐겁게 한다.

　장자는 꾸며진 것을 싫어한다. 그래서 그는 유가(儒家)를 믿지 않는다. 그는 무엇이든 꾸며서 사람을 조여매는 것을 싫어한다. 그래서 그는 누구보다도 자유(自由)를 사랑한다. 장자가 말해 주는 자유는 만물이 지닌 본성(本性)인 것을 알게 된다. 사람만 그것을 바라는 것이 아니라 만물이 모두 자유이기를 바란다는 것이다. 그러나 꾸며진 것은 자유를 소모하거나 착취해서 구속을 만들어 낸다. 장자는 이러한 짓을 인위(人爲)라고 밝힌다. 인위란 무엇인가? 조롱 속에 든 새 같은 것이다. 그렇다면 무위(無爲)란 무엇일까? 수풀 속에 둥지를 틀고 사는 새일 게다. 인위는 수풀 속의 새를 잡아다가 조롱 속에 넣으려고 가지가지로 꾸미는 짓을 한다.

장자와 함께 있으면 즐거운 선물을 받는다. 그 선물이 바로 무위이다. 무위는 밝은 햇빛과 파란 하늘과 넓은 대지(大地) 같은 것이다. 그 햇빛이 마음속을 밝게 비추어 투명하게 한다. 그러면 마음은 파란 하늘처럼 맑아진다. 마음이 밝은 햇빛을 파란 하늘로 안는 것, 이것이 장자가 만나게 하는 무위의 선물이다. 이 선물을 받으면 홀연히 마음이 망망한 대지처럼 펼쳐진다. 이처럼 무위는 사람의 마음을 자연이게 한다.

이제 왜 무위라는 것이 수풀에서 마음 편하게 사는 들새 같은 것인가를 알 만할 것이다. 무위와 자연과 자유, 이들은 장자가 말하는 참다운 도덕의 보금자리다. 물론 그것들은 따로 있는 것이 아니다. 다만 그 말들은 본래의 모습을 밝히려는 것뿐이다. 그러므로 장자가 주는 선물은 본래의 모습을 만나 보게 하여 사람을 커다랗게 해 주는 햇빛과 하늘과 대지인 셈이다.

자연이란 무엇인가? 소의 네 발이다. 그리고 문화란 무엇인가? 소의 코를 뚫고 걸려 있는 코뚜레다. 이렇게 직설하는 장자를 만나면 누구나 속이 후련해질 것이다. 동시에 인간이란 존재 자체가 얼마나 앞뒤가 맞지 않는가를 돌이켜보게 한다. 인간은 스스로 코뚜레를 열심히 만들어 제 코에 걸려고 한다. 그러한 바람이 인간을 문화 동물(文化動物)이 되게 한다. 그리고 인간은 그러한 동물인 것을 영광으로 자랑한다. 이러한 영광은 인간으로 하여금 만물을 활용의 대상으로 여기고 무엇이든 정복해야 한다는 욕망으로 치닫게 한다. 그래서 인간은 문화의 수레를 무한대로 끌고 가기 위해 모험을 하고 투자를 하고 성취를 하기도 하고 실패와 좌절과 절망에 절어 버리게도 된다.

여기서 인간은 문화 동물이라는 자화상을 들여다보게 된다. 그리고 코뚜레에 질질 끌려 다니는 자신을 목격하고 초주검이 된다. 이러할 때 장자와 함께 있으면 문화의 질곡에서 풀려나는 순간을 스스로 만나게 된다. 이 얼마나 행복한 순간인가. 나의 본 모습을 만나는 까닭이다.

문화의 열병이 인간을 앓게 한다. 온 심신(心身)이 만신창이(滿身瘡痍)가 되어 마음이 썩으니 살도 썩고, 피가 마르니 뼛골이 아린다. 이러한 앓음앓이는 분명 문화가 기승을 부리면 부릴수록 더해만 간다. 세상은 하루가 다르게 편리하게 변화해 간다는데 왜 인간은 점점 더 심한 통증을 감당해야 하는가? 인간이 스스로의 코에다 건 문화의 코뚜레가 무겁고 굵어지는 까닭이다. 장자를 만나면 그 코뚜레를 벗어버릴 수 있는 비밀을 만나게 된다. 이것은 분명 장자가 건네주는 자유라는 선물이다.

프랑스 파리에서 은행원 노릇을 하다가 어느 날 갑자기 파리를 떠나 아프리카 오지로 갔던 고갱이란 화가를 누구나 기억할 것이다. 고갱은 왜 파리를 떠났을까? 고갱의 코에 걸린 코뚜레를 벗어 내려고 갔던 게다. 그것을 벗어 버리고 나면 콧구멍 속으로 거침없이 밝은 햇빛이 들어오고 파란 하늘이 내리고 대지의 숨결이 들어와 숨을 제대로 쉬게 된다. 이 얼마나 상쾌한가. 그 상쾌함을 고갱은 그림으로 남기지 않았던가. 특히 〈어디서 와 어디로 가고 있는가〉란 제목을 붙여 둔 고갱의 그림을 상상해 보라. 코에 걸린 코걸이를 그 그림에서는 볼 수가 없다. 고갱이 아프리카에서 누렸던 자유는 바로 장자가 이미 알려 준 그런 자유인 게다.

그러므로 장자와 함께 있으면 법이 보장해 주는 조건부의 자유가 아니라 무한대의 자유를 눈으로 보고 귀로 듣고 코로 맡고 입으로 말하게 되어 속마음이 한없는 자유를 마시게 된다. 이러한 자유는 남으로부터 받거나 얻는 것이 아니라 스스로 맞이해야 한다. 문화의 폭풍이 불어치는 도심의 한가운데를 장자와 함께 걸어 보라. 소란스런 틈바구니에서도 자유를 한아름 안을 것이다. 니체니, 초인이니를 따로 부를 것이 없다. 장자가 곧 초인일 수 있음을 아는 이는 무위가 곧 사랑하는 방법임을 알게 되는 까닭이다.

사랑하다 말면 증오하게 되는 그러한 사랑이 아니라 나를 자유이게 하는 사랑은 무엇인가? 자연이고 자유이며 무위인 것이다. 코에 코뚜레를 걸고 절망하며 신음하는 현대인일수록 장자와 함께 걸으며 그의 우화를 들으면 그 무겁던 코걸이는 뚝뚝 떨어져 나가고 밝은 햇빛의 파란 하늘과 넓은 대지의 숨결이 그대의 핏속으로 들어와 태초의 생명이 얼마나 황홀한 자유의 선물인가를 알 수 있게 된다. 막막할수록 장자를 만나면 니체마저도 찾아야 했던 초인이 바로 우리 곁에 있음을 확인할 수 있으니 한순간만이라도 우리는 코뚜레와 멍에를 벗어 버리게 된다.

1. 장자여 왜 시비를 거는가

한사코 시비를 말라던 장자가 〈외편〉에 오면 시비를 걸고 나온다. 시비를 말라던 장자와 시비를 걸고 나오는 장자는 한 사람일까 다른 사람일까. 그래서인지 〈외편〉의 장자는 〈내편(內篇)〉의 바로 그 장자가 아니라는 생각들을 많이 한다. 그렇다면 시비를 거는 장자는 누구일까? 장자의 생각에 뿌리를 내리고 인간의 세상을 바라보려던 장자의 후예들로 짐작된다.

스승은 시비를 말라고 했지만 왜 그 후예들은 시비를 걸어야 했을까? 〈외편〉의 첫머리를 보면 장자는 유가(儒家)에 시비를 걸고 나온다. 수백 년이 흘러 온 오늘날 그 시비를 들어 보면 그 시비가 터무니없거나 맹랑하다거나 턱없는 트집이 아니었음을 잘 알 수 있다. 왜냐하면 우리는 그 유가를 신주처럼 모시고, 죽어도 유가를 놓아서는 안된다고 버티었던 조선조(朝鮮朝)의 허망했던 종말을 잊을 수 없기 때문이다.

조선조가 허무하고 맥없이 망한 것은 근본적으로 무엇 때문이었을까? 유가의 탓으로 돌려도 지나치지 않을 게다. 강철도 지나치면 부러지고, 질기다는 고래 심줄도 마르면 끊어지게 마련이다. 조선조의 유가는 담금질을 너무나 심하게 한 강철이었고 물기라고는 한방울도 없이 메마른 고래 심줄처럼 휘어지고 비틀리고 꼬이고 헝클어져 매듭을 풀 수 있는 코를 찾을 수 없을 지경이 되면서도, 주자(朱子)의 입을 빌려서 맹자, 맹자 하다가 망했던 것을 우리는 다 안다. 그러한 유가의 못된 점을 이미 장자는 수백 년 전에 알고서 시비를 걸고 나왔으니 얼마나 놀랍고 시원한 일인가. 조선조의 양반들이 《장자》를 금서(禁書)로 묶어 놓고 만에 하나라도 그것을 읽으면 유배를 보내거나 혼줄을 내려고 덤볐던 연유를 장자의 〈외편〉에서 단번에 찾을 수가 있다.

그러나 지나간 조선조를 탓하고 원망하기 위해 《장자》의 〈외편〉을 읽을 필요는 없다. 오늘과 내일을 위해 장자의 시비를 만나면 된다. 장자의 시비는 옳고 그름을 가리는 편가름이 아니라 그러한 편가름이 얼마나 허망한가를 보여 주려고 하는 까닭이다. 무엇이든 사나우면 순하게 해야 하고 강하면 약하게 해야 한다.

장자의 시비는 왜 강한 것이 약한 것이고 약한 것이 강한 것인가를 헤아리게 하면서 백만대군을 호령하는 장군의 목소리보다 어린애의 웃음이 더 강한 연유를 짚어 보게 한다. 사람을 자연이 되게 하는 것이다. 이처럼 장자의 시비는 인간을 자연이 되게 하려고 유가에 시비를 걸고 있을 뿐이다. 왜냐하면 유가는 처음부터 인간은 산하의 새나 짐승과는 다르다는 시비를 걸어서 태평성대를 약속하는 왕도(王道)를 주장했기 때문이다. 〈외편〉의 장자는 그러한 주장이 새빨간 거짓말임을 알고 있다. 그래서 시비를 거는 것이다.

사람이 자연이 되게 한다는 것은 어떤 것일까? 사람이 산이 되어야 하고 물이 되어야 하고 바람이 되어야 한다는 것은 아니다. 산천이 자연이고 하늘과 땅 같은 것만이 자연인 것은 아니다. 있는 그대로 있는 것이면 자연이고, 없는 그대로 없는 것이면 자연이다. 시원한 산들바람은 자연이고 에어컨에서 나오는 찬바람은 자연이 아니다. 그 찬바람은 사람의 바람일 뿐이다. 잠자리에서 일어나 세수를 하고 물기를 씻어 내는 여인의 얼굴은 자연이지만 그 얼굴이 거울 앞에서 화장을 받게 되면 자연이 아니다. 그러므로 인간이 자연이 되라는 것은 있는 그대로와 없는 그대로를 만족하라는 것이다. 어떻게 하고 왜 해야 하고 어떻게 하지 말고 왜 하지 말아야 한다는 단서를 달아 사람을 옹색하게 한다면 이미 그러한 짓거리가 사람의 목을 매다는·꼴이 되어 버린다. 장자는 이러한 꼴을 싫어한다.

아기를 밴 여인이 열 달을 채워서 겪을 만큼 산통을 거치고 해산을 하는 것은 자연이다. 뱃속에 든 아이가 아들인지 딸인지 모르고 낳으면 그것도 자연이다. 그러나 뱃속의 아이가 자궁의 문을 열고 나오지 않고 배를 가르고 자궁의 벽을 허는 제왕절개로 나오면 처음부터 자연을 어기고 세상의 바람을 멈추게 하는 꼴이다. 어디 이뿐인가. 사주 팔자가 좋아야 한평생이 좋다는 욕심이 앞서서 날짜와 시간을 받아놓고 그것에 맞추어 뱃속의 아이를 끄집어내는 어머니와 아버지는 처음부터 자신의 아이를 자연이 아닌 상태에서 만나게 된다. 어머니가 되는 자연의 섭리가 사람이라고 다르겠는가. 소가 송아지를 낳는 것이나 새가 알을 품어서 새끼를 까는 것이나 다를 바가 없는 법이다.

생산과 소멸을 인위적으로 조절하는 것을 장자는 싫어한다. 그러한 짓들은 모두 자연이 아닌 까닭이다.

사람이 자연이 되면 한없이 편하다는 것이다. 자연에는 선악의 분별이 없는 까닭이요 귀천의 상하가 없는 까닭이며 정오(正誤)의 판별이 없는 까닭이요 의리(義利)의 구별이나 유무의 분별이 없는 까닭이다. 물론 모든 사람이 이렇게 자연이 될 수도 없고 그렇게 될 리도 없다. 욕심을 모두 버린 사람이란 어쩌면 자연이 아닐 수도 있기 때문이다.

그러나 사람이 자연이 되려고 노력하는 마음을 간직한다면 사람이 사람을 걱정하게 하고 답답하게 하고 막막하게 하는 짓거리가 줄어들 것은 분명하다. 그래서 '인간이여, 자연이 되라'고 시비를 거는 장자가 시원하다. 이러한 연유로 처음부터 〈외편〉의 장자는 술술 거침없는 이야기를 끌어 간다. 그러한 이야기를 듣고 있노라면 〈외편〉의 장자가 오늘을 살아가는 우리에게 시비를 걸고 있다는 생각을 버릴 수 없게 된다. 왜냐하면 지금 우리는 너무나 자연이 아닌 인간으로 살고 있기 때문이다.

무엇이든 절정에 이르면 맨 밑바닥으로 추락하게 마련이다. 이것이 자연의 움직임이다. 분명한 진실은 되돌아옴이다. 가는 것은 오는 것으로 이어지고 오르는 것은 내리는 것으로 이어지는 법이다. 이를 노자는 반자(反者)라고 하였다. 자연이란 무엇인가? 바로 노자의 반자인 셈이다. 장자는 사람에게 이러한 자연을 깨우치게 하려고 유가와 시비를 거는 것이다. 이러한 장자의 말에 솔깃해진다면 무엇 때문에 화를 낼 것이며 절망하고 고뇌하고 몸부림을 칠 것인가. 장자의 이야기를 듣노라면 그렇게 안달하지 않아도 된다는 편안한 비밀을 만나게 된다. 이 얼마나 고마운 장자의 선물인가.

우리는 자신도 모르는 사이에 마음속에 식인종의 칼을 품고 산다. 다만 겉으로 드러낸 상표만 다를 뿐이다. 그 칼날을 세우는 숫돌을 치우는 것이 좋다는 이야기를 〈외편〉의 장자가 들려준다. 그 이야기가 우리를 부끄럽게 하면서도 몹시 편안하게 하므로 그것은 오늘날 장자가 우리에게 주는 선물인 게다.

2. 편하게 하라

　백 근의 돌덩이를 지면 무겁고 백 근의 황금을 지면 가벼울까? 돌이든 황금이든 다 같은 백 근의 양이라면 그 어느 것을 지든 무거워 몸이 짓눌리기는 마찬가지다. 짓눌리는 몸은 답답하다. 무거운 짐 때문에 답답한 몸이 가벼워지려면 그 짐을 벗어야 한다. 사람은 돌덩이를 지라면 한사코 벗어 던지려고 하지만 황금을 지라면 한사코 더 많이 질 수 있다고 장담을 한다. 그래서 사람에게 짐을 지우려면 그 짐이 무엇이든 황금인 것처럼 꾸며야 한다. 장자는 이러한 수작을 몹시 싫어한다.

　사람의 마음은 엄청나게 커서 깊이나 넓이나 폭을 짐작할 수 없는 자루를 하나씩 차고 산다. 그 자루를 욕심이라고 한다. 그 자루에는 먹어 치우는 입만 있고 배설하는 꽁무니는 없다. 그래서 그 자루에 아무리 주워 담아도 밖으로 삐쳐 나올 것이 없다. 마음이 차고 있는 욕심 자루가 한없이 부풀면 허망하게 터져서 천 냥의 사람값을 한푼의 가치도 없게 짓눌러 버린다. 욕심은 마음을 마치 하나의 지게차로 생각하고 사람으로 하여금 턱없이 많은 짐을 지게 하여 마음의 허리가 부러지게 하는 까닭이다. 장자는 사람의 마음을 무겁게 짓누르는 자루의 꽁무니에 구멍을 내어 부러진 허리를 한 허리로 이어 주려고 한다. 마음의 허리가 편해지려면 욕심의 자루를 배설할 줄 알아야 한다.

장자의 이야기를 듣다 보면, 잘하고 못하는 것, 좋고 싫은 것, 옳고 그른 것, 맞고 틀린 것, 예쁘고 미운 것, 이기고 지는 것 등등으로 선악을 갈라서 붙게 되는 시비의 싸움질은 욕심의 자루에서 빚어지는 고자질에 불과하다는 것을 알게 된다. 본래 사람의 마음이 차고 있는 욕심의 자루는 선악을 가려 채우는 것이 아니라 섞어 채우려고 한다. 만일 사람이 선한 것만 탐하고 악한 것을 버린다면 사람의 욕심이 문제되지 않을 게다. 사람의 욕심은 선악을 가리지 않는 본능을 간직하고 있다는 점을 장자는 솔직하게 시인한다. 하지만 장자는 무엇은 선이고 무엇은 악이라고 선언하거나 고집하지 말라고 한다. 그래서 〈내편〉의 장자는 시비를 말라고 한다. 그러나 〈외편〉의 장자는 시비를 걸고 나온다. 그래서 장자의 〈내편〉과 〈외편〉은 서로 다른 이의 글이라고 보는 견해가 우세하다. 그러나 내외편의 글맛이 서로 다를지라도 사람을 몹시 불편하게 하는 욕심의 자루에 구멍을 내야 한다는 주장으로 보면 두 편이 두루 통한다.

　욕심의 자루는 배설할 구멍이 없어서 항상 소화 불량의 상태를 면하지 못한다. 사람의 뱃속이 얹히거나 메어서 헛배가 부르면 속이 거북하고 불편하기 짝이 없다. 그럴 때는 설사를 해서 뱃속을 비우거나 아니면 방귀 소리를 크게 내서라도 뱃속의 썩은 바람을 몰아내야 편하게 된다. 이와 마찬가지로 마음도 헛배가 부르면 욕심을 탐하고 빚는 선악의 시비들을 배설해야 한다. 그러한 시비의 용트림을 쏟아 내기 위해 마음도 설사를 하고 방귀를 뀌어야 한다. 그러자면 마음속을 소화 불량 상태로 끓게 하는 욕심의 자루에 구멍을 뚫어야 한다. 〈외편〉의 장자는 그러한 구멍을 뚫기 위해 유가와 한판의 시비를 건다.

　〈내편〉의 장자는 시비를 걸지 말라고 하지만, 〈외편〉의 장자는 시비를 건다. 이 점에서는 서로 다른 장자로 생각될 수가 있다. 그러나 시비를 일삼는 쪽과 말을 하려면 당연히 시비를 해야 한다. 장자의 눈으로 보면 유가는 시비의 무리에 속한다. 그러한 유가에게 말을 거는 일이 곧 시비가 되어 버린다. 〈외편〉에서 장자는 왜 그렇게 해야 하는가? 유가의 인위라는 것이 얼마나 군더더기인가를 타일러 주려는 까닭이다. 그래서 장자는 인위에 구멍을 뚫어 허망한 욕심을 마음에서 비워 내는 모습을 보여 주려고 유가에게 시비를 건다.

인위란 무엇인가? 사람의 욕심이 빚어 내는 시비의 매듭들이다. 그러한 매듭이 사람을 얽어매어 하여 불편하게 한다. 그렇다면 무위란 무엇인가? 그 매듭을 푸는 것이다. 그 매듭이 풀리면 사람은 편하게 된다. 그러므로 인위는 사람을 불편하게 하고 무위는 사람을 편하게 한다. 무엇이든 불편한 것은 구속이며 무엇이든 편한 것은 자유이다. 자연은 자유이며 그 자유는 곧 무위인 게다. 그러나 인위는 자유를 방종의 위험으로 보고 경계하면서 그 자리에 구속의 멍에를 씌워 두려고 한다. 자연에 방종이 있는가? 이러한 물음에 대해 무위는 없다고 잘라 말한다. 그러니 인위가 자유를 두려워하는 것은 자유의 무위를 몰라서 그렇다고 장자는 생각하는 모양이다.

자유를 탐하면 이미 자유가 아니다. 무엇이든 탐하면 그것은 틀림없이 욕심의 자루에 들어가고 만다. 인위는 그 자루에 들어가려고 하고 무위는 거기서 나와 있는 것이다. 사람의 마음이 차고 있는 욕심의 자루 밖에 있는 것을 자연으로 보면 된다. 자연이라면 산은 산이고 물은 물이다. 그러나 산과 물이 자원이 되어 돈이 된다면 그것 또한 인위의 것이 되고 만다. 그렇게 돈이 된 산이나 물은 이해타산을 따지는 욕심의 자루 속으로 들어가야 한다. 어찌 산이나 물만이 그럴 것인가? 이

제 인위는 모든 것을 돈으로 보려고 한다. 돈이란 무엇인가? 욕심의 우상이 아닌가. 무슨 우상이든 무조건적인 신앙을 요구한다. 맹신은 터무니없는 믿음에 속한다. 이러한 맹신은 사람을 벽창호로 만든다. 장자의 편에서 본다면 인위는 결국 사람을 천하의 바보로 만든다. 그러나 유가는 그 인위가 사람을 똑똑하게 만든다고 주장한다. 그러니 〈외편〉의 장자는 그러한 유가에게 시비를 건다.

밥은 깨끗한 것이고 똥은 더러운 것인가? 인위는 그렇다고 응한다. 인위는 분별의 천재인 까닭이다. 그러나 무위는 그 천재를 천하의 바보로 돌려 버린다. 왜냐하면 그러한 분별이란 사람이 하는 짓일 뿐, 천하에 두루 통하는 분별이란 없는 까닭이다. 인위란 것은 구더기가 가장 좋아하는 것이 똥이란 것을 모르고 나아가 밥이 똥이 되고 똥이 밥이 되는 자연의 순환을 모르므로 밥은 깨끗하고 똥은 더럽다고 시비를 거는 것에 불과하다. 사람이 먹은 밥이 똥이 되는 것은 자연이다. 그 똥이 구더기의 밥이 될 수도 있고 똥개의 밥이 되는 것 또한 자연이다. 그렇다면 밥과 똥을 사람의 기준에 따라 깨끗함과 더러움으로 분별하여 알고 있다는 것은 얼마나 좁은 소견인가. 나아가 깨끗함은 시비 중에서 시이고 더러움은 비라고 단정하려는 분별이야말로 어처구니없는 사람의 허세에 불과하다고 장자는 비아냥거린다.

사람에게만 통하는 분별이란 자연에서 보면 덧없고 허망한 군더더기에 불과하다. 군더더기는 없어도 되는 것이며 있게 되면 차라리 없는 것만 못한 것이다. 유가는 인의예악을 절대의 것으로 보고 시비를 걸지만 〈외편〉의 장자는 그 절대라는 것이 얼마나 허망한가를 보여 주려고 시비를 건다.

3. 자연을 보라

　자연은 무엇을 말하지 않는다. 다만 자연은 그대로를 보여 줄 뿐이다. 그러나 사람은 자연이 보여 주는 것에 제 나름대로 이름을 붙여 주려고 한다. 그리고 그러한 이름에 의미를 보태 주려고 한다. 자연은 이름도 모르고 의미도 모른다. 왜냐하면 자연은 무엇이든 분별하지 않기 때문이다. 다만 사람이 분별할 뿐이고 그래서 시비를 걸 뿐이다.

　사람은 바다에서 갓 잡아 온 생선을 보면 물이 좋다면서 회를 쳐서 먹는다. 그리고 싱싱해서 맛있다고 먹은 생선을 칭찬한다. 그러나 한번 싱싱하면 한번 썩게 되어 있다. 그것이 자연이다. 생선이 썩으면 시궁창에 버리면서 냄새가 지독하다고 욕을 한다. 물 좋은 생선을 좋아하고 물 간 생선을 싫어하는 것은 사람의 짓일 뿐이다. 시궁창에 사는 생쥐는 바로 그 썩은 고기를 맛있게 먹는다. 그래서 사람은 생쥐를 더러운 놈이라고 한다. 이 또한 사람의 짓에 불과하다. 싱싱한 생선도 자연이고 썩어 버린 것도 자연이다.

　사람의 분별은 무엇이든 비교하게 한다. 금은 은보다 귀하다고 한다. 그러니 금이 은보다 비싼 것은 당연하다고 믿는다. 은은 구리보다 귀하다고 한다. 그러니 은이 구리보다 비싸야 한다고 믿는다. 이러한 연유로 금반지를 낀 여인은 은반지를 낀 여인을 얕보고, 은반지를 낀 여인은 구리반지를 낀 여인을 업신여긴다. 그리고 금이 사람을 귀하게 하고 구리는 사람을 천하게 한다는 생각을 거침없이 한다. 이러한 분별의 비교는 사람의 짓이다. 자연에는 금도 은도 구리도 다를 것이 없다.

이제 사람은 자연을 잊은 지 오래 되었다. 오히려 자연을 무시하고 얕보면서 사람을 위해 무한히 이용해야 하는 대상으로 여긴다. 이렇게 생각하는 사람의 눈에는 자연은 보이질 않고 자원으로만 보이게 되었다. 자원이란 무엇인가? 사람을 위한 수단일 뿐이다. 그러니 자연은 철저하게 정복되어야 한다고 주장하면서 부자가 되는 밑천쯤으로 여긴다. 사람의 눈에 보이는 산은 산이 아니고 자원의 창고이거나 평당 얼마로 팔릴 수 있는 재산의 치수로 따져서 치부된다. 자연은 돈을 모른다. 은행의 금고나 유가증권 등등은 사람의 것이지 자연의 것은 아니다. 소유하는 것은 사람일 뿐 자연은 아니다.

소유는 없어지는 것을 거부한다. 사람은 그러한 소유 때문에 삶을 호주머니에 든 돈에다 저당을 잡히게 된다. 그러나 자연에는 호주머니도 없고 돈도 없다. 자연은 가난을 모른다. 있으므로 없는 것이며 없으므로 있는 것임을 자연은 만물에게 고루 부여하기 때문에 소유하고자 싸울 것이 없다. 갓난 아기가 가장 오래 산 것이고 천수를 여러 번 겹쳐 누린 팽조가 가장 일찍 죽었다는 장자의 말은 자연의 무소유와 통한다.

무소유는 무엇이든 갖지 않음이다. 그러므로 그것에는 욕심이 없음을 말한다. 욕심이 있으면 내것 네것이 있게 된다. 자연에는 내것도 없고 네것도 없다. 말하자면 자연에는 주인이 없다. 부유한 자연이 있고 가난한 자연이 있는 것은 아니다. 그저 있을 뿐이고 그저 없을 뿐이다. 이를 자연의 모습이라고 보면 된다. 그 모습에는 있고 없음이 시차의 순서를 따르는 것 같지만 자연의 울 안에서 본다면 그러한 순서는 없다. 태어나는 것이 있는가 하면 죽는 것이 있다. 이처럼 있기도 하고 없기도 한다. 사는 것을 탐하고 죽는 것을 싫어하는 것은 생명이 갖는 욕심일 뿐 자연에는 그러한 욕심이 없다. 자연의 무소유 그것은 인간을 한없이 자유롭게 한다. 장자는 그러한 연유로 항상 자연을 보라고 한다.

왜 장자는 자연을 보라고 하는 것인가? 인간은 분명 자연이면서도 자연이 아니라는 착각을 간직하고 있기 때문이다. 흙이 없으면 서지 못하고 먹지 못하며 물이 없으면 마시질 못하고 바람이 없으면 숨을 쉴 수가 없다. 만물을 살게 하는 것이 바로 자연이다. 자연이 허락하지 않으면 아무것도 살 수가 없고 죽을 수도 없다. 인간은, 죽으면 물이 되기도 하고 흙이 되기도 하고 바람이 되기도 하면서 자연으로 돌아간다는 사실을 사는 동안 한사코 거부하거나 잊어버리려고 한다. 자연에서 와서 자연으로 돌아간다는 간단한 진실을 모른 척하려고 한다. 장자는 이러한 오만이 안타까운 것이다. 철없는 인간이 철이 들게 타일러 주려고 자연을 보라고 한다.

사람은 욕심의 화신이다. 욕심을 버리라고 누구이 말했지만 완전하게 그것을 버린 사람은 아무도 없다. 그러나 그러한 말씀에 귀를 기울인 경험이 있는 사람은 욕심을 다 버릴 수는 없지만 그 욕심의 종이 되어서는 안 된다는 지혜를 듣게 된다. 이러한 지혜를 간직한 사람은 욕심의 종이 되지 않는 비법을 터득하게 된다. 이러한 터득을 위해 장자는 자연을 보라고 한다. 거기에는 욕심의 감옥이 없는 까닭이다. 무소유에는 감옥이 없다.

욕심은 감옥으로 가는 길과 같다. 법을 어겨 죄를 지은 사람이 드나드는 곳만 감옥이 아니다. 무엇인가 소유하고 싶어서 밤잠을 이루지 못하는 사람은 언제 어디든 스스로 감옥을 만들어 자신을 감금하는 꼴이다. 하지만 그저 그렇게 있기도 하고 없기도 하는 자연을 보면 스스로 택한 감옥 문을 열고 나올 수 있는 열쇠를 얻을 수 있다. 그러한 열쇠를 저마다 갖게 하려고 장자는 사람에게 자연을 보라고 한다. 그러나 자연을 보기란 쉬운 일이 아니다. 왜냐하면 사람은 욕심의 눈으로 자연을 보고 욕심의 귀로 자연을 들으려고 하기 때문이다. 무소유를 바라보려면 분별하는 눈치를 부려서는 안 된다. 그런데 사람의 욕심은 한사코 분별을 낳고 그 분별은 또 한사코 시비를 낳아 사람의 자로 자연을 재려고 하면서 자연을 보려고 한다. 그러면 자연을 볼 수가 없다. 산에 왜 가느냐고 물었을 때 산이 있어서 간다고 대답한 영국의 산악인 힐러리 경을 누구나 알 것이다. 그가 만일 유명해지려고 산에 간다고 응했더라면 장자는 노했을 것이다. 인간은 필요 없는 군더더기를 붙여서 자연을 보고 명예로 따지고 돈으로 따지면서 산을 보고 물을 보려고 한다. 이러한 눈길로는 자연의 자유로움을 볼 수가 없다. 그래서 장자는 항상 안타까워한다.

'자연을 보라. 그리고 자연을 닮아 보라. 그리고 인간이여, 자연이 되라.'

이것이 장자가 남긴 간곡한 말씀이다. 분별과 시비의 병에 걸려서 하루도 속이 편치 못한 인간을 위해 장자가 남긴 간절한 부탁이다. 산은 산이요 물은 물이라는 법어(法語)를 큰스님이 남겼을 때 많은 사람들이 경청을 했었다. 그 스님의 말과 장자의 말은 서로 통한다. 어디로 통하는 것인가? 바로 무소유의 자연을 보라는 말씀의 길이다.

4. 탈을 벗어라

〈외편〉의 장자는 유가의 도덕주의(道德主義)를 신랄하게 비판한다. 유가의 도덕은 인의예악(仁義禮樂)으로 기준을 삼고 있다. 〈외편〉의 장자는 이러한 기준을 맹렬하게 비판하면서 시비를 마다하지 않는다. 시비를 걸거나 기대지 말라던 장자는 사라지고 유가의 덕에 대하여 적개심을 간직하고 시비를 걸어야 한다는 입장으로 돌변한 〈외편〉의 장자는 덕의 참모습으로 향하려는 몸부림으로 보면 된다.

유가는 덕을 사람이 닦아야 하는 것으로 주장한다. 그래서 유가는 덕이 있는 사람과 덕이 없는 사람을 분별하려고 한다. 그러나 장자는 덕은 사람의 수련으로 성취되는 전리품이 아니라고 본다. 자연이 바로 덕인데 공연히 사람의 덕에 인의예악이란 규범을 주어서 운신의 폭을 좁힌다고 시비를 건다. 시비를 거는 장자는 능글맞게 유가를 비아냥거리며 유가가 얼마나 허망한 것인가를 분명히 하기 위해서 능청스러우면서도 매섭게 시비를 건다.

인의(仁義) 탓으로 사람이 영악해지고 선이 무엇이고 악이 무엇인가를 갈라 보려는 심사가 생겨서 마음을 산란하게 한다. 예악(禮樂) 탓으로 사람은 허세를 부리거나 미친놈처럼 흥분을 하여 마치 사람이 자연의 품을 떠난 별난 존재인 것처럼 행세를 하려고 한다. 이렇게 장자는 유가의 인의라는 것과 예악이란 것을 비아냥거린다. 우스갯소리로 질러서, 그러한 우스개를 상대로 삿대질을 할 수 없을 정도로 농을 처서 유가를 형편없이 난도질한다. 〈외편〉의 장자가 왜 이렇게 돌변했을까? 사람이 만든 덕이 자연의 덕을 훼손하고 있다는 생각 때문이었는지도 모른다.

자연이 이미 덕인데 새삼스럽게 인간의 덕이 따로 있을 것인가. 자연은 덕 아닌 모습으로 나타나지 않는다. 덕이 있고 없고는 오로지 사람들이 지어낸 것이지 자연은 그러한 수작을 모른다. 맑은 날이면 햇빛이 대지에 내리고 흐린 날이면 비가 내려 대지를 적신다. 그래서 만물이 산다. 만물을 살게 하는 것만큼 더 분명한 덕은 없는 법이다. 덕이란 무엇인가? 만물이 오순도순 있게 하는 도(道)의 모습이요, 손길이며 숨결이다. 이러한 모습, 이러한 손길, 이러한 숨결을 어떻게 인의예악이란 사람의 이름으로 구속할 것인가.

천지는 만물의 객사(客舍)와 같다. 천지 사이에서는 무엇이든 길손일 뿐이다. 무엇이 주인이고 무엇이 손님일 필요가 없다. 모두가 왔다가 가는 손님일 뿐이다. 그러함에도 사람이 마치 이 천지의 주인인 것처럼 행세를 한다면 어처구니없는 일이다. 장자가 말하는 덕은 사람을 천지의 손님으로 있게 한다.

천지에서 사람이 주인일 수가 없다. 사람 역시 만물 가운데 하나일 뿐이다. 그런데 사람은 자신이 위대하고 그 밖의 것은 자신을 위해 있는 종처럼 착각한다. 이러한 착각 때문에 귀천이 생기고 대소가 빚어지고 장단이 그어져 남의 밥에 든 콩이 커 보인다고 아우성을 치는 것이다. 물론 이러한 아우성은 천지 사이에서 사람만이 질러 댈 뿐이다.

사람만이 전쟁과 평화를 분별한다. 그 밖의 만물은 전쟁을 모르므로 평화란 것도 모른다. 이는 사람만이 싸움질을 한다는 말이다. 봄이 되면 산짐승이나 새들은 발정을 한다. 교미를 하고 번식하기 위해서 서로 짝을 찾는다. 암컷은 수컷을 그리워하고 수컷은 암컷을 그리워한다. 이때 수컷들은 암컷을 차지하려고 힘겨루기를 한다. 이러한 겨루기는 인간이 하는 전쟁과는 다른 싸움이다. 적개심으로 살상하는 싸움이 아니라 교미를 할 수 있는 기회를 얻기 위한 행위일 뿐이다. 싸움에 진 수컷이 도망을 가면 이긴 수컷이 뒤쫓아가서 물어 죽이는 법이 없다. 이처럼 사람 아닌 짐승들이 산하에서 싸움질을 하는 것은 인간이 범하는 전쟁이 아니다. 자연의 한 모습일 뿐이다. 다만 인간만이 살생하려고 전쟁을 하고 정복하려고 전쟁을 한다. 인간이 범하는 전쟁이야말로 인위의 극치다. 〈외편〉의 장자는 이러한 극치를 허물기 위해 자연의 덕을 말하는 셈이다.

사람은 사람을 분별하려고 한다. 높은 사람이 있고 낮은 사람이 있는 것처럼 우긴다. 그래서 유가는 군자(君子)는 높고 소인(小人)은 낮다고 주장한다. 유가의 군자는 덕이 있는 자이고 소인은 덕이 없는 놈이라고 분별을 한다. 장자가 말하는 덕은 이러한 것이 아니다. 만물은 다 같다. 만물을 평등하게 하는 것이 곧 자연의 덕이다. 그러므로 그것은 만물을 안아 주는 천지의 품이다. 그러한 품에서 무슨 귀천이 있을 것이며 높고 낮음이 있을 것인가. 그래서 한 잎의 풀이 곧 천지의 모습이고 지렁이의 꿈틀거림도 곧 천지의 모습이다. 이러한 모습을 덕이라고 생각하면 된다.

사람은 만물의 척도이자 영장(靈長)이란 말이 있지만 그러한 말은 장자의 우화에서는 조롱거리에 불과하다. 천지의 입장에서 본다면 잘났다고 우쭐대는 인간은 가소로운 존재일 뿐이다. 사람은 얕볼 줄을 알지만 자연은 얕볼 줄은 모른다. 그리고 사람은 무엇은 해도 되고 무엇은 해서는 안 된다고 하지만 자연은 되고 안 되는 쪽을 갈라놓을 줄을 모른다. 자연은 긍정도 모르며 부정도 모른다. 틀리고 맞는 것으로 만물을 괴롭히려 들지 않는다. 이것 또한 자연의 덕이다. 장자는 이러한 덕을 살피게 한다.

봄이면 나뭇가지에 잎이 돋는다. 여름이면 그 잎이 클 만큼 크고 가을이면 낙엽이 되는 것은 전혀 어색하지 않다. 자연의 질서인 까닭이다. 이러한 까닭을 살피려고 들면 얼마든지 있는 법이다. 인간의 눈에 보이고 귀에 들리고 마음에 닿는 것치고 자연의 질서에서 벗어난 것이라곤 없다. 다만 인간만이 그러한 질서에서 벗어나려 함을 장자는 괴로워한다. 아마도 그러한 괴로움 때문에 우화로 말을 해야 했을 게다.

장자는, 사람이 자연의 덕을 팽개치고 자신들이 만든 덕을 앞세운 탓에 자유를 잃어버리고 구속을 산다고 본다. 입으로는 자유를 외치면서도 생각과 행동은 항상 부자유(不自由)를 향하는 인간을 어떻게 치유할 수 있을까? 이러한 질문은 현대인에게 절실하다. 군왕(君王)이 호령하던 때는 그러한 호령 탓으로 부자유의 신음을 하였고, 군왕의 호령은 없어진 지금은 무수한 조직의 힘이 인간의 목을 조르면서 숨을 쉴 수 없게 주리를 튼다. 그래서 현대인은 새로운 신음을 해야 한다. 무엇으로 이러한 신음을 없앨 수 있단 말인가. 장자는 자연의 덕을 살펴보라고 이른다.

한번쯤 돌이 되어 보는 사람은 자연의 덕에 가까울 게다. 산이 되어 보거나 물이 되어 보거나 아니면 한 송이 꽃이 되어 본다면 이 역시 자연의 덕에 가까이 가는 길을 밟는 셈이다. 사람인데 어떻게 돌이 되고 물이 되고 산이 되느냐고 묻지 마라. 자연의 덕은 인간의 때를 벗겨 주는 까닭이다.

제2부
우화(寓話) 속의 인물들

1. 〈변무(騈拇)〉의 인물들

모자라도 탈, 넘쳐도 탈이다

〈변무〉의 우화는 유가를 비꼬고 빗대면서 시비를 거는 이야기로 꾸며져 있다. 장자의 입장에서 본다면 유가는 변무와 같다. 변무는 엄지발가락과 검지발가락이 붙어 버려 마치 하나의 발가락처럼 되어 버린 꼴을 말한다. 변무는 모자라서 탈이 되는 것을 말한다.

또한 장자의 편에서 본다면 유가는 지지(枝指)와 같다. 지지는 손가락이 하나 더 붙어 있는 육손이를 말한다. 지지는 남아서 탈이 되는 것을 말한다. 모자라서 탈이란, 있어야 할 것이 없어서 탈이 나는 셈이고, 남아서 탈이 된다는 것은 없어야 할 것이 있어서 탈이 난다는 셈이다.

장자는 유가를 위와 같이 빗대 놓고 능청스럽게 시비를 걸고 있다. 왜 유가에게 시비를 거는 것인가? 그것이 너무나 자연에 어긋나 있기 때문이다. 다섯 개의 발가락은 자연이다. 그러나 두 개의 발가락이 붙어서 네 개가 되면 자연에 어긋난다. 두 발가락을 하나로 붙여 버린 군살은 없어도 된다. 유가는 이러한 군살과 같다고 장자는 내뱉는다.

다섯 개의 손가락은 자연이다. 그러나 육손이는 여섯 개의 손가락을 갖는다. 없어도 될 손가락 하나가 군더더기로 붙어 있는 육손이는 자연이 아니다. 군더더기는 있으면 있을수록 불편할 뿐이다. 다섯 개의 손가락에 공연히 하나가 더 붙어 불편하게 하는 군더더기의 손가락처럼 유가는 사람을 거추장스럽게 한다고 장자는 유가에 시비를 건다.

네 개의 발가락을 지닌 발이 다섯 개의 발가락을 가진 발을 흉본다면 가소로운 일이다. 또한 여섯 개의 손가락을 가진 손이 다섯 개의 손가락을 지닌 손을 흉보아도 가소로운 일이다. 장자는 유가가 하찮은 인의를 앞세워 사람을 영악하게 한다고 꼬집는다.

생명은 나름대로 무엇인가를 탐하는 욕심을 갖는다. 만일 그러한 욕심이 넘치지도 않고 모자라지도 않는다면 그것은 자연이다. 나아가 자연에 없는 것을 지어내서 탐하게 되면 그러한 욕심은 더더욱 자연이 아니다. 장자는 이러한 탐욕을 싫어한다. 유가가 인의를 앞세워 인간의 탐욕을 부추긴다고 나무라면서 그러한 짓은 선동이나 다름없다고 부드럽게 질타한다.

자연에는 인(仁)이 따로 있고 불인(不仁)이 따로 있지 않다. 또한 자연에는 의가 따로 있고 불의가 따로 있는 것도 아니다. 그러니 자연은 인(人)은 좋은 것이며 불인(不仁)은 나쁜 것이란 분별을 모른다. 그러한 분별은 유가 탓으로 공연히 생겨난 군살과 같다고 장자는 여긴다. 처음부터 없는 인의를 내세우다 보니 불인도 있게 되고 불의도 생겨나서 몹쓸 군살이 돋아나 다섯 개의 발가락이 네 개가 되기도 하고 다섯 개의 손가락이 여섯 개의 손가락이 되어 사람을 편치 못하게 한다는 것이다. 말하자면 유가가 사람의 성한 발을 변무로 만들기도 하고 성한 손을 육손이로 만들기도 한다는 셈이다.

네 발가락의 발이 다섯 발가락의 발을 병신이라고 하면 탈이다. 육손이가 다섯 손가락의 손을 병신이라고 해도 탈이다. 성한 것이 병신으로 둔갑을 하고 병신이 성한 것으로 행세하는 지경이 되는 까닭이다. 이러한 지경으로 사람을 몰아간다고 장자는 유가를 힐난한다.

옛날에 백 마리의 원숭이가 사는 마을이 있었다고 한다. 아흔아홉 마리가 애꾸이고 유독 한 마리만 두 눈박이 원숭이였다. 애꾸 원숭이들이 제안하여 눈 하나가 병신인지 두 눈이 병신인지 결판을 내기로 했다. 어느 원숭이가 병신인가를 가리기 위해 투표에 붙였더니 두 눈박이 원숭이가 99:1로 병신이 되고 말았다는 것이다.

아마도 변무의 우화를 만들어야 했던 장자의 후예들은 날로 번창해 가는 유가를 바라보면서 온 세상이 애꾸의 원숭이들로 가득차게 된다는 위기감을 느꼈는지 모른다. 그렇지 않다면 시비를 걸지 말라고 했던 스승을 어기면서까지 시비를 걸어야 할 이유가 없는 일 아닌가. 〈변무〉의 우화를 읽다 보면 애꾸의 원숭이들이 투표했다는 옛이야기가 연상된다.

〈변무〉의 우화가 유가만을 상대로 시비를 걸고 있는 것은 아니다. 인위로 몸살을 앓고 있는 우리에게도 시비를 걸고 있다. 장자가 지금 우리에게 온다면 무엇을 빗대어 우화를 들려줄까? 무위를 깡그리 잊어버린 우리를 보고 무슨 이야기를 들려줄까? 아마도 〈변무〉의 우화를 그대로 읽어 주어도 된다고 할 것이다. 다만 유가라는 용어 대신 문명이란 용어를 넣어 〈변무〉의 우화를 들려줄 게다.

우리가 지금 문명의 덕으로 편하게 산다고 장자에게 말한다면 장자는 바로 그것 때문에 몹시 불편하게 산다고 되받을 것이다. 우리는 반문명을 지나치게 강조하는 장자에게 시대 착오자라고 비난을 퍼부을 것이고 그러한 비난에 장자는 이미 병신이 되어 버린 인간들이 신경질을 낸다고 여길 것이다. 서울 어디에 산들바람을 쐴 수 있고 풀섶에 엎드려 시원한 냉수를 마실 수 있는 실개천이 있느냐고 되물어 올 것이 분명하다.

문명이 우리를 혼란스럽게 하는 것은 분명하다. 간편하게 살 수 없게 하고 마음 놓고 살 수 없게 하는 문명은 사람을 외나무다리 위에 올려놓고 정말로 건강하고 기분이 좋으냐고 묻고 있는 중이다. 그러나 사람의 몸은 군살로 부풀고 마음은 삼복더위의 자갈밭처럼 달아올라 메말라만 간다. 이렇게 되어 문명인은 점점 잔인해지고 간악해지고 얄미워지고 간살스럽게 천하를 한 입으로 먹어치울 듯이 으르렁거리며 기세를 올린다. 이처럼 거만하고 방만해진 문명인을 보고 장자는 무어라고 말할까? 변무의 발로 칼날 위에 서서 육손이의 손바닥으로 하늘을 가리키며 하늘도 내 것이고 땅도 내 것이라고 호령하는 허수아비라고 비웃을 게다.

인간은 인간이 위대하다고 말한다. 그러나 장자는 자연이 위대하다고 말한다. 이러한 장자의 말은 분명히 틀린 게 아니다. 만일 지구가 화를 낸다면 어떠한 첨단 과학일지라도 그 화를 막을 길이 없지 않은가. 장자가 살았던 시대는 유가가 인위의 우두머리였지만 지금은 문명이 인위의 우두머리 자리를 차지하고 있으니 〈변무〉의 우화가 문명에 시비를 건다고 보아도 될 것이다.

자연은 병을 주고 약을 주는 일을 하지 않는다. 그러한 짓은 사람만이 할 수가 있다. 이를 장자는 인위로 본다. 〈외편〉의 장자는 그러한 인위의 표본을 인의로 여기고 유가에 시비를 거는 셈이다. 이러한 시비를 오늘로 가져온다면 유가의 자리에 문명이 들어가도 무방할 것이 분명하다.

(1) 눈이 밝은 이주(離朱)

이주의 눈은 백 걸음이나 떨어져 있어도 바람에 날려 떨어지는 털끝을 볼 수가 있다. 이주의 눈은 망원경보다도 더 세밀한 셈이다. 현미경처럼 보통의 눈으로는 볼 수 없는 것을 맨눈으로 본다니 눈이 좋기로 비할 데가 없는 셈이다.

그러나 이주의 눈은 자연의 눈이 아니다. 자연스러운 사람의 눈은 망원경 같지도 않고 현미경과는 더더욱 다르다. 만일 사람의 눈이 현미경이라면 온몸에서 스멀거리는 세균들과 득실거리는 대장균을 보고 병이 들까 봐 전전긍긍할 것이고 몹쓸 병을 옮기는 세균을 보고 기겁하여 하루도 마음 편하게 있을 수가 없을 게다. 자연의 눈은 사람이 살기에 알맞게 볼 뿐 그 한계를 넘어서 보려고 하지 않는다. 이러한 눈과는 달리 이주의 눈은 너무나 좋아 보지 않아도 될 것까지 모조리 보니 탈이다.

이주는 눈이 밝아서 오색(五色)으로 뭇 사람을 어지럽힐 수 있었다. 여러 빛깔을 이리 쓰고 저리 써서 빛깔이 지닌 제 모습을 볼 수 없게 탈을 냈다. 있는 그대로의 빛깔을 잊어버리게 함은 너무나 밝은 이주의 눈 탓이다. 보이는 것은 있는 그대로 보고 보이지 않는 것은 모르고 지나치면 편할 것을, 온갖 빛깔을 혼란시켜 사람을 어지럽힌 이주의 눈은 분명 두 발가락을 붙게 하는 변무의 군살과 다름이 없는 셈이다.

오색을 꾸며서 사람을 현혹하는 이주의 눈은 사람을 어지럽힌다. 자연에 있는 그대로의 빛깔은 어지럽히려고 있는 것이 아니다. 볼수록 편하고 낯익게 하는 빛깔들이다. 그러나 이주의 눈은 공연히 빛깔을 꾸며서 신기한 빛깔로 둔갑시켜 사람을 피로하게 한다. 너무나 밝아 탈을 내는 눈길은 군살과 같다. 유가라는 것도 이러한 이주의 눈과 다를 바가 없다.

그런데 오늘날 사람들은 누구나 이주의 눈을 탐한다. 자연의 빛깔보다 꾸며진 빛깔을 탐한다. 그래서 유행이란 것이 요란한 빛깔을 앞세워 사람을 유혹한다. 빛깔로 무늬를 만들어 사람을 자극하고 미치게하여 비싼 값으로 물건을 팔아 이익을 남기려 드는 유행의 물결을 보면 현대는 이주의 눈을 탐하는 군상이 우글거리고 있는 셈이다.

속이 빌수록 겉을 치장하려는 욕심을 낸다. 요란한 빛깔로 치장을하고 가난한 마음을 부자인 것처럼 사기를 치려고 한다. 이것은 눈뜬장님이나 다를 바가 없다. 요란한 빛깔에 현혹되어 마음속을 볼 줄 모르는 이주의 눈은 차라리 요란한 빛깔로 탈을 내지 않는 장님의 눈만못하다. 왜 공연한 짓으로 사람을 현혹하고 들뜨게 하여 바람을 넣는가. 이러한 수작은 인위의 조작에 불과할 뿐이다. 이러한 조작을 유가가 능수로 한다고 장자는 빗대고 있는 중이다. 이제는 공연한 조작을문명이 한다. 오늘날 문명이 사람을 현혹하고 혼란하게 하는 모양은마치 이주의 눈처럼 사람을 얼빠지게 한다.

이주의 눈이 보통의 눈이라면 빛깔로 사람을 혼란시키지 않을 게다.없어도 되는 혼란을 야기하는 이주의 눈은 변무의 군살과 같고 육손이의 필요 없는 손가락과 같다. 그러나 이주는 눈 때문에 유명해지고명성을 얻었다.

탈을 내서 명성을 얻는 것은 사람을 속여서 칭찬을 받는 꼴과 같다.현란한 명예를 좇는 무리는 어쩌면 이주의 눈살에 놀아나는 꼭두각시일는지 모른다. 이러한 꼭두각시는 오늘날에도 얼마든지 있다. 본래꼭두각시는 등신 짓을 하면서도 자신이 무슨 짓을 하는지를 모른다.

빛깔이 온통 없어지는 밤이 되면 이주의 눈은 볼 줄을 몰라 어리둥절
해진다. 이처럼 눈만 밝다고 모든 것을 다 볼 수는 없는 법이다. 이것
을 모르고 그저 눈 밝다고 뽐내는 이주는 오색을 떠나면 눈 밝은 장님
에 불과하다. 그러니 이주는 요란한 빈수레요 얕은 물과 같아서 별 볼
일 없는 신세가 된다.

무엇이든 사람의 짓이 지나치면 사람을 괴롭히고 현혹하고 혼란시
킨다. 그러한 사람의 짓은 자연이 아니다. 사람의 짓이 자연이려면 사
람을 편하게 하면 그만이다. 무슨 공치사를 해서 공든 탑을 세우려 들
면 그 탑은 무너지게 마련이다. 이처럼 지나친 인위의 짓은 무너지고
만다. 무너지고 말 것을 앞세워 유명세를 내고 명성을 얻어 보려는 야
심에 밤잠을 설친다면 그 또한 공연한 짓에 불과하다. 그러니 눈이 밝
아 한몫을 본다는 이주를 부러워할 것은 없는 일이다. 눈이 밝은 탓에
이주는 군살이 되고 말 뿐이다.

(2) 귀가 밝은 사광(師曠)

만일 사람의 귀가 음향 탐지기와 같다면 한 짬도 견디지 못하고 고
막이 터지거나 찢어질 게다. 사람의 귀는 들을 수 있는 소리만 듣게
만들어져 있다. 이러한 귀가 자연의 귀다. 그러나 유난히 밝은 귀가
있다. 귀가 밝음을 이용하여 갖가지 가락을 만들어 보통의 귀를 현혹
하는 경우가 있다고 장자는 생각한다. 사광이 그러한 인물이다.

사광은 진 나라 대부(大夫)로서 뛰어난 음악으로 명인이 되었다. 밝
은 귀가 밝지 못한 귀를 현혹하여 명성을 얻었던 셈이다. 이러한 예는
지금도 마찬가지다. 팝송을 부르지 않는 젊은이가 있을까? 휴대용 녹

음기의 리시버를 자나 깨나 귀에 걸고 흥얼거리는 젊은이들을 길거리에서 얼마든지 만날 수가 있다. 귀를 홀리고 후려서 사람을 흥분시키는 가락들이 넘쳐나 시끄러운 소음처럼 들리는 경우가 허다하다. 하지만 오늘의 젊은이들은 그러한 소리를 듣고 온몸을 흔들고 비틀며 기성을 지르면서 노래를 부른다. 그리고 온몸을 땀으로 적신다. 이는 혼란스러운 가락이 사람을 호리는 셈이다. 아마도 사광은 그 시대에 이러한 짓을 하여 사람의 귀를 홀렸던 모양이다. 그래서 장자는 그를 변무의 군살로 보았고 육손이의 군살로 보았던 모양이다.

지나치게 귀가 밝으면 음악을 어지럽힌다. 무수한 음악 작품들이 갖는 음의 흐름은 알고 있으면서 바람 소리, 물소리를 모르는 귀는 문제거리가 된다. 가장 어리석은 귀는 자연의 소리를 듣고도 모르는 것인 까닭이다. 재즈에 미쳐 버린 귀는 조용한 소리를 듣지 못하고 산들바람이나 잔잔한 물결이 강가로 밀려와 풀잎 끝을 매만지는 소리를 듣지 못한다. 콘서트에 가서 거장의 음악을 들었다고 자랑하는 귀가 대숲에서 만나는 바람을 모른다면 그 귀는 자연의 귀가 아니다. 사람의 소리에 혹하다 보면 땅의 소리를 듣지 못하고 땅의 소리를 듣지 못하니 하늘의 소리는 더더욱 듣지를 못한다. 자연의 귀가 트여야 함을 모르고 사람의 소리에만 미친 귀는 침묵을 모른다.

자연의 소리를 듣는 것은 침묵하는 것과 같다. 천지의 소리는 본래가 침묵으로 있는 까닭이다. 지구는 엄청난 소리를 내면서 스스로 돌고 있다지만 우리는 그 소리를 듣지 못한다. 그러나 산새 소리를 듣고 바람 소리를 듣고 만물이 내는 소리를 듣는 귀는 자연스럽다. 이러한 귀를 홀리는 사광의 가락은 사람을 혼란시킨다. 그렇게 하려고 사람은 온갖 악기를 만들어 소리를 내어 사람을 혹하게 한다. 이러한 짓을 장자는 싫어한다. 자연의 소리로 족하다는 것이다. 물론 장자는 인의를 앞세우는 유가를 비꼬는 이야기를 하려고 귀가 너무 밝아 혹한 가락으로 명인이 된 사광을 빗대는 인물로 등장시키고 있는데 어쨌든 사람을 현혹하고 홀리려 드는 사광의 음악을 장자는 비웃는다.

너무 밝은 귀가 탈인 이유는 사람이 본래 지닌 자연의 귀를 어지럽히기 때문이다. 사광은 소리로 이러한 짓을 하고 유가는 인의로 그러한 짓을 하여 사람을 어리둥절하게 한다고 장자는 비웃는 중이다. 만일 장자가 서울의 디스코텍에 온다면 무엇이라고 말할까? 사광의 가락보다 더 혼란스러운 가락에 가위눌림을 당하고 말 것이 분명하다. 고막을 찢을 듯이 폭발하는 기성을 듣고 장자는 어리둥절해 할 것이다. 사광의 귀보다 몇 천 배나 날카로운 귀들이 현란한 불빛이 번쩍이는 속에서 오밤중의 박쥐 떼처럼 우글거리는 광경을 보고 장자는 뭐라고 할까? 사람의 귀는 이미 자연의 귀가 아님을 확인하고 말 게다.

귀머거리가 되어서도 음악을 작곡한 베토벤은 사람의 소리만큼 아름다운 것은 없다고 했다. 사람의 소리는 악기의 소리가 아니라 자연의 소리이다. 사람이 달고 있는 자연의 귀는 사람이 만든 소리보다 자연의 소리를 더 잘 들을 줄 알아야 한다. 그러나 사람들은 점점 자연의 소리를 홀리고 사람이 만들어 낸 소리에 혹하여 정신을 잃어버린다. 아직도 여전히 사광의 후예들이 사람의 귀를 현혹하고 있는 셈이다. 장자는 이러한 현혹을 인위의 수작으로 보는 것이며 그러한 수작 중에서 유가의 인의라는 것이 사람을 가장 심하게 현혹한다고 보았다. 장자는 사람이 자연이기를 좋아한다.

사람의 얼굴 양 옆에 달려 있는 귀는 자연이므로 자연의 소리를 듣는 것은 너무나 자연스러운 일이다. 그러나 바람 소리 물소리보다 꽹음을 쏟아 내는 디스코의 악기를 따르는 귀는 분명 사광의 꾐에 놀아 난 셈이 아닌가.

(3) 인의를 파는 증삼(曾參)과 사추(史鰌)

사람이 사람을 다스려야 한다고 주장한다면 그것은 유가의 편에 속한다. 그러나 사람을 자연에 맡겨 두면 된다고 생각한다면 그 생각은 분명 노장과 맥을 잇는다. 이러한 두 갈래의 주장은 결국 삶을 다르게 말하려고 한다. 유가는 인간의 삶을 다스려야 한다고 보며 노장은 인간의 삶 역시 자연이므로 그대로 내버려두면 된다고 보는 셈이다. 사람을 다스리려고 하니 유가는 말을 많이 한다. 장자는 유가의 변설을 비웃는다.

증삼은 공자의 제자다. 그는 인을 근본으로 삼아 사람을 다스려야 한다고 주장한다. 그러나 위 나라 영공의 신하였던 사추는 의를 근본으로 삼아 세상을 다스려야 한다고 주장한다. 장자는 이러한 주장들을 군살로 본다.

사람들에게 피리를 불고 북을 치게 하여 미치지도 못할 법을 신봉케 하려는 짓은 좋지 않다. 변설이 뛰어난 증삼과 사추는 이와 같다고 장자는 몰아부친다. 왜냐하면 지나친 인의의 주장이 사람의 자연스러운 덕을 해치기 때문이다. 인과 의는 서로의 주장이 달라 자연을 해치고 마는 셈이다. 자연에는 분별이나 그것에서 비롯되는 주장이 없다. 그러니 이러한 변설은 자연의 덕을 해친다.

사람의 생명이나 지렁이의 생명이 다 같다고 여기는 마음은 자연스러운 덕이다. 그러나 서로 다른 것이라고 하면 그 덕은 해침을 당한다는 것이다. 마치 사람에게만 인의가 있는 것처럼 궤변을 토하는 증삼과 사추는 공연한 짓을 하여 사람을 불편하게 한다. 증삼과 사추는 인의를 팔아서 명성을 사는 무리에 불과하다고 장자는 비웃고 있는 셈이다.

인이나 의를 지나치게 주장하니 이러면 인이고, 저러면 불인이라는 변설이 나온다. 또한 이렇게 하면 의이고 저렇게 하면 불의가 된다는 변설도 나온다. 공연히 인을 만들어 불인을 만들고 공연히 의를 만들어 불의를 만들어 세상을 시끄럽고 혼란스럽게 한다. 자연에는 인도 없으며 불인도 없다. 거기에는 의도 없으니 불의도 없다는 생각을 장자는 이야기하려는 것이다.

증삼이 인의 피리를 불면 불인의 피리가 뒤따르고 사추가 의의 북을 치면 불의의 북소리가 뒤따를 뿐이다. 그들이 말하는 인의란 것은 사람이 만들어 낸 것일 뿐 하늘의 것도 아니고 땅의 것도 아니라는 것이다. 자연은 편을 가르거나 편애를 하지 않는다. 만일 자연이 사람만을 편애한다면 무수한 병균이 왜 생겨나며 한번 물리면 목숨을 잃게 되는 무서운 독사를 왜 산에서 살게 할 것인가. 이처럼 자연은 무엇을 편들고 무엇을 하대하질 않는다. 호화 주택에 산다고 여름이면 시원한 바람을 불어 주고 겨울이면 따스한 바람을 불어넣어 주지 않는다. 흙을 파고 사는 두더지에게 주는 바로 그 바람을 호화 주택에 불어넣어 줄 뿐 하등의 차별을 하지 않는 것이 자연이다.

사람은 오로지 사람 탓으로 고생을 하고 신음을 하며 절망을 하고 체념하거나 자살을 한다. 산이 사람에게 고생하라는 것도 아니며 강이 사람에게 신음하라고 하지 않는다. 다만 사람이 제 손을 제가 묶기도 하고 제 발을 제가 차기도 할 뿐이다. 누워서 침을 뱉으면 자신의 얼굴에 떨어지는 법이다. 그러한 짓을 마다하지 않는 인간을 위해 천지가 자비를 베풀라고 아무리 빌어도 소용이 없는 셈이다. 자연은 사람만을 위해 있는 것도, 없는 것도 아니다. 다만 만물이 있으니 있는 그대로 안아 줄 뿐이다. 이러한 자연에 순응하지 않고 공연한 짓을 만들어 고생을 한다면 그것은 분명 사람이 사서 제 고생을 하는 것이니 아무리 인간이 비참해지고 잔인해지고 엉망이 되어 살인을 하고 강도를 하고 폭도가 되어도 천지는 아랑곳하지 않는다.

그렇다고 해서 자연이 매정하고 매몰차다고 할 수 있을까? 그렇지는 않다. 나무는 잎을 틔워서 꽃을 피운다. 새는 날갯짓을 하여 공중을 날아 먹이를 물어다 둥지의 새끼를 키운다. 사람은 논밭에 곡식을 심어서 주린 배를 채우고, 저마다 집에 들면 사랑하는 피붙이들이 서로 살을 맞대고 기쁘면 웃고 슬프면 울면서 살아간다. 이 모든 것이 자연의 덕이다. 이러한 덕은 한없이 커서 인하면 상을 주고 불인이면 벌을 주자는 차별의 매질을 모른다.

오늘날에도 증삼과 사추의 후예들이 너무나 많다. 별의별 표어를 내걸고 세상을 구하겠다는 자칭 지도자들이 너무나 많다. 이러한 사람들 때문에 얼마나 많은 사람들이 고생을 하고 따분해 하는가.

(4) 사랑을 앞세운 양주(楊朱)와 묵자(墨子)

양주와 묵자는 사랑을 팔아 명성을 샀다. 밤낮으로 일어나는 전쟁 탓으로 하루 살기가 걱정이었던 전국 시대(戰國時代)에 사랑의 문제를 들고 나왔으니 명성을 얻을 만도 했을 게다. 그러나 그 둘은 사랑을 어떻게 할 것이냐의 문제에서는 서로 달랐다.

오로지 자기만을 사랑하라. 이것은 양주의 사랑론이다. 남이야 죽든

살든 아랑곳할 것이 없다. 오로지 나만을 사랑하면 그만이라고 외친 양주를 그 시대의 사람들은 믿으려 들었을 것이다. 사람의 목숨이 하루살이 같은 전쟁의 틈바구니에서 제 목숨을 아까워하지 않을 사람은 없었을 터이니 말이다.

오로지 타인을 사랑하라. 이것은 묵자의 사랑론이다. 남을 위해 남을 사랑하고 자기를 버리라는 주장이다. 이 역시 전국 시대의 사람들로부터 환호를 받았을 게다. 힘센 놈이 약한 자를 마구잡이로 후려치는 세상에서 남을 위해 자신을 버리고 남을 사랑하기 위해 자신을 버리라는 주장 역시 명성을 얻기에 족했을 것이다.

그러나 말로 하기는 쉬워도 그것을 행동으로 옮기는 일은 어려운 것이다. 실천하기 어려운 것을 말로만 주장하여 사람의 마음을 흔들어 놓는다면 말을 하지 않느니만 못한 법이다. 될 수 없는 일을 되는 양 근사하게 말로 치장하여 사람을 홀리는 말재주를 변설이라고 한다. 그래서 장자는 양주와 묵자를 변설꾼으로 보았던 것이다.

"지나치게 변론에 뛰어난 자는 기왓장을 쌓아올리고 밧줄에 매듭을 짓듯이 갖가지로 말질을 한다. 서로 같은 것을 다르다고 하고 서로 다른 것을 같다고 하는 등 떠들어 댄다. 한때의 명성을 위해 쓸데없는 말을 늘어놓는 셈이다. 그렇게 하다가 그만 지쳐 버리니 좋지 않다."

양·묵(楊·墨)의 사랑론은 변설이며 그 변설은 궤변에 불과함을 장자는 위와 같이 말하였다. 말만 앞세워 사람의 마음을 흔들어 제 편으로 끌어들여 속셈을 차리는 선동꾼은 어느 시대나 있게 마련이다. 언제나 사람들은 사탕발림을 잘하는 세 치의 혀 때문에 공연한 기대를 걸다가 허망하게 뒤통수를 얻어맞는다. 말꾼들은 그 말의 결과가 어떠할 것인지는 개의치 않는다. 말꾼은 말만 잘해서 사람을 꼬이면 된다고 여기기 때문이다. 말꾼은 무책임하다. 귀가 엷은 사람을 상대로 솔깃한 말을 하여 마음을 사로잡으려는 야심을 감추고 그 뒤의 문제는 나 몰라라 하기 때문이다. 장자는 이러한 말꾼을 싫어했다. 어느 누가 말꾼을 좋아할 것인가. 기왓장은 땅 위에 둘수록 안전하다. 쌓으면 쌓을수록 무너져내릴 위험이 커진다. 기왓장은 무너져내리면 깨지거나 박살이 난다. 그러면 그 기왓장은 못 쓰게 되어 버린다.

밧줄에 매듭이 많으면 많을수록 그 밧줄은 그만큼 못 쓰게 된다. 밧줄이란 매끈하게 되어야 그것으로 물건을 묶어 매기가 수월하게 된다. 그러나 밧줄에 매듭이 있으면 그 매듭 쯤에서 조이고 뒤틀려서 그 밧줄은 결국 끊어지고 만다. 밧줄이 끊어지면 쓰지 못하게 된다. 밧줄을 그대로 두면 잘 쓰일 것을 공연히 매듭을 지어 끊어지게 하면 그러한 짓을 하지 않느니만 못할 것이다.

변설은 쌓인 기왓장과 같고 매듭투성이의 밧줄과 같다. 양묵은 전국시대에 그러한 변설로 명성을 얻었다며 장자는 시비를 건다. 사람의 세상은 항상 이러한 변설꾼 탓으로 편안하기가 어렵다. 더구나 사랑을 담보로 잡고 사람을 후릴 때는 세상을 더욱 어렵게 한다. 사랑은 인간이 갈구하는 것 중에 가장 앞자리에 오므로 사랑을 팔면 귀가 엷은 사람들은 꿀통에 개미가 모이듯이 모여들게 되고, 변설로 가짜 꿀을 담아 놓고 소리를 치면 개미 떼처럼 군중이 모여들어 사랑을 판다는 인간을 맹목적으로 따르게 된다. 따지고 보면 변설꾼이란 세상에서 없을수록 좋다.

세상에는 언제나 양주가 있는 법이고 또한 묵자도 있는 법이다. 물론 요새는 묵자처럼 떠드는 사람들을 보면 탈을 쓴 양주와 같다는 생각이 든다. 개인주의에 철저해서 제 앞만 노린다거나 이기주의에 놀아나서 제 욕심만 차리는 인간은 어느 시대에나 있으니 그러한 인간은 양주의 후예들이다.

　나를 사랑해야겠다고 공언하는 양주의 후예는 오히려 정직한 편이다. 속셈은 양주이면서 묵자의 후예인 양 시치미를 떼는 군상들이 항상 사람의 세상에 붙어 사는 까닭이다. 국민을 위해 헌신한다는 사람들을 보면 거의가 묵자인 척하면서 뒤로는 양주를 따르는 위인인 경우가 심심찮게 있다. 고아를 위해 고아원을 운영하는 원장이 고아를 이용하여 생색을 내고 고아를 담보로 한몫 보려는 치도 있고, 교회를 짓겠다고 신도를 살해했던 어떤 성직자도 있었다. 절의 주지 자리를 두고 몽둥이로 패싸움을 벌인 적도 있다.

　이러한 사건들은 정치권이나 경제권에서 본다면 쩨쩨한 패거리들일 뿐이다. 나라와 국민을 위해 봉사한다면서 수억 수십 억, 크게는 수백 억을 착복하거나 탈세하면서 정재계(政財界)의 지도급인 것처럼 위장한 사람들을 항상 보아 왔다. 그럴 때마다 묵자의 탈을 쓴 양주의 후예들을 목격할 수가 있다.

　이처럼 사랑을 파는 사람은 사랑을 미끼로 딴전을 피운다. 장자는 이러한 꿍꿍이속을 알고 양묵의 변설은 쌓인 기왓장이요 매듭 투성이의 밧줄이라고 비유하고 있는 셈이다. 이러한 비유는 없는 편이 낫고 있으면 오히려 사람을 못살게 한다. 지금 누가 양주의 후예인가. 누가 묵자의 탈을 쓰고 있는가.

(5) 큰 죄를 범한 순(舜) 임금

　공자(孔子)는 요순(堯舜) 시절을 태평성대의 모범으로 삼는다. 그러나 장자는 요순 시대부터 세상이 잘못되기 시작했다고 보고 있다. 왜냐하면 그 이전에는 사람들이 자연으로서 자연스럽게 살았지만 요순 이후부터 사람들은 사람처럼 살아야 한다는 인식이 비롯되었다고 보았기 때문이다.

순 임금이 맨 처음 이 세상에 인의(仁義)를 만들어 퍼지게 하였으므로 공자는 순 임금을 으뜸의 성군(聖君)으로 모셔야 한다고 가르쳤다. 그러나 장자는 그 인의 탓으로 불인(不仁)이 생겨서 무엇은 인(仁)이고 무엇은 불인(不仁)이다라는 시비가 일게 되었으며 의(義) 또한 그러한 시비를 불러와서 인간들이 불의를 짓는 빌미를 주었다고 꼬집는다. 인간의 분별은 항상 인간의 욕심에 불을 당기고 편한 마음에 불을 질러 마음속을 장터마냥 소란하게 한다. 그래서 장자는 분별하지 말라고 한다.

사람은 인(仁)이며 의(義)라고 공자는 외친다. 그러나 사람은 사람일 뿐 따로 유별나게 분별할 것은 없다고 장자는 응수한다. 산은 산이고 물은 물이고 나무는 나무인 것처럼 사람도 사람이면 된다. 사람에게는 선함도 있고 악함도 있다. 그것이 자연이다. 그런데 그 악함은 나쁘니 없애야 하고 선함은 좋으니 넓히고 높여서 악을 없애야 한다고 공자는 외친다. 공자가 아무리 외친들 이 세상에서 악이 사라진 적이 있느냐고 반문을 하면 공자도 말문이 막히게 된다. 악은 항상 인간의 안에서 떠난 적이 없는 까닭이다.

장자는 인의를 처음으로 퍼뜨려 사람을 혼란시킨 순 임금이 큰 잘못을 범했다고 몰아붙인다. 인의를 앞세워 사람을 다스리려는 음모를 꾸몄다는 것이다. 순(舜) 이전에는 임금도 없었다. 임금이 없으니 신하도 없었다. 임금과 신하의 분별이 없으니 상하도 없었다. 그러니 인의는 약을 주고 병을 주는 셈이다. 장자는 인의가 주는 약으로는 그것이 주는 병을 고칠 수 없음을 안 모양이다.

"노씨(盧氏)가 인의를 내걸고 세상을 어지럽힌 뒤로 사람들은 그 인의 탓으로 이리 뛰고 저리 뛴다. 이야말로 인의가 사람의 본성을 바꾸어 버린 것이 아닌가."

이처럼 장자는 순 임금에게 시비를 건다. 사람은 누구나 출세를 하려고 한다. 높은 사람이 되어 이른바 지도자가 되려고 한다. 이러한 욕심은 저마다의 무기를 간직하고 출세를 위해 다투고 싸울 준비를 갖추게 한다. 사람의 이러한 용심은 결국 제 발등에 끓는 물을 퍼붓고 누워서 하늘로 침을 뱉는 꼴이 되기가 일쑤인데도 사람들은 불나방처럼 출세의 불꽃을 향해 날아드는 행위를 멈추지 않는다. 날갯짓을 하는 인간은 항상 고상한 말로 여러분을 위해 땀을 흘리겠다고 장담을 하고 인의를 실천하는 사람이 되겠다고 굽실거린다.

겉으로는 인의를 앞세워 군자가 되자고 외치면서 속으로는 자리를 탐했던 사람들이 항상 탈을 낸 역사가 우리를 우울하게 한다. 이러한 거짓 군자들은 모두 인의로 탈을 만들어 무식한 사람들을 이용한 군상들이다. 물론 세상에서 성군으로 칭송을 받는 군왕이 없는 것은 아니지만 장자의 눈으로 본다면 그들은 군왕이 되기 위해 많은 사람의 눈물을 거두어 마셨다고 생각했던 모양이다.

"작은 미혹(迷惑)은 방향을 바꿀 뿐이지만 크나큰 미혹은 사람의 본성을 바꾸어 버린다."

이러한 장자의 말을 듣다 보면 좀도둑은 남의 것을 훔치지만 큰 도둑은 나라를 통째로 훔쳐 버린다는 사실을 알게 된다.

인은 무엇이고 의는 무엇이다라고 공자가 말씀하자 그것들에 대한 변론이 무성하게 되었다. 유식한 사람과 무식한 사람이 따로 있는 것처럼 생각하게 되었고 사람이 사람을 차별하는 버릇이 생겨났다. 또한 인간은 그 버릇을 강화하려고 권력이라고 하는 인위의 힘을 개발하게 되었다. 그 개발의 결과 사람의 세상에는 무수한 문물제도(文物制度)란 것이 비롯되어 사람의 코에 코걸이를 걸어서 끌고 다니는 수법이 무성하게 되었다. 장자의 눈으로 본다면 문물제도는 고삐와 같다. 코걸이가 있으면 그 걸이를 끌게 해 줄 고삐가 있어야 한다. 오늘날은 그러한 고삐를 일컬어 법을 빙자한 권력이라고 칭한다.

순 임금 이후로 온갖 법이 생겨 온 셈이다. 군신(君臣)이 생겼기 때문이다. 그러나 그 법은 사람이 만들었기 때문에 항상 강자에게는 약하고 약자에게는 강한 틈을 보였다. 인의가 이러한 법과 내통하면서 약한 민초(民草)들은 신음하게 되었다. 이러한 변통은 지금도 여전하다. 법은 언제나 억울한 사람이 흘리는 눈물을 비껴가고 인의가 그 눈물을 닦아 준 적은 없다.

법 없이도 사는 세상을 순 임금이 앗아갔다는 장자의 시비는 억지가 아니다. 왜냐하면 인간은 여전히 자유를 갈망하고 평등을 갈망하는 까닭이다. 하루도 편할 날이 없는 것은 인간의 유식 탓이지 무식 탓은 아니다. 그러므로 인의가 사람을 유식하게 하여 탈을 낸다는 시비는 아직도 유효하다.

(6) 똑같은 백이(伯夷)와 도척(盜跖)

백이는 현자(賢者)이고 도척은 도적놈이다. 그러나 백이와 도척은 다를 바 없이 다 도둑이라고 한다. 이처럼 장자의 우화(寓話)는 우리를 어리벙벙하게 한다. 우리의 상식을 뒤집어엎는 까닭이다. 그래서 장자의 우화는 우리를 심각하게 하면서도 재미나게 한다.

백이는 명성을 훔쳤다. 명성을 훔치느라고 백이는 제 목숨을 해쳤다. 도척은 재물을 훔쳤다. 재물을 훔치느라고 도척은 제 목숨을 해쳤다. 명성을 훔치는 것은 훌륭하고 재물을 훔치는 것은 나쁘다고 여긴다면 훔치는 일에도 선악이 있게 된다. 그러나 장자는 무엇을 훔치든 훔친다는 것은 다 같다고 본다. 이 얼마나 무서운 일침인가.

"백이는 명성을 위해 수양산 아래서 죽었고 도척은 이욕(利慾) 때문에 동릉산 위에서 죽었다. 두 사람이 죽은 곳은 서로 다르지만 목숨을 해치고 본성을 상하게 한 짓은 다 같다."

목숨은 주어진다. 태어남도 주어진 것이고 죽음도 주어진 것이다. 그러므로 목숨은 성취되질 않는다. 목숨이 성취되는 것으로 알고 무수한 보약을 먹고 더 오래 살려고 발버둥을 친다면 오히려 해치는 일이다. 하물며 무엇을 위해 목숨을 초개처럼 버리겠다는 것 역시 목숨을 해치는 일이다. 주어진 대로 살다가 주어진 대로 죽는다는 것이 곧 순명(順命)이다. 순명은 바로 자연의 모습이다. 그 모습을 어기고 백이는 명성을 택하여 목숨을 해쳤고 도척은 재물을 탐하여 목숨을 해쳤다. 명성을 훔치고 목숨을 해쳤고 재물을 훔치고 목숨을 해친 것은 모두 도둑질로 목숨을 상하게 한 셈이다. 그러니 백이도 도둑이고 도척도 도둑이다.

누군가 벼락 출세를 하면 사람들은 그것을 부러워한다. 명예와 자리를 훔치려는 도심(盜心)을 드러내는 셈이 된다. 그러나 그러한 부러움을 아무도 흉보지 않는다. 출세를 한 사람들은 출세를 하려고 무수한 수를 쓰게 마련이다. 따지고 보면 이러한 출세의 수들은 명성을 훔치는 일이다. 우리는 명성을 훔치는 일은 도둑이 아니라고 여기지만 장자는 도둑으로 본다. 이 얼마나 무서운 시비인가.

백이가 명성을 훔쳤으니 도둑놈이라는 말을 귀담아 듣는다면 세상은 좀 맑아질 것이 분명하다. 그렇게 되면 3공비리(三共非理)니 5공비리 따위의 낱말은 없어도 된다. 한 사람이 가장 높은 자리에 앉으면 친척들은 줄줄이 자리를 차지하게 되고 재물을 모으게 되어 한때는 목에 힘을 주다가, 높은 자리에 있던 사람이 내려오면 그 친족들이 줄줄이 쇠고랑을 차는 꼴을 보게 된다. 한 사람이 명성을 훔친 결과 그 사람의 친족들까지 덩달아 명성과 재물을 훔쳐서 쇠고랑을 차게 되면 그 집안은 모두 도둑의 무리가 된다. 여기서 명성을 훔치면 재물을 훔치게 된다는 말이 옳음을 알 수 있다. 장자가 5공비리를 보았다면 뭐라 했을까? 그 대답은 듣지 않아도 뻔할 것이다. 모두가 도둑인데 누가 누구에게 돌을 던질 것인가.

자연을 잊거나 잃어버린 사람들은 도둑이 되고 싶어 하는 법이다. 본성을 어기는 일을 떡 먹듯이 하는 까닭이다. 권력의 주변을 보면 얼마든지 이러한 꼴을 볼 수가 있다. 입으로는 더러운 권력이라고 하면서 속으로는 그것을 훔치기 위해 서로 다투어 도둑이 되려는 속셈을 장자 앞에서는 숨길 수가 없는 일이다. 정직하고 강직한 백이도 도둑이 되는 판에 도둑 아닌 놈은 없게 되는 것이 아닌가.

참으로 누가 도둑이 아닌 지도자일까? 그러한 분이 있어서 찾아가 절을 하는 기쁨을 누리고 싶다. 이를 보고 명성을 훔치는 좀도둑이라고 말하지는 않을 것이다.

2. 〈마제(馬蹄)〉의 인물들

재주가 탈인 사람들

태어난 사람은 곧 고(苦)라고 여래(如來)는 말했다. 태어남은 곧 죽음으로 향하는 출발이며 그렇게 시작된 삶 역시 기쁨이 있는가 하면 슬픔이 밀려오고, 행운이 깃드는가 싶어지면 불행이 엄습해 오고, 젊음인가 싶으면 늙음이 오고, 건강하다가도 모진 병을 앓고 숨을 거두게 되는 목숨의 꼴을 바로 '고'라고 했다. 이러한 고의 매듭에서 풀려나려면 마음의 본 모습을 깨우치라고 여래는 말했다. '인간이여 해탈하라.' 이것이 여래의 말씀이다.

공자는 태어난 사람은 곧 인(仁)이라고 말했다. 그래서 그 인이 무엇이냐고 물었다. 공자는 인이란 곧 사람을 사랑하는 것〔愛人〕이라고 응했다. 다시 사랑하는 것은 무엇이냐고 물었다. 공자는 백성을 편하게 하는 것〔安百姓〕이라고 타일렀다. 백성을 편하게 하는 방법을 물었다. 나를 닦는 것〔修己〕이라고 공자가 풀어 주었다. 어떻게 닦으면 되느냐고 물었다. 학문을 좋아하라〔好學〕고 공자가 당부했다. 어떻게 좋아하면 되느냐고 물었다. 옛 것을 살펴서 새 것을 아는 것〔溫故而知新〕이 그 방법이라고 공자는 밝혔다. 왜 이렇게 수기(修己)를 해야 하느냐고 다시 물었다. 사람을 다스리는 것〔治人〕 때문이라고 공자는 살펴 주었다. 그렇다면 누가 사람을 다스립니까? 군자가 백성을 다스린다고 다짐해 주었다. 군자는 누구인가? 인의를 실천하는 화신이다. 그러니 공자는 인간에게 소인이 되지 말고 군자가 되라고 설파한다.

장자의 우화를 듣게 되면 마음의 본래 모습을 깨우치라는 여래의 말씀도 번거롭게 된다. 목숨을 갖고 태어났으면 태어난 대로 족하고, 병들고 늙어 가는 것 역시 그대로 족하면 되는 일이다. 죽은 다음에 어떻게 되는가는 스스로 맡기면 된다. 이러한 맡김이 바로 자연인 것이다. 장자는 이렇게 인생을 불쌍히 여기고 '고'라고 지적한 여래의 말씀을 웃어 버린다.

그런데 장자는 공자의 말씀에 대해선 단호하다. 사람이 따로 있고 짐승이 따로 있다는 생각도 불쾌할 지경인데 사람마저 대인이 있고 소인이 있다고 갈라놓으면서 대인의 덕은 바람이고 소인의 덕은 풀이다〔君子之德風, 小人之德草〕고 설파하는 공자의 말씀에 장자는 정면으로 도전한다. 물론 사납게 도전하는 것이 아니라 능청맞게 우화를 빌려서 유가에서 말하는 군자가 어떻게 사람을 다스릴 수 있는가를 대질러 준다. 장자에게 비친 유가의 군자란 인의를 파는 재주가 남달라 명성을 사는 재주꾼에 불과할 뿐이다.

사람을 있는 그대로 내버려둔다면 하늘을 나는 새처럼 편하게 살 것인데 공연히 수수한 사람들을 덕치로 다스려 편안하게 한다고 선전을 해서 솔깃하게 한 다음 온갖 수법으로 사람들을 편하지 못하게 하는 수작을 늘어놓을 것이 무엇이냐고 장자는 반문한다. 이러한 반문에 이르면, 사람의 세상이 시끄럽고 밤잠을 편히 잘 수 없게 되는 근원이 하늘에 있는 것이 아니고 산속에 있는 것도 아니며 흙 속에 있는 것도 아니고 물속에 있는 것도 아님을 알아챌 수가 있을 게다. 그렇다면 그 근원이 어디에 있단 말인가? 바로 재주 있다는 사람들의 수작에 있다고 장자는 말한다. 사람을 한사코 편하게 해 준다면서도 항상 사람을 괴롭히는 수작을 장자는 인위라고 질타한다. 이러한 장자의 시비를 들을 때 우리는 장자가 반대를 위한 반대의 시비를 걸고 있는 것이라고 단정할 수 있을까?

사람의 짓들이 사람을 못살게 군다고 보아도 된다. 사람은 평등하다고 하지만 한 번도 사람들이 서로 평등하다고 즐겁게 노래를 불러 본 적은 없다. 사람의 행복은 자유에 있다는 것을 여러 가지로 토를 달아서 외쳐 댄 지도 오래다. 그러나 참다운 자유를 누리면서 마음 놓고 발을 뻗고 살아 본 적이 없다. 무엇이 인간에게서 마음이 즐겁고 자유로운 순간을 빼앗아 가고 있는가? 산인가 물인가 아니면 짐승들인가? 분명히 그런 것들은 아니다. 분명한 것은 사람이 사람의 즐거움과 자유를 빼앗는 짓을 한다는 점이다.

인의를 앞세워 사람의 행복을 착취해 갔다고 하면 조선조의 양반들은 화를 낼 것이지만 조선조의 상것들은 박수를 보낼 것이 아닌가. 인위를 팔아서 양반이 되는 명성을 얻었고, 그러한 명성을 파는 곳이 바로 양반들이 과거 시험을 치렀던 과장(科場)이었던 셈이다. 거기서 급제를 하면 인위의 마패를 차게 되어 호령하는 힘을 거머쥘 수가 있었다. 얼마나 많은 사람들이 그 호령에 치를 떨고 겁을 먹고 슬슬 기어야 했던가를, 그리고 인의를 탈바가지로 삼아 횡포를 부렸던 옛날을 생각한다면 인위가 사람을 못살게 한다는 장자의 시비는 언제나 절실할 게다.

사람을 불행하게 하는 인간의 짓을 인위라고 한다. 오늘날은 민주라는 말, 평등이라는 말, 그리고 박애라는 말들이 옛날에 인의가 누렸던 자리를 차지하고 출세를 해야겠다고 벼르는 인간들의 세 치 혓바닥 위에서 놀아나면서 인위는 이제 고도의 전술을 부리면서 연극을 한다. 그 전술의 선전 표어는 항상 국민을 위해, 아니면 인류를 위해 몸 바쳐 한 목숨 던지겠다고 수더분한 사람들을 솔깃하게 한다.

이제는 인의로 세상을 다스린다 하지 않는다. 민주·자유·평등·박애로 세상을 책임지고 다스리겠노라고 자처하면서 자칭 지도자가 되어야겠다고 침을 흘리는 난사람들 탓에 하루도 마음이 편치않다. 옛날은 양반 등살에 사람들이 몸살을 앓았고 지금은 지도자라는 위인들 때문에 초주검이 되어 간다. 이러한 위인들은 정치를 다루는 재주를 멋지게 자랑한다. 그러니 사람이 불행한 것은 모두 난사람들의 재주 탓이라는 장자의 고발은 여전히 유효한 셈이다.

잘났다는 위인들이 하도 텃세를 부리는 탓에 수더분한 사람들까지 열이 올라 나도 너도 난사람이 되기 위해 발버둥을 친다. 그래서 오늘날의 세상은 항상 시끄럽다. 한 사발의 밥알이 시궁창에 쏟아지면 여기저기서 허덕이고 있던 생쥐들이 싸움을 벌인다. 땅투기를 하고 집을 팔고 사고 둔갑을 쳐서 한움큼의 돈을 태산만 한 돈뭉치로 만든다고 으스대는 복부인은 사람의 골목에 사는 생쥐와 같은 셈이다. 이러한 생쥐 같은 인간에게는 돈이라는 것이 바로 인의인 게다. 돈으로 세상을 사고 돈으로 권력을 사고 돈으로 지위를 사고 돈이 바로 사람의 목숨이라고 외치는 사람들은 돈버는 재주에서는 제가 제일이라고 떠든다. 이 역시 재주가 난 사람들이다.

이러한 재주꾼들 탓으로 사람들은 항상 고달프고 괴롭다. 마음이 편하기를 바라는 사람은 재주를 탐하지 않는다. 그리고 재주를 자랑하는 짓을 가장 부끄럽게 여긴다. 이렇게 되면 제 꾀에 제가 걸려드는 바보는 되지 않을 게다. 장자는 이처럼 수더분한 사람이 난 사람을 비웃게 한다.

(1) 명마(名馬)를 만든다는 백락(伯樂)

말은 발굽의 덕으로 서릿발이든 눈이든 밟을 수 있고 온몸에 털이 있어 바람과 추위를 막는다. 들판에는 풀이 있고 물이 있으니 뜯고 마시며 마음대로 뛰고 논다. 야생마는 이처럼 살다가 명이 다 되면 죽는다. 이것은 곧 말의 행복이다. 장자는 말의 이러한 행복을 말의 본성으로 본다.

말이 산하에서 마음대로 살았을 때는 명마가 따로 없었다. 말을 잡아다가 사람이 길을 들여 부려먹기 시작하면서 못난 말과 잘난 말이 분별되었다. 물론 이러한 분별은 말이 한 것이 아니라 사람의 짓이다. 이러한 분별 때문에 말을 명마로 만들 수 있다고 자랑하는 인간이 등장하게 된다. 맨처음 이러한 자랑을 한 사람이 백락이다.

본래 백락은 천마(天馬)를 다스린다는 별의 이름이다. 춘추 시대 진나라에 살았던 손양(孫陽)이란 사람이 수더분한 말을 명마로 만드는 재주가 있다고 자랑을 한 덕으로 사람들은 그에게 백락이라는 별명을 붙여주었다는 것이다. 그러니 백락은 손양의 명성인 셈이다.

산하에서 행복하게 사는 말을 잡아다가 백락은 말의 털을 지지고 깎았다. 말발굽을 깎아 내고 인두로 지져 댔다. 말의 굴레와 다리를 밧줄로 묶어 놓고 멀찍이 구유와 마판을 나란히 차려 놓는다. 백락은 왜 이렇게 묶인 말 앞에다가 구유와 마판을 차려 놓았을까? 말이 시키는 대로 하면 끌어다가 구유 속의 풀을 먹게 하겠다는 백락의 잔꾀가 그렇게 한 셈이다.

묶인 말이 목숨을 부지하려면 백락이 시키고는 대로 하고 멀리 있는 구유 속의 풀을 먹어야 한다. 그러면 백락은 말을 다루는 재주가 뛰어나 말이 잘 길들여졌다고 자랑을 할 것이고, 속으로 비참한 눈물을 흘리는 말을 몰라보는 사람들은 과연 백락이라고 찬사를 보냈을 게다. 재주를 팔아 명성을 얻으려고 말의 본성을 짓밟아 버린 인간의 짓을 무어라 할 것인가? 인위의 재앙인 셈이다. 백락의 재주 탓으로 그에게 걸려든 말들이 재주의 횡포에 시달리다가 죽어 간다. 산하에서 마음대로 살아야 할 말의 본성을 유린해 버린 재앙이 아닌가.

말의 본성을 꺾어 버린 백락은 말을 길들여 잘 달리는 말로 바꾸는 재주를 부린다. 먹이를 주지 않은 채로 달리게 하고 목이 말라도 물을 주지 않은 채로 달음박질을 시키면서 백락이 하자는 대로 하면 먹이를 주고 물을 주니 붙들린 말은 목숨을 부지하기 위해서 달리고 달려야 한다. 채찍과 말고삐를 쥔 백락은 이렇게 명마를 만들지 않았느냐고 의기양양하게 뽐냈을 게다. 그러면 사람들은 과연 백락의 천마라고 환호성을 질렀을 게다. 이 또한 재주를 팔아 명성을 산 인위의 재앙이 아닌가. 이러한 재앙에 걸려든 말은 재갈을 물고 가슴받이를 걸고 엉덩이에 채찍을 맞으면서 숨통이 막혀도 달려야 한다. 그러니 그에게 걸려든 말은 반수 이상 죽어 버리게 된다.

천하에서 제일이라고 자랑하는 백락의 재주에 걸려든 말이 끝까지 목숨을 부지하여 명마라든지 준마라든지 천마라는 명성을 얻게 되었을 때, 그 명성은 말이 원한 것인가 아니면 백락이 노린 것인가? 그 따위 명성은 말에게는 한 푼의 가치도 없는 것이다. 본성을 빼앗기고 유린당하고 말았으니, 말이지만 이미 말이 아닌 셈이다.

사람을 말처럼 조련하는 백락은 없을까? 역사상 이름을 남긴 군왕들은 거의 백락의 재주를 간직했었다. 백락은 말의 본성을 유린하여 명성을 얻었고 그 재주를 감추지 않았지만, 군왕은 수더분한 사람들의 본성을 유린하여 권좌에 앉아 있으면서도 그 재주를 감추었을 뿐이다.

몽고인들은 칭기스칸을 으뜸가는 군왕으로 모신다. 그는 기마병을 거느려 천하를 정복했다는 명성을 얻었다. 칭기스칸의 병사들이 말의 본성을 짓밟고 칭기스칸은 병사의 본성을 짓밟은 재주 탓에 무수한 말과 병사들이 싸움터에서 피를 흘리고 죽었다. 진 나라에 살았던 손양은 말을 잡는 백락이었지만 칭기스칸은 사람을 잡는 백락이 아닌가. 그러므로 백락은 인위의 재앙을 팔아 명성을 사는 재주꾼일 뿐이다.

장자는 이러한 재주를 고발하고 있는 중이다. 이러한 장자의 고발이 오늘날에는 필요 없는 것이라고 단언할 수 있을까? 없을 게다. 재주가 비상하다고 자랑하는 난사람이 오늘날에는 더 많은 까닭이다.

(2) 성인(聖人)을 꾸짖는 혁서씨(赫胥氏)

사람은 누구나 세상이 평화롭기를 바란다. 이는 모두 목숨을 아끼려는 심정 때문이다. 살아 있는 것이라면 무엇이든 목숨을 아낀다. 태어났으면 반드시 한 번은 죽게 마련이지만 죽지 않고 영원히 살 수 있기를 바라는 것은 산 것이 갖는 욕심일 게다. 이러한 욕심은 생명의 자연인 셈이다. 물론 자연은 그러한 욕심으로 목숨이 연장되는 법을 허락하질 않으나 생명이 있는 것이면 무엇이든 살고 싶어 하지 죽고 싶어 하는 법은 없다.

그러나 사람들은 사람의 목숨만 아깝게 여길 뿐 사람 아닌 것의 목숨은 가볍게 여기는 버릇이 생겼고, 그 버릇은 사람의 목숨마저 빼앗아 가는 버릇을 갖게 만들었다. 그 버릇이 곧 전쟁이다. 전쟁이 없는 시대라면 누가 평화를 갈망할 것인가. 언제부터 사람이 사람을 죽이고 사람과 사람이 다투고 해치는 버릇을 갖게 되었을까? 장자는 사람에게 못된 버릇을 물들게 한 치들을 성인이라고 부른다.

유가에서 성인이라고 칭송받는 순 임금은 장자의 눈으로 보면 범인(犯人)이 되어 버린다. 순 임금 이후부터 사람은 서로 싸우고 서로 다투고 서로 해치는 버릇을 갖게 되었다는 것이다. 그러한 버릇들로 물을 들인 수단이 바로 예악(禮樂)과 인의 따위라고 장자는 몰아붙인다.

순 임금이 태평성대를 이룩한 것이 아니라 순 임금이 그것을 영원히 앗아 버린 셈이다. 순 임금 이전에 혁서씨라는 전설적인 인물이 살고 있었다. 혁서씨의 시대에는 사람이 해야 할 일을 몰랐다. 그저 하는 일만 하면 되었지 의무적으로 해야 하는 일 따위는 몰랐다. 순 임금이 사람에게 해야 할 일이 무엇인가를 퍼뜨리기 시작했다고 장자는 비판한다. 말하자면 인간의 도리가 무엇인가를 가르치기 시작하면서 지식의 다툼이 빚어졌다는 것이다.

혁서씨 시대의 사람은 갈 곳을 몰랐다. 어느 곳이나 다 같으니 어디를 가야 된다는 생각 따위는 없었다. 그러나 순 임금 이후로 벼슬이니 청운의 꿈을 품고 사람을 다스리는 덕을 쌓아야 하는 버릇이 생기게 되었다. 이러한 버릇은 사람들에게 궁성이 있는 곳으로 가야 임금의 은덕을 입어 벼슬을 얻고 사람을 다스리는 꿈을 이룬다는 욕심을 갖게 하였다. 혁서씨 시대에는 사람은 서울로 가야 하고 망아지는 제주도로 가야 한다는 속담은 없었던 셈이다. 사람이 가야 할 곳을 분별하면서 출세해야 한다는 병을 얻었고 청운의 꿈을 품은 탓에 앓게 되었다. 이러한 병통이 이 시대를 막론하고 인간에게서 살맛을 얼마나 앗아갔는가? 장자는 이러한 질문을 던져 보려고 난사람들을 도마 위에 올려놓고 포를 뜨고 있는 중이다.

예악이 무엇인지, 인의가 무엇인지를 몰랐던 시절의 사람은 수더분할 뿐 뻔뻔하거나 매끄럽거나 약삭빠를 줄을 몰랐다. 식탁에서는 밥을 입에 넣었으면 소리 없이 씹고 소리없이 넘겨라, 꿀꺽 하는 소리를 내면 식사 버릇이 야만인 같아 멸시를 받는다. 이런 따위로 먹는 즐거움을 앗기질 않고 혁서씨 시대의 사람들은 먹을 것을 입에 넣고는 배를 두들기며 기뻐하고 놀았다. 새들이 먹이가 있으면 꽁지를 쫑긋거리면서 부리로 맛있게 쪼듯이 사람도 먹을 것이 있으면 눈치 보는 일 없이 기쁘게 먹고 놀았던 야만인의 시절을 장자는 그리워한다.

첨단 과학의 시대를 누리는 현대인은 외모를 말끔하게 차리고 세련된 몸매로 하루를 교양 있게 보낸다고 자부한다. 이러한 자부심을 장자는 메스꺼워한다. 모조리 위선의 탈을 쓰고 살기를 품고 경쟁의 현장에서 보다 많은 전리품을 손에 넣으려고 연극을 한다. 이러한 생각을 하루에도 수백 번씩 하면서 살아가는 현대인은 수더분한 야만인으로 돌아가고 싶은 심정이 솟는 법이다. 세련된 공자의 후예가 되니수더분한 장자의 무리가 되는 편이 속이 편하다는 것쯤은 현대인들도 알고 있다. 도시에 사는 사람일수록 혁서씨 시대의 사람들로 되돌아가고 싶은 마음을 품는 이유는 무엇일까? 현대판 인의와 현대판 예악이 현대인을 꼼짝 못하게 조여매는 상황 때문이 아닌가.

현대판 인의와 예악은 무엇일까? 순 임금 이후로 쌓여 온 무수한 지식일 것이고 서양의 문물이 우리에게 가져다 준 무수한 지식일 것이며, 그러한 지식들이 얽히고설켜서 만 갈래의 제도 문물을 낳았을 게다. 혁서씨 시대의 사람들은 이러한 삶을 몰라서 마음이 편했고 신경 쇠약을 몰랐다. 현대인의 정신병은 이른바 성인들이 남겨 준 후유증이 아닌가.

3. 〈거협(胠篋)〉의 인물들

도둑질하는 사람들

뻐꾸기와 뱀은 뱁새의 둥지를 보면 그 주변에서 서성거린다. 뻐꾸기는 제 알을 낳아 두려고 뱁새 둥지를 엿보고, 뱀은 맛있는 뱁새알이 탐이 나서 그 둥지를 노린다. 뱀은 뱁새가 알을 많이 낳는다는 것을 알고 뻐꾸기는 뱁새가 알을 잘 품고 까서 새끼를 잘 키운다는 것을 안다.

사람은 뻐꾸기가 뱁새의 성미를 훔치고 뱀은 뱁새의 알을 훔친다고 말한다. 그러나 자연은 뻐꾸기나 뱀을 도둑으로 몰아 벌을 주지 않는다. 뻐꾸기가 알을 품어 깔 줄 모르는 것은 그것의 본성이고 뱀이 뱁새의 싱싱한 알을 먹이로 삼는 것은 뱀의 본성인 까닭이다. 자연이 하는 대로 있는 것을 본성이라고 한다. 다만 사람만이 그러한 본성을 무시하고 뻐꾸기와 뱀을 뱁새의 둥지를 탐하는 도둑이라고 말한다.

자연은 무엇이든 감추지 않는다. 다만 무엇이든 주고받기 위해 간직할 뿐이다. 사람은 간직하는 것만으로는 만족하지 못한다. 귀중하다고 여기게 되면 무엇이든 감추어 두려고 한다. 사람은 왜 감추려고 하는 것일까? 도둑당할까 봐 겁이 나는 까닭이다. 사람만이 훔칠 줄을 아는 까닭에, 사람이 도둑을 경계하는 것은 바로 저 자신이 도둑인 까닭이 아닌가. 이러한 까닭을 도둑이 제 발 저린다고 말한다. 자연의 편에서 보면 도둑 아닌 인간은 없다. 무엇이 인간을 도둑놈으로 만드는가? 그것은 인간의 지식이라고 장자는 밝혀 주고 있다.

인간의 지식은 자연을 무슨 보물을 감추어 둔 곳간쯤으로 여긴다. 인간의 지식은 제 것을 감추는 자물쇠와 남의 것을 훔쳐 내는 열쇠 구실을 동시에 하므로 인간은 지식을 앞세워 좀도둑이 된다. 지식을 믿고 인간을 만물의 영장이라고 자랑하는 사람도 있지만 장자는 이 따위 자랑을 좀도둑질로 치부해 버린다.

우주를 하나의 상자라고 생각하자. 인간의 지식은 그 상자를 열어서 별것을 다 훔쳐 내려고 한다. 그러나 그 상자를 통째로 훔쳐갈 수 없는 것이 인간의 지식이다. 작은 도둑은 보석함을 열어서 보석만을 훔치려 들지만 큰 도둑은 보석함을 통째로 들고 가 버린다. 이렇게 큰 도둑과 작은 도둑은 구별된다. 어느 지식이 자연을 통째로 훔칠 수 있단 말인가. 인간이 지식으로 훔치는 짓이란 좀도둑질에 불과하다.

거협(胠篋)은 상자를 연다는 말이다. 상자 속에는 보물이 들어 있다고 믿는 것은 사람밖에 없다. 자연은 보물을 모른다. 그래서 모래와 금강석이 함께 묻혀 있는 셈이다. 모래는 흔하고 금강석은 귀하다고 여기는 것은 사람의 지식이 하는 짓이다. 개는 금강석 위에 똥오줌을 갈기고 지나가지만 사람에게 금강석은 신혼부부의 파경을 막아 주는 힘을 발휘한다. 자연에서는 개똥이 금강석이고 금강석이 개똥인 게다. 흔한 것은 싸고 귀한 것은 비싸다는 것을 개미가 아는가 생쥐가 아는가. 그렇다는 것은 사람밖에 모른다.

도둑은 비싸다는 것만을 골라서 훔친다. 무엇이 비싼 것인가를 지식이 가늠해 준다. 쇠꼬챙이 하나로 금고를 열어 돈을 털 수 있는 자는 도둑 떼의 상전이 될 수가 있다. 상자를 여는 지식이 남다른 기술과 통하는 까닭이다. 그러나 금고털이가 큰 도둑은 아니다. 인간의 세상에서 가장 큰 도둑은 나라를 통째로 훔치는 자라고 장자는 말한다. 그러한 큰 도둑을 군왕이라고 하거나 제후라고 한다. 금고털이는 쇠꼬챙이를 열쇠로 쥐지만 나라를 통째로 훔치는 제후는 인의를 열쇠로 삼아 혀 끝으로 뱉으면 된다. 그러니 성인군자의 인의란 큰 도둑질을 위해 준비해 둔 것인 셈이다.

귀하다는 물건이나 돈을 훔치면 도둑이 되고 나라를 훔치면 옛날엔 임금이 되기도 하고 오늘날엔 대권을 거머쥘 수도 있다. 도둑은 교도소에 가서 콩밥을 먹지만 대권을 잡은 자는 권력을 쥐고 세상을 호령할 수가 있다. 이것이 좀도둑과 큰 도둑의 차이라고 장자는 질타한다.

왜 인의가 큰 도둑의 열쇠인가? 사람의 본성을 훔쳐 가서 갖가지 인위의 덫에 걸어 버리기 때문이다. 사람의 본성 역시 자연을 따라 있는 법이다. 인의는 그 법을 속이고 온갖 구실을 달아 사람을 옭아맨다. 그러한 구실이 바로 학문을 넓혀 지식을 쌓아야 한다는 욕심을 자극한다. 사람이 지식을 지니면 짐승과 다르고 초목과도 다르다고 성인들이 설파한 뒤로 사람과 사람이 싸우는 법을 알게 되었다. 전쟁을 누가 일으키고 전쟁터에서 무엇을 하게 하는가? 지식이라는 덕망을 쌓았다는 사람들이 앞장서서 무수한 사람들을 사지로 몰아넣는다. 이것이 바로 인위의 역사가 지은 죄이며, 장자는 이러한 죄를 큰 도둑이 자연이란 본성을 훔친 결과로 본다.

〈거협〉편의 우화는 사람들의 도둑질을 이야기해 준다. 보석상자를 훔친 놈은 좀도둑이고 나라를 훔치면 큰 도둑이라고 하는 것은 인의에서만 구별된다. 광활하고 한없는 자연의 입장에서 본다면 모조리 치졸한 좀도둑에 불과할 뿐이다. 인의를 앞세워 사람의 본성을 훔쳐

가지만 그 본성을 통째로 훔쳐 갈 수는 없다. 사람이 약고 꾀가 많아지면 약삭빨라지지만, 들에 핀 풀꽃을 보고 부끄러워할 줄 알고 날아가는 새를 보고 부러워하는 마음은 아직 남아 있다. 그러므로 인위가 아무리 기승을 부려도 인간이 지닌 본성을 송두리째 훔쳐 가지는 못한 것이다. 인위의 노예가 되어 버린 현대인의 입에서도 자유가 아니면 죽음을 달라는 말을 한다. 자유를 갈망하는 것은 곧 본성인 향수인 것이다.

음반이나 연주회를 통해서 음악을 들을 줄 아는 귀가 바람 소리나 물소리를 흘려 버린다. 사람이 만든 음악이 자연의 음악을 훔쳐 간 셈이다. 인륜의 규범이 질서를 준다는 말을 보고 들으면서도 자연이 들려주는 질서를 지나쳐 버린다. 이것은 인위의 질서가 자연의 질서를 보고 듣는 귀와 눈을 훔쳐간 결과인 게다. 이러한 도둑질은 성인이란 위인이 등장해서 인의를 팔아 명성을 사고 그 명성으로 본성을 훔친 결과라고 장자는 꼬집는다.

인의가 사람의 본성을 훔치는 열쇠라고 말하면 사람들은 어리둥절해진다. 본성을 훔쳐간 도둑이 집 밖에 있는 줄만 알고 집 안에 있는 줄을 모르는 까닭이다. 본래 등잔 밑은 어두운 법이 아닌가. 사람의 본성이 갖는 자유를 하늘이 앗아갔는가 아니면 산이나 짐승이 훔쳐갔는가. 아니다. 사람의 본성을 훔쳐다 꼼짝 못하게 밧줄로 묶은 것은 바로 사람의 지식이다. 이러한 지식을 인의가 심고 자연을 앗았다고 장자는 단언한다.

사람이 자연처럼 되면 편해진다. 아무것도 훔칠 것이 없으니 감출 것도 없고 감출 것이 없으니 어찌 불안할 것인가. 사람이 자연이 되면 모든 것을 믿고 모든 것을 스스로 따르면서 한 무리의 동무가 된다.

그러니 무엇 때문에 서로 헤집고 싸잡아 싸울 일이 있을 것인가.

도둑질이 없어지면 집안의 개도 밤잠을 설치지 않는다. 밤마다 담을 넘어 들어오는 도둑이 있다면 온 집안이 불안해한다. 지금 누가 그 도둑을 잡으라고 할 것인가. 모두가 인의의 도둑인 까닭이다.

(1) 나라를 훔친 전성자(田成子)

값비싼 보석일수록 아무도 모르게 감추어 두려고 한다. 보석함은 그래서 생긴 것이다. 보석함에다 보석을 넣고 가장 열기 어려운 자물쇠를 달아 잠그고는 은밀한 곳에 숨겨 둔다. 그런 다음 열쇠를 허리춤이나 앞가슴에 감추고는 보석들이 안전한 곳에 있다고 안심한다. 그러나 이러한 짓은, 좀도둑이나 보석함을 열어서 보석만을 훔치려고 하지 큰 도둑은 보석함을 통째로 들고 간다는 것을 모르는 어리석은 사람들이나 하는 짓이다. 이렇게 본다면 보석을 그렇게 감추는 짓은 큰 도둑을 위해 준비해 두는 꼴이 되고 만다. 이처럼 인간의 지혜나 지식은 잔꾀에 불과하다.

여상(呂尙)이 제(齊) 나라의 임금이 되었다. 그는 지금의 중국 산둥성을 거머쥐고 그것을 하나의 보석함처럼 생각했다. 수더분한 백성들이 농사를 지으면서 법 없이도 사는 세상이었다. 남의 것은 일체 넘보질 않고 살았다. 이 수더분한 백성은 여상에게 얼마나 값진 보석들인가. 여상은 그것을 지키려고 조상을 모시고 신을 모시는 사당을 짓고 나라를 다스린다는 구실로 행정 구역을 정하고 성인이 제시한 갖은 방법을 충실하게 따랐다. 성인의 가르침에 따라 덕치를 베푸니 누가 제 나라를 넘보겠느냐고 여상은 안심했다.

그런데 제에는 전성자(田成子)란 이가 있었다. 그에게 제란 나라는 잘 묶어서 잘 감추어 둔 보석함처럼 보였다. 그는 하루아침에 제의 군주를 죽여 버리고 그 나라를 통째로 훔치고 말았다. 그가 어찌 나라만 훔쳤겠는가. 나라를 훔치면 그 나라의 문물제도까지 모조리 훔치는 것이다. 그러니 제 나라의 군주에게 가르쳐 준 성인과 지자들의 법도는 큰 도둑을 위해 준비한 것에 불과할 뿐이다.

전성자는 나라를 훔친 도둑이란 이름은 얻었지만 아무도 그를 도둑놈이라고 욕할 수는 없었다. 큰 도둑이 되면 힘이 붙어서 거미줄 같은 법 따위로는 잡을 수 없다. 낚시로 고래를 낚을 수 있는가, 아니면 그물로 그것을 건져 올릴 수 있는가. 고래만큼이나 덩치가 커진 큰 도둑에게는 성인의 법도도 아부를 해야 한다.

어디 나라를 훔친 전성자가 하나뿐이며 중국에만 있겠는가. 인의의 제도로 나라를 지키는 곳이면 어디라도 큰 도둑이 있게 마련이다. 인위는 본래 인간의 욕망이 낳은 것이며, 또 욕망은 항상 무엇인가 훔쳐야 직성이 풀리는 본능이란 기름이 태우는 불질에 약한 법이다. 이것은 분명 욕망이란 본성일 게다. 다만 자연은 그 욕망을 걸림 없이 내버려둘 수 있다. 누가 하늘을 훔칠 것이며 태산을 훔칠 것인가.

그러나 인위의 보석함은 항상 탐을 내는 좀도둑도 있고 통째로 그것을 훔치는 큰 도둑도 있게 마련이다. 장자의 눈으로 본다면 정치·경제·사회·문화가 빚어 내는 인의의 역사란 큰 도둑의 도둑질을 위해 준비된 것에 불과할 뿐이다.

우리에게도 전성자 같은 큰 도둑이 있다. 옛날에도 있었고 근일에도 있었다. 이성계는 고려조를 훔쳐서 조선조를 열었다. 그러나 누가 이 태조를 도둑이라 부르는가. 나라를 훔친 도둑은 임금이나 군주나 대통령이 되는 법이 바로 인의의 마술이다.

최인규를 누구나 기억할 게다. 그는 이승만 대통령이 만들어 놓은 보석함 속에 있는 보석을 지키는 수문장 노릇을 하다가 사형을 당했고, 보석함을 끝까지 물고 늘어졌던 이 대통령은 결국 쫓겨났다. 그들은 감추지 못할 것을 한사코 감추겠다는 인위의 잔꾀 탓으로 사형을 당하기도 하고 추방되기도 했다. 누가 그렇게 했던가? 국민이 그렇게 한 것이다. 그러면 국민은 이 대통령의 보석함을 훔친 큰 도둑인가. 아니다. 제 것을 제가 다시 찾아가는 것은 도둑질이 아니다. 이것을 하늘의 뜻이라고도 한다. 나라는 백성의 것이니 찾아왔을 뿐이다.

그리고 장면을 기억할 것이다. 백성들은 찾아온 보석함을 그에게 맡겼다. 감추면 도둑질 당할 것이니 감추지 말라고 맡긴 보석함이 어떻게 되었는가? 박정희를 기억하면 된다. 박정희는 분명 나라를 훔쳤다. 그러나 그는 오랫동안 대권을 쥐고 나라의 문물을 주물렀다. 그리고 경제 발전의 틀을 만들어 가난의 멍에를 푸는 밑천을 벌게 했지만 그 옛날 전성자와 같은 대열에서 벗어날 수는 없을 게다. 이처럼 인위의 지혜나 지식은 큰 도둑의 군침거리가 된다.

(2) 성인을 훔치는 도척(盜跖)

자연은 도둑질을 모른다. 잣나무가 밤나무의 밤을 훔치면 밤나무가 잣나무의 잣을 훔치던가? 땅벌이 집벌의 꿀통을 넘보는 일은 없다. 모란이 난초꽃의 향기를 탐내지도 않는다. 이처럼 자연에는 도둑질이 없다. 도둑놈이 없으면 도둑질은 없는 법이다.

오직 사람만이 도둑질을 한다. 사람만이 훔칠 줄을 안다. 물건을 훔치거나 돈을 훔치는 사람은 도둑놈이 되지만 마음을 훔치면 도둑이라 하지 않는다. 그러나 장자의 눈으로 본다면, 마음을 훔치는 치가 큰 도둑이고 마음을 훔치는 방법을 제시하고 군왕들이 그것을 정치로 펴도록 꼬이는 성인은 상도둑의 하수인으로서 큰 도둑이다. 이를 밝히려고 장자는 도척과 그 부하가 도적질의 도에 관해서 대담을 나누게 한다. 이 얼마나 기발하고 통쾌한 우화인가. 눈물과 피땀을 요구하는 인위의 문물제도를 후련하게 비틀어 마음을 시원하게 한다.

도척의 부하가 도둑질에도 도가 있느냐고 물었다. 그러자 도척이 다음처럼 응대를 한다. "도가 없는 곳이 어디 있겠느냐. 방 안에 무엇이 있는가를 잘 알아맞히는 것이 성(聖)이다. 몰래 들어갈 때 맨 앞에 서는 것이 용(勇)이다. 나올 때는 맨 뒤에 있는 것이 의(義)이고 될지 안 될지를 아는 것이 지(知)이다. 그리고 분배를 공평하게 하는 게 인(仁)이다. 이 다섯 가지를 갖추지 않고 큰 도둑이 된 이는 한 명도 없다."

도둑질에서 선(善)은 남의 것을 훔치고 뺏는 것이다. 도둑놈이 그 짓을 몹쓸 악으로 확신한다면 어떤 도적이 그런 짓을 할 것인가. 사연 없는 무덤 없고 처녀가 애를 낳아도 할 말은 있는 법이다. 도둑 중에 상도둑인 도척이 도둑질의 도를 설파한 대목을 보면 도둑의 무리에서 도적 군자의 규범이 되는 셈이다.

물론 이러한 선이란 인의의 선이다. 만물을 하나처럼 여기고 만물을 편안하게 하는 자연의 선은 아니다. 자연의 선이란 뺏지도 않으며 달라고도 않는다. 그러니 자연의 선은 주려고도 않는다. 모든 만물들은 그 나름대로 각각 다 갖추고 있는 까닭이다. 그러나 도척이 말하는 도는 인위의 선을 빗대고 있는 것이다.

조선조에서 도척에 버금될 상도적은 누구일까? 그는 임꺽정일 게다. 임꺽정은 인을 공평한 분배로 보았다. 탐관오리와 토호의 노략질로 선량한 민초들이 땀흘려 가꾸어 거두어들인 곡식을 대낮에 갖다 바쳐야 했을 때, 그러한 노략질을 할 수 있었던 무리들은 인의가 세운 제도의 비호를 받았다. 그래서 그들이 낮에 훔친 것을 밤에 훔쳐다 빼앗긴 민초들에게 다시 공평하게 나누어주면 그것이 바로 진정한 인이라고 임꺽정은 여겼을 게다. 다만 그는 임금이 불허한 도적놈이고 탐관오리는 임금의 음덕으로 도적질을 하는 도적놈일 뿐이다. 그러니 다 같이 도적놈인 것이다.

십수 년 전에도 현대판 임꺽정이 있었다. 조 아무개였는데 세상 사람들은 그를 대도(大盜)라고 불러 주었다. 그 대도는 특권층의 집만을 골라서 밤손님 노릇을 했다. 담을 높이 쌓고 큰소리쳤던 집에 들어가 보석과 패물과 돈만을 훔쳤을 뿐 사람은 해치지 않았다. 그리고 훔친 것을 저 혼자만 독식하지 않고 구호금도 내고 장학금도 내며 분배의 공평을 기하려고 했다. 특권층이 탐관오리의 짓을 하여 모은 재산은 도적질의 전리품일 뿐이다. 훔친 전리품은 빼앗아 갖는 놈이 주인이다. 도둑놈의 것을 훔치는 것은 도적질이 아니라고 그 대도는 여겼을 게다. 이 역시 도척의 도(盜)의 도(道)를 따르고 있는 것이 아닌가.

이처럼 인위로 갈라놓은 선악이라는 것은 코에 걸면 코걸이가 되며 귀에 걸면 귀고리가 되고 만다. 참다운 선이란 이러한 변덕을 부리지 않는다. 참다운 선에는 악이라는 분별이 없는 까닭이다. 사람을 죽일 수 있는 독을 품은 독사를 사람은 악이라 보겠지만, 자연은 독사나 사람이나 다 같이 바람을 마시고 물을 마시면서 흙에서 살게 할 뿐이다. 그러한 이치에서 본다면 어찌 자연에 선악이 있겠는가. 그래서 참다운 선은 자연에 있으며 그 선은 상대적인 것이 아니다.

그러나 인의의 선은 항상 상대적인 선이므로 악이 되기도 한다. 이러한 사실을 이야기하려고 장자는 도척과 그 부하 사이에 대화를 나누는 우화를 만든 셈이다. 그래서 인의의 선은 천하에 베푸는 이득은 적고 해가 많다며 장자는 시원하게 시비를 가려 준다. 누가 도둑이고 누가 도둑이 아닌가.

4. 〈재유(在宥)〉의 인물들

세상을 그대로 가만히 두라

하늘의 부름에 따라 세상을 다스린다는 사람도 있고 국민의 여망에 따라 세상을 다스린다는 사람도 있다. 옛날 사람들은 하늘을 믿었다. 그래서 옛날에는 세상을 다스리고자 하는 욕심을 간직한 이는 하늘을 팔았다. 그러나 지금 사람들은 인간을 믿기에 치자가 되고자 하는 야심을 간직한 이는 국민을 판다. 요즈음 치자들이 하늘을 국민으로 말바꿈을 하고 있지만 치자의 야심이나 그 욕심의 질은 달라진 바가 없다. 〈재유〉편의 우화는 이러한 곡절을 이야기로 들려준다.

재유(在宥)란 있는 것을 있는 그대로 가만히 놓아두라는 말이다. 재유는 세상을 다스린다〔治天下〕함을 용인하지 않는다. 본래 다스림〔治〕이란 다스리는 자가 자신이 원하는 틀에 세상 사람들을 집어넣어 다룬다는 뜻을 지니고 있다. 동물원으로 끌려온 원숭이는 아무리 고향을 그리워해도 갈 수가 없다. 철망이 있는 까닭이다. 원숭이를 가둔 철망은 눈에 보이지만 인간을 가두는 치(治)라는 철망은 눈에 보이지 않는다. 동물원의 짐승은 눈에 보이는 철망으로 재유를 빼앗겼고, 문물제도라는 울안에 갇힌 인간은 눈에 보이지 않는 법망으로 재유를 빼앗겼다.

치자는 항상 세상을 잘 다스려 온 사람을 행복하게 하겠노라고 장담을 한다. 그러나 마음 편한 행복을 누린 세상은 한 번도 없었다. 어느 시대나 치자들의 정치 놀음에 걸려들고 말았지 치자가 백성의 아픈 곳을 찾아 고쳐 준다거나 간지러운 곳을 찾아 긁어 준 적이 있었던가. 왜 치자들은 약속만 근사하게 해 놓고 뒤에 가서는 오리발을 내밀까? 처음부터 지키지 못할 약속을 남발한 까닭이다. 어찌 인위 따위로 만물을 편하게 할 수 있단 말인가. 법망의 틀 속에 집어넣고 이렇게 하라, 그렇게 하지 않으면 벌을 받는다고 윽박지르며 세상을 억지로 끌고 가는 것을 치자들은 질서라고 한다.

법으로 다스리는 질서를 이제 인간은 피할 수가 없다. 재유의 우화는 그러한 질서를 다시 생각해 보게 한다. 그렇게 하여 치자란 믿을 것이 못 되고 반드시 지켜야만 하는 걸림돌 정도로 여기게 하면서, 이 우화는 인간 스스로 내면의 자유를 찾아 노닐 수 있는 비밀을 가르쳐 준다. 장자가 아무리 무위로 돌아가라고 타이르지만 우리 인간은 인위의 덫에 걸린 지 너무 오래되어 벗어날 길이 없다. 그러나 장자의 말을 들으면 가장 현명한 약물을 내 마음이 마실 수 있다.

마음이 재유의 우화를 새겨들으면 시시각각 일어나는 분통 터지는 일로 인해 올라간 혈압을 내릴 수가 있을 것이다. 원한에 사무친 한을 술술 풀어 버리고 용서해 줄 수 있는 큰 그릇 같은 도량을 얻게도 된다. 비참하고 암담한 절망에 빠져 있는 마음이라면 돌담 밑에서 햇볕을 고마워하는 풀잎의 속마음을 읽게 된다. 사랑을 안았던 마음이 그것을 잃었다고 해서 증오하며 복수심에 가득하다면 그러한 증오의 불길은 물로도 끌 수가 없을 게다. 이열치열로 마음의 불길은 곧 마음이 꺼야 한다. 미워하는 마음을 용서하는 마음으로 돌려놓기 위해 장자는 아마도 재유 같은 우화를 만든 모양이다.

유가에서는 요순 시대를 태평성대라고 칭송한다. 그 시대에 과오가 없었단 말인가? 요 임금이 유가의 말대로 완전한 성군인가? 장자는 그렇지 않은 고사를 열거하면서 이야기한다. 인간이 인간을 다스릴 수 없음에도 불구하고 다스릴 수 있다고 말하는 것이 가장 무서운 지혜인 것이다. 이러한 지혜는 인간이 만든 것이므로 인간은 스스로 만든 수갑으로 제 손을 묶고 끌려가는 꼴이다. 그러나 인간의 세상에서 치자들은 인간의 몸을 묶어 둘 수는 있지만 마음까지 송두리째 묶어 둘 수는 없다. 마음이 갖는 자유, 그것이 바로 무위로 향하는 길일 수 있는 것이다.

있는 그대로 내버려두라. 잘한다고 한 짓이 혹 떼려다 혹을 붙이는 꼴이 되어 낭패만 당하게 되는 인간의 짓들은 모두 인위가 만들어 준 악연일 수 있다. 세상이 요모조모 꽉 조이는 세상일수록 마음을 묶고 있는 족쇄를 푸는 방법을 알아둔다면 눈치가 밝고 빨라야 하는 세상에서도 하늘을 나는 새처럼 될 수도 있는 일이다. 자유, 그것이 바로 재유이다. 무위란 무엇인가? 자연대로 하라 함이고 재유는 그 실천의 길이 되는 셈이다.

(1) 노담(老聃)을 뵙는 최구(崔瞿)

노담은 《노자(老子)》를 쓴 분이다. 최구가 그를 만났다. 최구는 누구인지 알 길이 없다. 최구가 노담의 제자란 말도 있지만 어쩌면 그는 장자가 만든 인물로 보아도 될 게다. 최구가 노담을 만나 대화를 나누는 이야기는 장자가 만든 우화인 까닭이다.

"세상을 다스리지 않는다면 어떻게 사람들의 마음이 좋아지겠습니까?" 최구는 노담에게 물었다. 최구는 사람의 마음을 좋게 하려면 세상을 다스려야 한다고 생각했던 것 같다. 공자라면 그렇다고 했을 게다. 그러나 노담은 그럴 리가 있느냐고 응한다.

"자네 공연히 사람의 마음을 묶지 않도록 하게나. 사람의 마음은 억누르면 가라앉고 치켜올리면 올라가지. 오르락내리락하다가 마음은 쇠잔해지고 마네. 부드러움으로 굳센 것을 연하게 하고 날카로운 것으로 헤집고 새겨 상처를 내지. 또 뜨거워지면 불길로 타오르고 차가워지면 얼음처럼 꽁꽁 뭉친다네. 재빠르기는 고개를 들었다 숙이는 순간에 사해의 밖까지를 휘덮을 정도라네. 움직이지 않으면 심연처럼 고요하지만 움직였다 하면 하늘만큼 동떨어져 버리지. 세차게 치닫기만 하므로 잡아매어 둘 수 없는 것, 그것이 바로 사람의 마음이 아니겠나."

사람의 마음을 누가 어떻게 다스린단 말인가. 마음은 용수철처럼 누르면 눌리지만 눌린 것은 언젠가는 눌린 만큼 퉁겨지게 마련이다. 세상에는 영원히 눌리는 힘이란 없다. 그래서 십 년을 넘는 권력이란 없다고 말하는 것이다. 나는 새도 떨어뜨린다는 권세인들 마음을 떨어지게 할 수는 없다. 그러나 마음을 다스릴 수 있다고 선무 공작을 하는 짓이야말로 반풍수가 집안을 망치는 일을 하게 되는 것과 같다. 그래서 혁명도 일어나고 반역도 있고 힘으로 자리를 차지한 쿠데타도 일어난다. 어디 이뿐인가. 전쟁과 약탈, 살인, 감금 이 모든 것들이 세상을 다스린다는 구실로 일어나는 일들이다. 왜 이러한 일들이 일어날까? 다스림이 태평성대를 준다는 말이 거짓말인 까닭이다. 하여튼 정치는 필요악이지 절대선은 아니다. 그러니 노담의 말을 들은 최구는 부끄러웠을 게다.

요순은 인의로 나라를 다스린다고 호언을 했고 지금의 치자들은 민주와 자유로 나라를 다스린다고 공언을 한다. 그러나 인의나 민주나 자유란 것이 다스림의 틀 속에 들어가기만 하면 사람의 마음을 묶는 밧줄이 되고 만다. 그러한 밧줄을 요즘은 권리와 의무라고 얼버무리고 옛날에는 충절이란 말로 꾸미기도 했다.

천하를 다스린다는 포부를 품고 요순은 넓적다리의 살이 깎이고 무릎의 털이 닳도록 돌아다니며 인의를 전파하려고 했다. 밤잠을 설치면서 예법을 만들고 제도를 세웠다. 그래서 유가는 드디어 요순이 태평성대를 이루었노라고 증거를 대고 사람을 다스리는 묘방을 군왕들에게 주겠노라며 전국 시대를 누비고 다녔다. 그러나 군왕들은 공자의 말보다 활을 믿었고 군마를 믿었으며 수더분한 농부들을 잡아다가 군사를 만들어 사람이 사람을 죽이고 땅을 빼앗는 힘을 믿었다. 다스림의 철칙은 항상 법보다 주먹이 앞선다는 데 있다. 이렇게 무장한 마음이 세상을 다스리는데 어떻게 사람의 마음이 좋아질 것인가. 노담이 말한 내용은 백성의 마음이 그러니 치자(治者)가 백성을 다스릴 수 없다는 말로 들을 것이 아니라 치자의 마음이 그러한데 어떻게 세상을 다스릴 것이냐로 들어야 할 게다.

네로는 로마가 마음에 들지 않는다고 불을 지르고 시(詩)를 읊었다. 순했던 연산군이 포악해져 신하를 모질게 죽였다. 옛날만 그런 것은 아니다. 본래 사람의 마음을 종잡을 수 없는데 다스리는 이의 마음을 어떻게 믿을 것인가. 치자도 사람이니 그의 마음도 역시 사람의 마음이다. 그렇게 불안한 것으로 세상을 다스린다고 해서 사람의 마음이 좋아지는 것은 아니다. 그러니 사람의 마음을 그대로 내버려두는 방법이 제일이라는 말로 최구가 노담의 말을 들었을 게다.

자유나 행복은 사람의 호주머니에 있는 것이 아니다. 나뭇잎에 있고 하루살이의 날개에 있는 것인지도 모른다. 어쩌면 찔레꽃 향기를 탐하는 나비의 마음이 사람의 마음보다 위대할는지 모른다.

(2) 탄식하는 장자

아마도 사람의 본성은 두 개의 얼굴을 간직하고 있는지 모른다. 사람은 꽃을 사랑한다면서 그 꽃을 꺾는다. 그리고 꺾은 꽃이 시들면 여지없이 버린다. 이처럼 사람은 무엇을 사랑하고 싫어한다. 이렇게 변덕스러운 인간을 장자는 탄식한다.

천하에는 칭찬할 것이 너무나 많다. 그래서 선한 사람도 많다. 천하에는 욕될 것도 너무나 많다. 그래서 악한 사람도 많다. 선한 사람에게는 상을 주고 악한 사람에게는 벌을 준다는 상벌의 수단으로 세상이 다스려질 수 있단 말인가. 그 수단이 아무리 뛰어나다 한들 사람이 꺾어 버린 꽃을 빼앗긴 꽃나무에게 그대로 돌려줄 수는 없다. 이처럼 인간의 본성이 어떤 작용을 하면 업적을 남기면서 상처를 남긴다. 장자는 그 상처를 줄이기 위해 인간을 탄식한다. 물가에서 장난하는 꼬마를 어느 어머니가 물가에 그대로 내버려둘 것인가.

눈 밝은 것을 기뻐한다면 빛깔에 혹하고 만다. 귀 밝은 것을 기뻐한다면 소리를 탐하고 만다. 인(仁)을 기뻐한다면 덕을 어지럽히고 만다. 의(義)를 기뻐한다면 도리에 어긋나고 만다. 예(禮)를 기뻐한다면 꾸미는 짓에 빠지고 만다. 악(樂)을 기뻐한다면 탐닉에 빠져들고 만다. 성인을 기뻐한다면 속된 학문에 매달리고 만다. 지식을 기뻐한다면 시비의 상처만 덧나게 하고 만다. 이렇게 장자는 탄식을 한다. 인위에 젖은 우리가 장자의 탄식을 듣자면 마치 잠꼬대처럼 들리게 된다. 그러나 마음이 한 번이라도 편해 보았으면 싶은 사람은 이러한 탄식을 흘려들을 수 없을 게다. 왜냐하면 마음이 불편함은 위의 여덟 갈래의 덫에 걸린 탈이기 때문이다.

코로는 향기를 맡고 싶어 하면서 항문으로는 구린내를 뱉는 것이 사람이다. 그런 인간이 어찌 향기만 맡자고 할 것인가. 향기로운 음식이 입으로 들어가면 창자에 가서는 구린내로 변해야 하는 법이다. 그러나 사람은 향기를 탐하는 짓이 지나쳐 코가 미쳐 버리고 이 내음이 향기인지 저 내음이 향기인지 모르고 만다. 그래서 향기 아닌 것을 향기라 하고 구린내가 아닌 것을 구린내라고 단정해 버린다.

그러니 밝은 눈이 장님이 되고 밝은 귀가 귀머거리로 되고 인이 불인이 되고 의가 불의가 되고 예는 허례가 되고 악은 불안이 되고 성인은 폭군이 되고 지식은 공해가 되어 버린다. 이는 마치 향기가 구린내로 되는 것과 같다. 이러한 사람의 두 갈래를 사람 자신이 모르고, 향기는 항상 향기여야 하고 구린내는 항상 구린내여야 한다는 사람의 욕심을 장자는 탄식한다.

이러한 욕심은 덕이 아니다. 편안치 못하게 하고 즐겁지 못한 것은 덕이 아니다. 덕이 아니면서 오래가는 것이란 세상에 없다. 사람은 덕이란 말을 알지만 그것을 지키는 데는 두더지만도 못하다. 두더지는 수달이 되려고 욕심이나 용심을 부리지 않고 개구리가 두꺼비가 되려고 재주를 부리거나 그러지 못해 안달하지 않는다. 다만 사람만이 올라가지 못할 나무라면 그 밑둥을 톱으로 잘라서 그 끝을 발끝으로 밟으면 된다는 야망을 간직한다. 이러한 야망을 인위가 부추긴다고 장자는 탄식한다.

　온 세상을 가만히 내버려둔다면 덕이 상처를 입을 리가 없다. 덕을 넓힌다면서 좁히고, 높인다면서 낮추고, 늘린다면서 도리어 줄이는 꼴이 되어서 세상은 항상 꼭꼭 묶여서 버둥댄다. 이것이 바로 천하의 불안이 아닌가. 그러한 불안이 전쟁이 되고 도적이 되고 살인이 되고 강간·약탈·방화 등등으로 되어 하루도 이 세상이 편할 날이 없다. 이것이 인위의 탈인 게 분명하다. 궁궐이 있으면 반드시 감옥이 있다는 사실만 보아도 그것을 알 수 있다. 이러한 인위의 탈을 장자는 탄식한다.

　사람의 욕심은 그 길이가 끝이 없고 그 크기가 한이 없다. 마술사가 되어 온 천하를 떡처럼 만들어 한입에 넣어도 그 직성이 풀리지 않을 만큼 사람의 욕심은 무한하다. 인위는 이러한 욕심을 채워 줄 수 있다고 '인간이여, 눈을 밝히고 귀를 밝게 트라'고 호언한다. 어질고 예절에 따라 산다면 짐승과 다르고 흥겨운 가락에 맞추어 춤을 추니 이 얼마나 인간의 영광인가. 이렇게 북을 치고 장구를 치면서 사람을 다스린다고 인위가 기승을 부린다. 그래서 사람들은 그 인위를 존중하면서 스스로 짐을 지고 끙끙거린다. 이렇게 신음하는 인간을 향해 왜 그렇게 하느냐고 장자는 탄식한다. 내가 어쩌란 말이냐고 한탄하는 장자는 지금 기절해 가는 중이다.

(3) 황제(黃帝)를 박대한 광성자(廣成子)

　황제가 천자(天子)가 되면 왕 중의 왕이 된다. 천자에게 왕이란 하나의 제후에 불과하다. 온갖 창생의 우두머리가 되어 천지를 제 것처럼 부릴 수 있는 권한을 갖는다. 하늘의 새는 천자의 연(輦)에다 배설

물을 갈기고 날아갈 수 있지만 사람은 누구든 천자 앞에서 고개를 들면 목이 날아간다. 이것이 다스림의 위용이며 위엄이다. 그러한 황제가 광성자를 뵈러 갔다고 장자는 우화를 만든다.

광성자는 노자를 생각나게 하는 인물이다. 그 광성자는 공동산(空同山)에 산다. 황제가 천자로 등극한 지 오래되어 다스리는 명령이 잘 먹혀들 때 황제는 광성자가 어디에 살고 있다는 소식을 듣게 된다. 황제가 광성자를 찾아간다.

공자가 제후들을 찾아다녔던 점을 고려한다면 광성자는 공자와는 전혀 다르다. 황제는 광성자를 만나 다음처럼 말을 건다.

"선생께선 지도(至道)의 경지에 이르셨다고 들었는데 그 지도의 핵심이 무엇인지 알고 싶습니다. 저는 천지의 정기를 잡아 오곡이 자라게 돕고 백성을 키워 나가고 싶습니다. 음양을 지배하여 백성의 목숨을 다하게 하고 싶습니다. 어떻게 하면 됩니까?"

따지고 본다면 세상에서 욕심이 제일 많은 자가 천자인 게다. 천하를 다스리겠다는 욕망보다 더 큰 것은 아마도 없을 게다. 욕심이라곤 조금도 없는 광성자가 천하 제일의 욕심쟁이가 욕심을 부리는 말을 듣고 다음처럼 응해 준다.

"당신이 듣고 싶어하는 그 핵심은 사물의 알맹이이고 당신이 지배하고 싶어하는 것은 사물의 껍질이오. 당신이 천자가 되더니 구름이 다 모이기도 전에 비가 내려 초목의 잎이 누렇게 물들지도 않은 채 말라 떨어지고 해와 달의 빛도 차츰 어두워졌소. 당신은 천박하고 구변만 좋을 뿐이오. 그런데 지도를 알고 싶다니 무슨 말이오?"

박대와 수모를 당하고 공동산을 물러나온 황제는 천하를 버리고 독방을 차려서 띠자리를 펴고 석 달 동안 근신을 했다고 한다. 그런 다음 다시 찾아가 광성자를 뵙자고 했더니 광성자는 베개를 베고 남쪽으로 비스듬히 누워 있었다. 황제는 몸을 조아리고 무릎으로 다가가 공손히 두 번 절하고 어떻게 몸을 다스리면 장수할 수 있는지를 물었다. 그제야 광성자는 자리에서 벌떡 일어나면서, '좋구나. 그 물음이 좋구나. 자 이리 와요. 내 지도(至道)를 말해 주지요.' 하고 기뻐했다고 한다.

왜 천자로 왔을 때는 문전 박대를 하고 한 사람으로 왔을 때는 반가워했을까? 여기서 우리는 부끄러워진다. 우리는 높은 사람이나 돈이 많은 사람 앞에서는 굽실거리고, 낮은 사람이나 돈이 없는 사람 앞에서는 목에 힘을 주기 십상이다. 겸손과 겸허가 허(虛)를 존경한다는 말을 알 만하다. 마음이 텅 빈 사람을 광성자는 다음처럼 반긴다.

"지도의 핵심은 깊고 어둡지요. 그 극치도 어둡고 고요하오. 보지도 듣지도 않은 채로 마음을 안에 간직한다면 몸도 저절로 올바로 될 게요. 눈에 비치는 것이 없고 귀에 들리는 것이 없고 마음에 분별이 없으면 당신은 정신을 지킬 것이고, 그러면 당신은 장수할 수 있는 게지요. ……나는 유일한 도를 잘 지키며 만물의 조화에 몸을 맡겨 둔답니다."

도에 이르는 핵심은 왜 어둡고 고요할까? 마음속이 텅텅 비어야 하는 까닭이다. 땅에서 보면 하늘이 푸르다. 그 푸른 하늘로 올라가 그 위의 하늘을 보면 그 하늘은 검다. 그리고 그 윗하늘의 모습은 그윽하다. 윗하늘은 왜 그런가? 거기에는 바람도 없고 구름도 없고 더구나 먼지 따위가 없기 때문이다. 마음속이 윗하늘처럼 텅텅 빈다면 어둡고 그윽하고 고요할 게다. 마음이 텅텅 빈다는 것은 아무런 욕심이 없다는 말이다. 이것을 허라고 하고 무심이라고도 하고 무심의 모습이라고 해도 된다. 광성자는 왜 마음속이 허해야 한다고 직설하지를 않고 고요하고 어둡고 아득하다고만 할까? 마음을 비운다는 말을 사람들이 함부로 하는 까닭일 게다.

우리에게도 마음을 비웠다는 두 김씨가 있었다. 그러나 그들은 광성자를 두 번째 만났던 황제처럼 독방을 지은 적도 없었고 자리를 펴고 근신한 적도 없었다. 다만 말로만 마음을 비웠다고 했을 뿐 이래 가지고는 광성자를 일어나 앉게 하지 못한다. 언제나 백성은 광성자의 심정으로 임금을 모셨고 사대부를 모셨지만 욕심을 버린 군왕은 없었다. 이러한 전통이 지금은 단절되었단 말인가? 결코 아니다.

(4) 도를 터득한 운장(雲將)

장자는 구름을 인물로 만들어 이름을 붙여 준다. 그 인물이 운장이다. 그리고 천지의 기(氣)를 인물로 만들어 이름을 붙여 준다. 그 인물이 홍몽(鴻蒙)이다. 홍몽은 천지의 힘 같은 것으로 보아도 된다. 그 둘이 만나 이야기를 나누게 한다. 그들이 만난 곳이 부요(扶搖)나무 가지라고 한다. 만나는 곳부터 상상적이다. 우화가 상상적이면 동화나 다름이 없다.

그 부요나무를 동해에 있는 신목(神木)이라고 토를 달아 둔 이도 있지만 우화 속의 사물은 동화의 이웃이 될수록 이야기가 흥미로워지는 법이다. 장자는 지금 재유의 경지를 쉽게 이야기하려고 이렇게 하는 것이다.

운장은 그 부요나무 아래서 깡충거리며 뛰노는 홍몽을 만난다. 물론 홍몽은 어린애가 아니라 다 늙은 노인이다. 노인이 어린애처럼 깡충깡충 뛰노니 이미 철학은 동화의 세계로 둔갑한다. 걸림 없이 흘러 다니는 운장이 깡충거리며 뛰노는 홍몽을 만나 이렇게 말을 건넨다.

"노인장은 뉘시오. 노인장은 어쩌자고 그러고 있는 거요?"

아마도 다 늙은 것이 어린애마냥 깡충거리는 꼴이 운장의 눈에 거슬렸는지도 모른다. 그러나 홍몽은 여전히 넓적다리를 두드리며 깡충깡충 뛰놀면서 "놀고 있소." 이렇게 간단히 응했다. 그러자 운장은 "나는 지금 음과 양을 모으고 바람과 비를 모으고 어둠과 밝음을 모아 산 것들을 키워 가고 싶습니다. 어떻게 하면 될까요?" 이 말에 홍몽은 "난 몰라 난 몰라." 하면서 고개를 내저었다. 그러면서 홍몽은 부요나무 아래서 깡충깡충 뛴다.

삼 년이 지난 뒤에 운장은 송 나라의 한 들판에서 홍몽을 다시 만나게 된다. 운장은 기뻐하며 자기를 몰라보겠느냐고 홍몽에게 묻는다. 운장은 공손이 두 번 절하고 가르침을 청했다. 그러자 홍몽이 "둥둥 떠돌며 놀아도 찾는 것이 없고 그냥 나다녀도 갈 데란 없소. 내키는 대로 나다니고 내 몰골은 어지럽지만 거짓이 없는 것만을 본다오. 내가 또 무엇을 알겠소." 그러자 운장은 "저도 내키는 대로 떠돌지만 백성이 한사코 따라붙어 이제는 아예 자신이 백성을 흉내내게 되었답니다. 저는 백성한테서 빠져나올 수 없으니 가르침을 바랍니다."

드디어 홍몽은 의미심장한 말로 운장의 아픈 곳을 이렇게 찔러 댄다. "만물 그대로의 모습을 거역하면 자연의 길이 어지럽소. 그러면 자연의 조화가 이루어지지 않지요. 짐승의 무리는 흩어지고 새는 밤에만 울고 화가 벌레에까지 미치게 되오. 아 사람을 다스린다니 그것이 잘못이오." 이 말에 운장은 "아, 그러시다면 나는 어쩌란 말입니까?" 끈질긴 운장을 향해 홍몽은 "참으로 한심하구먼. 훨훨 날아올라가 돌아가시오." 그래도 막무가내인 운장에게 다음처럼 타일러 준다.

"당신이 무얼 한다고 하지 말아요. 당신이 아무것도 하지 않으면 만물은 저절로 감화될 거요. 마음을 풀어 내고 휑하니 아무것도 몰라라 한다면 만물은 무성해져서 근원으로 돌아갈 게요. 각각 근원에 가지만 그걸 알려고하지 않고 가만히 있으면 그만이오. 알려들면 거기서 떨어지는 거지요. 근원이 무엇이냐고 묻지도 말 것이며 엿보아서도 안 될 것이오. 만물은 저절로 생겨나게 마련이오." 이 말을 들은 운장은 홍몽을 하늘 같은 분이라고 일컫고 자신에게 덕을 주셨고 참된 도를 보여 주셨다고 감사한 다음, 찾던 바를 이제 알게 되었다고 아뢰고 두 번 절하고 일어나 떠나갔다.

홍몽은 있는 그대로 내버려두라고 말한다. 그러한 말을 그대는 깡충거리며 노는 모습으로 보여 주고 있는 것이 아닌가. 깡충거리며 노는 것을 아는 사람은 어린애밖에 없다. 어른이 되면 의젓해지려고 시치미를 떼고 위엄을 부린다. 그러한 위엄의 뒷켠에는 욕심이 입을 벌리고 야심이 눈을 부라리며 야망이 애간장을 끓인다. 그러니 어찌 어른의 마음속이 그윽하고 고요하고 아득할 것인가. 썩은 고깃덩이 속에서 우글거리는 구더기처럼 요란한 상태에서 세상을 다스리겠다고 한다면, 그 세상이란 하루도 편할 리가 없음은 불을 보듯이 뻔하고 휜하다.

세상이 왜 이렇게 사납고 소란하며 우지끈거리는가? 모두가 부요나무 가지 아래서 깡충깡충 뛰노는 마음을 잃은 지 오래여서 그러한 게다. 아, 어른들이 어린애처럼만 된다면 새가 낮에 울어도 새굿이 궁리를 누가 할 것이며 산토끼가 사람을 보고 왜 무섭다고 줄행랑을 칠 것인가. 모조리 주리를 틀어 다스린다는 사람의 마음이 이 얼마나 무서운가.

5. 〈천지(天地)〉의 인물들

안다고 재주를 부리지 마라

유가(儒家)를 몰아붙이던 장자가 유가의 용어를 빌어서 숨어 있는 새로운 뜻을 풀어 주려고 이야기를 한다. 나라를 다스리는 일은 큰 일이고 몸을 다스리는 일이란 작은 일이라고 생각하지 말라고 장자는 타이른다. 다같이 한결같은 일임을 명심하도록 유가를 쓰다듬어 준다.

안다는 것이 곧 탈이 되지는 않는다. 아는 것을 감추지 못하고 드러내 뽐내고 자랑하는 것이 탈이다. 반풍수가 한 집안 망해 먹는다는 말은 이러한 탈을 말하는 게다. 설익은 다래가 목젖을 간지른다고 했듯이 조금 아는 것을 빌어서 재주를 부리다가 덧나게 되는 법이다.

대밭에서 닭들이 모이를 찾으면 대숲 뒤에서는 오소리가 눈에 불을 켠다. 시장기를 면하려고 오소리는 어느 닭을 덮칠까를 노리면서 이빨에 독기를 품고 나꿔챌 놈을 선택한다. 언제나 대밭에서 오소리 밥이 되는 닭은 암탉이 아니라 장닭이다. 닭벼슬을 뽐내며 날개털의 윤기를 자랑하고 늘어진 꼬리를 치면서 암탉에게 교미를 하자고 수작을 부릴 때, 오소리는 그 놈을 잡아서 주린 배를 채운다. 암탉에게 재주를 부리다 오소리 밥이 되었으니 이 얼마나 큰 탈이 덧난 셈인가. 어디서나 모난 돌이 정을 맞는다. 그래서 장자는 모를 없애라고 이야기한다.

'안다고 우쭐거리지 말고 자연을 따르라.' 이것이 사람의 지식이라는 모를 깎아 내는 비결이다. '기교를 부리지 말고 자연을 따르라.' 이것이 사람의 수작을 없애는 비결이다. 이러한 비결을 무위라고 한다.

무위를 터득하게 하려고 장자는 여러 갈래의 이야기를 들려준다. 그 갈래들의 이야기는 물론 천지로 돌아온다. 이러한 연유로 장자가 우주를 밝히면서 인간을 인위로 다스리는 군왕이 어떻게 우주의 주인인 것처럼 행세를 할 수 있느냐고 반문하게 한다. 〈천지〉 편의 우화에서는 장자가 거론하는 우주론이 유가의 선비들을 꿍생원으로 비치게 한다. 유가와 타협을 하는 양으로 이야기를 하면서 허망한 유가를 노출시킨다. 우화는 이처럼 인간을 놀라게 하는 바늘 같은 침을 간직한다.

극락조의 털은 더위를 막는 데 알맞고 펭귄의 털은 추위를 막는 데 알맞다. 극락조가 펭귄의 털을 탐하면 더위를 먹어 죽을 것이고 펭귄이 극락조의 털을 탐하면 얼어서 죽는다. 극락조가 더위를 좋아하고 추위를 싫어하는 것은 무위이다. 사람은 이러한 무위를 거스르기 위해 지식과 기교로 수작을 부리고 꾀를 부린다.

무더운 날 나무 밑의 그늘과 불어오는 선선한 바람은 무위이고, 부채가 일구어 내는 바람이나 선풍기가 비틀어 내는 바람이나 에어컨이 억지로 짜내는 냉기는 인위의 선물들이다. 사람들은 그러한 수작으로만 갈래의 선물을 탐하여 몸은 문명인이 되었지만 마음은 야만인이 되어 잡식 동물처럼 무엇이든 먹어 치운다. 이렇게 음탕해진 인간이 여우를 보고 약다고 욕할 수 있을 것인가. 사람이 아닌 생명들은 무위로 살지만 사람만이 인위로 살기를 고집하면서 무엇이든 다스린다고 하니 장자가 걱정을 하는 게다. 유가는 하늘을 무서워하라고 한다. 그러나 장자는 하늘의 벗이 되라고 한다. 장자의 말을 들으면 하늘이 하나도 무섭지 않고 어버이 품처럼 감싸온다. 잘못이 없다면 무엇을 두려워할 것인가. 죄를 짓는 것은 오로지 사람일 뿐 사자가 사슴을 잡아먹는다고 도둑으로 몰아 감옥에 보내는 천지가 어디에 있단 말인가. 법을 만들어 사람을 다스리고 감옥을 만들어 사람을 겁주면서도 도를 앞세우고 군자의 뜻에 따라 세상을 다스린다고 호언하는 인위의 무리를 장자는 쓰다듬어 주면서 타이른다.

천지는 드넓지만 만물을 낳아 기르는 것을 한가지로 한다. 사람이 마시는 바람이나 구더기가 마시는 바람이나 다 한가지 바람이다. 하지만 인간은 바람을 더럽히면서 저만 청정한 공기를 마셔야 한다는 식으로 세상을 다스려 천지가 몸살을 앓게 한다. 어쩔 수 없이 다스려야 한다면 잘 다스리는 편이 낫지 않느냐고 장자는 걱정을 한다. 수많은 백성을 결국 한 사람이 다스려야 한다면, 욕심을 채워도 끝이 없는 인위보다는 무위로 다스리는 군왕이 덕이 있다고 봐주자고 한다. 그러니까 〈천지〉 편에서는 장자가 시비의 고삐를 늦추고 인위의 탈을 짚고 가는 셈이다.

(1) 군자를 밝히는 부자(夫子)

부자는 으뜸가는 존칭어인 선생에 해당되는 말이다. 유가의 부자는 공자이고 도가의 부자는 노자일 게다. 극존칭의 낱말을 인물화하여 장자가 바라는 군자상을 이야기한다.

부자가 천지라는 무대 위에서 그 속에 있는 만물을 향해 말을 한다. 어느 한 사람과 대화를 나누는 것이 아니라 만물 앞에 말을 해 준다.

이러한 부자를 노자로 보아도 되고 장자 그 자신으로 보아도 된다. 아니면 장자가 되어버린 공자로 보아도 될 게다. 그 부자가 다음처럼 걸림 없이 말을 한다.

"도는 만물을 감싸안는다. 그것은 끝없이 넓고 크다." 도란 무엇이냐고 물었을 때 부자가 이렇게 응답한 셈이다. 이처럼 도는 어머니가 아기에게 젖꼭지를 물리며 안고 있는 모습이다. 그러니 군자라면 마음을 크게 넓혀야 한다고 부자는 일침을 놓는다. 인의에만 매달린 군자는 작고 좁은 게다.

"아무 일도 하지 않으면서 일을 하는 것이 천(天)이다." 하늘이 무엇이냐고 물었을 때 부자가 응답한 셈이다. 할 일, 못할 일을 가르고 잘하고 못하고를 따지는 것은 사람의 짓이다. 그래서 잘하면 상을 주고 못하면 벌을 준다는 법이 생겼다. 하늘은 그런 일을 하지 않는다. 하늘이 없다면 무엇이 있을 수 있겠는가? 하늘은 공치사를 않는다.

"한마디 말도 않지만 말을 다하는 것이 덕이다." 덕이 무엇이냐고 물었을 때 부자가 대답해 준 셈이다. 덕을 인의예지신이나 지인용(智仁勇) 등으로 갈라서 말하지 마라. 덕목을 정해 놓고 덕을 사람의 것으로 좁혀서 말하지 마라. 참새구이 맛을 아는 사람이 총으로 참새를 죽이고 배고픈 수리가 참새를 덥쳐서 잡아먹는다. 덕은 새잡이 인간을 보면 찡그리고 새잡이 수리를 보면 빙긋 웃는다. 참새의 죽음이 서로 다른 까닭이다. 덕은 그렇게 말한다.

"남을 사랑하고 사물에게 이익을 주는 것이 인이다." 인이 무엇이냐고 물었을 때의 응답이다. 뱁새는 뻐꾸기의 알을 품어 주고 그 새끼를 키워 준다. 뱁새가 뻐꾸기 알이든 제 알이든 아랑곳 않고 알을 품는 그것이 인이다. 그러니 어찌 사람이 곧 인이다〔人仁〕 할 것인가. 인을 팔고 욕되게 하는 짓은 사람만 하는데 말이다. 그러므로 인은 자연인 것이다.

"서로 갖지 않으면서도 서로 갖게 하는 것이 대(大)이다." 왜 군자의 마음은 커야 하는지 알 만하다. 내 것 네 것을 따지다 보면 소갈머리가 비틀어지고 좁아진다. 호주머니에 단추를 달고 통장에 비밀 번호를 붙이고 있는 인간의 마음이 크기란 어렵다. 흙을 뒤져서 먹고 사는 두더지의 마음이 더 클 게다. 인의를 파는 후예들이 왜 궁궐 문을 드나드는가? 인은 구호였고 속셈은 야망이었으며 야심과 욕망이었다. 그런 후예를 키운 군자는 소인배가 아닌가.

"남다른 짓을 않는 게 관(寬)이다." 별난 짓을 하여 남과 구별되고 눈에 띄게 하여 모두 명사(名士)나 미인이 되자고 남녀가 아우성이다. 광대들은 무대 위에 서야만 웃음을 짓지 자기들끼리는 눈꼬리를 깔고 서로 시샘한다. 서로 시기하는 까닭이다. 인기란 시샘을 피우게 하는 기름이다. 백성의 인기를 끌려고 공약하는 지도자가 어찌 군자가 될 것인가.

"갖가지 많은 것을 다 함께 나누어 가짐이 부(富)다." 이처럼 부자(夫子)는 우리가 알고 있는 뜻을 뒤집어 말하고 있다. 다람쥐는 겨울 양식을 제 집에 감추지만 재벌이 될 줄을 모르고 겨울내기 꿀을 벌통에서 훔쳐가는 인간을 보고 날아와 쏘는 꿀벌은 없다. 부를 내 것은 내 것이고 네 것마저 내 것이란 뜻으로 알고 있는 인간이 졸부인 게다.

"덕을 지켜 나감을 기(起)라 하고 덕이 이루어짐을 입(立)이라 한다." 세상에 일어나 서라[起立]. 이 말을 인간은 출세를 하란 뜻으로만 새긴다. 나를 앞세우려는 출세는 기립이 아니다. 출세를 사랑과 봉사로 여기는 사람이 있다면 그의 무덤 앞에 송덕비를 세워도 부끄러울 게 없다. 하지만 송덕비가 많은 고을일수록 탐관오리가 들끓었으니 웬말인가. 이러한 송덕비는 옳게 서 있는 게 아니라 거꾸로 서서 기립했다고 사기를 치는 게다.

"사물에 의해 뜻이 꺾이지 않음이 완(完)이다." 바람이 부는 대로 수양버들은 그 가지를 흔든다. 지조가 없다고 그 버들을 흉보지만 몰라서 트집을 부리는 게다. 바람에 꺾이지 않으려고 버들은 몸을 흔들 뿐이다. 형편에 따라 유리하도록 이렇다 저렇다 꾀를 부리는 것은 사람밖에 없다. 구한말에 김 아무개가 3.1운동에 대해 어떻게 생각하냐고 묻는 설문에 不可不可란 넉 자로 답했다. 그 넉 자를 왜놈은 절대로 안 된다[不可, 不可]로 새길 것이고 독립지사는 절대로 돼야 한다[不可不, 可]로 읽을 수도 있다는 잔꾀를 부린 게다. 울타리를 타는 놈은 완(完)을 음해하고 변덕을 감춘다.

부자(夫子)가 밝힌 군자는 누구인가? 위의 열 가지를 두루 갖춘 초인일 게다. 군자는 인간이 아니라 자연일는지도 모른다. 초인 즉 인간을 극복한 인간이니 그 초인은 자연일 게다. 우주의 움직임으로 본다면 군왕이 인간을 다스린다는 짓이란 골목대장 노릇에 불과할 뿐이다. 부자라는 인물을 통해서 장자는 자연의 다스림을 말하고 있는 셈이다. 인의로 다스린다 함이 얼마나 허울이었는가. 궁궐로 들어간 인간은 생선 가게의 고양이가 되지 않았던가. 그래서 장자는 자연의 군자를 부르고 있는 셈이다.

부자의 말을 듣고 나면 유가에서 칭송하는 군자는 소인이 되어 버린다. 어느 군자가 위의 열 가지 조목을 다 겸비했단 말인가? 성인의 열전(列傳)을 아무리 뒤져도 그러한 군자를 만날 수 없다. 천지를 만물이 오순도순 사는 집으로 여기고 세상을 참으로 어질게 다스린 치자를 역사의 문서에서 몇몇이나 챙길 수 있단 말인가. 하나도 없다. 성군이라던 요 임금도 신하를 유배하고 벌을 주었으며 세상을 다스린다고 법을 만들고 감옥을 지었으니 말이다.

천지를 다스리는 자연의 자유에서 본다면 왕도가 어디 있고 패도(覇道)가 어디 있단 말인가. 사람의 눈물을 받아 차를 끓여 마시는 군왕들이 명령을 내리면 그 신하의 무리들은 양날의 칼을 망나니처럼 휘둘렀다. 그렇게 하면서 세상을 다스린다고 말할 수 있겠는가. 풀꽃 한 송이를 위해 자연의 다스림은 있는 정성을 다 쏟고 있는 것이다.

세상을 다스릴 사람은 욕심이 없어 천하가 만족하고 하는 일이 드러나지 않아도 일들이 잘 풀리고 잠자코 있어도 백성들이 발을 뻗고 잠을 자며 아침에 일어나 밤새 안녕했냐는 말을 잊어버리게 해야 한다. 그렇게 하려면 부자의 말씀이 여론 조사보다 앞서야 할 게다.

(2) 구슬을 찾아준 상망(象罔)

황제가 적수(赤水) 북녘을 여행하여 곤륜산에 올라 남쪽을 바라보고 돌아왔는데, 그만 신비로운 구슬인 현주(玄珠)를 잃어버렸다고 한다. 적수는 남쪽에 있는 절경의 강이며 그 강에는 신선이 살고 천하의 중심으로 여긴 전설의 산인 곤륜산에서 흐른다. 황제가 곤륜산 적수의 북녘으로 여행을 했다가 남쪽을 바라보는 순간 구슬을 잃어버렸다는 이야기는 장자가 말하고 싶은 줄거리를 감추고 있다.

곤륜산 적수는 바로 자연의 이미지이며 적수의 북녘은 깊고 은은하며 신비로운 도의 모습을 말하는 이미지인 것이다. 그 북녘을 나와 남쪽을 바라보았으니 신비로운 구슬을 잃을 수밖에 없다는 말이다. 남쪽을 바라본다 함은 인위의 고장을 내려다본다는 은유인 게다. 여기서 구슬이란 무엇인가? 자연의 도를 말한다. 자연의 도는 무엇일까? 스스로 자유이게 하는 근원쯤으로 여기면 된다. 황제가 그것을 잃었다고 장자는 말하고 싶은 게다.

그러나 그 황제는 곤륜산 적수 북녘에서 스스로 자유인 것을 만났으니 잃어버린 그 구슬을 찾고 싶었다는 것이다. 만물치고 무엇이 자유를 싫어할 것인가. 다만 권력에 굶주린 자만 예외일 뿐이다. 높은 자리에 오른 사람에게 소감을 물으면 걱정이 태산이라고 말한다. 태산 같은 걱정거리를 마다 않는 위인이 어떻게 자유를 누릴 것인가. 이러한 취임 소감은 겸손이 아니고 속과 겉이 다른 말에 불과하다. 여기 등장하는 황제는 위선을 부리지 않고 자연의 도인 구슬을 찾고 싶어 했다는 것이다.

황제는 지(知)에게 찾아달라고 부탁을 했다. 지는 아는 것이 많아서 항상 탈인 인물이다. 지는 찾을 수가 없다고 황제에게 고하였다. 물론 지는 장자가 만든 인물이다.

황제는 이주(離朱)를 시켜 찾아보라고 했다. 이주는 눈이 밝아 탈인 인간이다. 그런데 그 눈이 밝은 이주도 찾을 수 없다고 아뢰었다. 사람은 제 꾀에 제가 걸린다는 함정을 모르고 재주를 앞세운다. 이주는 눈밝음만 믿고 무엇이든 보니 찾지 못하는 것이 없다고 장담하는 인간이다.

황제는 끽후(喫詬)를 보내 찾게 하였다. 끽후는 말을 잘하고 트집을 잡는 데 이골이 나서 탈인 인간이다. 말을 잘한다는 재주만 믿고 일마다 트집을 잡고 헐뜯고 다투는 끽후는 장자가 만든 인물이다.

그래서 황제는 멍청하다는 상망을 시켜서 찾으라 하니 그 상망이 황제가 잃어버렸던 신비로운 구슬을 찾아 주었다. 그러자 황제는 '허허 모를 일이다. 상망이 그것을 찾아내다니.' 이렇게 말했다는 게다.

상망은 장자가 자주 등장시키는 인물이다. 그림자의 그림자를 상망이라고 한다. 모습이 없어서 어렴풋하고 종잡을 수 없는 형체가 있는 듯 없는 듯한 모습을 장자가 인물화한 셈이다.

지식으로는 무위를 찾지 못한다. 눈밝은 촉기로도 그것을 찾지 못한다. 말을 잘해 시비에 능하다고 그것을 찾는 것은 아니다. 그러한 것들과는 아무런 관계가 없는 것이 무위이다. 무위란 무엇인가? 존재를 자유이게 하는 바로 그것일 게다.

태풍이 불면 사람이 만든 지붕의 이엉은 날아간다. 새끼줄로 단단히 묶어 두었으니 괜찮으리라고 믿는 것이 번번이 허사이게 마련이다. 그러나 가냘픈 나뭇가지 위에 얼기설기 지어 놓은 까치집은 멀쩡하다. 바람이 불면 흔들리는 곳을 택해 둥지를 트니 태풍이 불어도 까치는 편안하다. 까치를 멍청하다고 할 것인가. 인간만 지식이 있다고 뽐내지만 그 지식이 사서 고생을 하게 하는 경우가 허다하여 사람은 초주검이 된다. 참으로 인간은 너무 알아서 항상 탈이다. 이것은 구슬을 잃어버린 황제나 같다.

비가 오기 전에 꿀벌은 벌통으로 들어가 날개를 젖지 않게 한다. 일기 예보를 한다는 인간보다 먼저 비 올 것을 아는 셈이다. 홍수가 나면 물고기는 수초를 입에 물고 물살을 이겨 내며, 쥐 떼는 침수지를 미리 알고 피난을 간다. 그런데 사람만이 이재민이 되어 온갖 오물을 뒤집어 쓴 세간을 물이 빠진 다음에야 건져서 닦고 씻는다. 벌과 물고기와 쥐 떼는 자연을 알고 자연과 어울려 산 덕이고 인간은 자연을 모르고 사는 탓이다.

황제가 잃었다는 구슬은 자연이며 무위인 게다. 지나 이주나 끽후는 문명이며 인위인 것이다. 이러한 인위로는 자연을 찾을 수가 없다. 인위란 자유를 앗아다가 구속을 짜는 까닭이다. 상망은 그것을 푸는 자유인 게다.

(3) 임금을 혼낸 봉인(封人)

요 임금이 화(華)라는 고장을 여행했을 때 그곳에서 한 봉인(封人)을 만났다. 봉인은 국경을 지키는 사람이다. 노자가 국경지기를 했다는 설이 있다.

하여튼 그 봉인이 요 임금을 보고는 말을 건다.

"아, 성인이시군요. 부디 성인을 축복하게 해 주십시오. 성인이 장수하시기를 빌겠습니다."

장수하라는 축복을 요 임금이 사양한다. 그러자 봉인은 성인이 부자가 되라고 축복한다. 요는 그것도 사양한다. 다시 성인께 아들이 많기를 축복한다고 하니 요 임금은 역시 사양한다.

그래서 봉인이 만 사람이 다 바라는 축복을 성인께서 유독 왜 바라지 않느냐고 묻자 요가 연유를 밝힌다.

"아들이 많으면 걱정이 많고 부자가 되면 귀찮아지고 장수하면 욕된 일이 많아 덕을 키우기 위한 것이 못됩니다. 그래서 사양합니다."

요 임금이 같잖게 보인다. "성인인 줄 알았더니 군자 정도군. 하늘이 만민을 낳으면 각각에게 할 일을 맡기오. 아들이 많다고 무슨 걱정이 있을 것이오. 부자가 되더라도 나누어준다면 귀찮을 게 없는 게요. 성인이란 메추라기처럼 사는 곳이 일정치 않고 주는 대로 먹고 새처럼 넘나들며 흔적을 남기지 않는 법이오. 그러니 장수를 한들 무슨 욕된 일이 있을 것이오." 이렇게 말한 봉인에게 요 임금은 가르침을 바란다고 간청을 한다. 그러자 봉인은 "물러가시오."라는 말 한 마디로 끝냈다.

남보다 앞서서 출세하려고 버둥거리면 사는 일이 고되다. 그러면 오래 산다는 것이 야망의 종살이 같다. 요는 이를 욕되다 했으니 훌륭한 편이다. 제 아들만 잘되기를 바라면 아들이 많을수록 걱정이 쌓이는 법이다. 알아서 하게 둔다면 아들이 많아도 적은 것이나 다를 바없다. 부자가 되면 제 욕심만 차리고 남의 것을 더 탐해서 귀찮게 된다. 이러한 연유로 사양하는 요 임금은 군자 정도는 된다는 거다. 이세상에 부자를 누가 마다할 것이며 장수를 누가 마다할 것인가. 마음은 욕심이란 기름 덩어리로 뭉쳐 두고 몸만 날씬하면 건강하고 부자도 되고 장수한다고 믿는 세상에서 요 임금의 털끝만 한 인물이라도 나타난다면 얼마나 좋을까.

(4) 우주를 짚는 장자

하늘과 땅이 이루어질 무렵 무(無)가 있었다. 이렇게 장자는 말문을 연다. 있는 것은 아무것도 없었고 그러니 이름도 없었다. 여기서 '일(一)'이 생겼다. 그 일은 모습이 없었다. 만물은 그 일을 얻어 생겼다. 그렇게 태어남을 덕이라고 한다. 장자는 이렇게 말을 잇는다. 이런 말은 노자를 생각나게 한다. 있는 것은 없는 것에서 비롯된다고 그가 말한 까닭이다. 이것을 철학적으로 파고들면 아무도 더 나아가지 못한다. 그러나 생활로 돌아오면 짐작이 가게 될 게다. 생사를 곰곰이 생각해 보라. 노장의 말을 새겨 둔 사람은 생사를 달리 짚을 것이기 때문이다.

생을 기뻐하고 사를 슬퍼함은 인간의 마음이다. 그러나 생사는 만물의 운명인 게다. 형체는 없지만 구분이 생겨 차례로 만물에 깃들어 빈틈이 없는 것이 운명이라고 장자가 말해 준다. 만물 중에서 생만 누리거나 사만 누리는 것이 어디 있는가? 하나도 없다. 생사의 만남을 운명이라고 여긴다면 어떨까. 변하지 않는 것은 없다는 무상(無常)이라는 운명을 풀이하고 있는 셈이다. 생사의 만남은 오고가는 것일 수도 있고 가고 오는 것일 수도 있다. 무상이란 이러한 운동일 게다. 그 운동이 사물을 낳는다고 보면 그 운동이 또한 사물을 죽이기도 하는 셈이다. 손자가 태어나면 할아버지는 돌아갈 날이 가깝다. 이것이 무상이요, 운명이며 운동인 것이다. 생명이란 무엇인가? 이것은 교미(交尾)의 운동이 아닌가. 그 운동을 사랑이라 한들 어떠랴.

사물이 이루어지면 사리가 생긴다. 그 사리란 무엇인가? 장미꽃이 할미꽃으로 될 수 없음을 말한다. 그래서 장자는 그 사리를 바로 형체라고 밝혀 준다. 누가 그 형체를 탐할 것인가? 물오리는 백조를 부러워하지 않는다. 다만 사람이 물오리는 수수하고 백조는 우아해 멋있다고 할 뿐이다. 그러니 사람만 사리를 어기려고 덤빈다.

못났다고 부끄러워 마라. 잘났다고 뽐내지 마라. 운명이 빚은 사물의 형체는 생겨난 그대로면 된다. 한치의 빈틈없이 깃든 덕이 무엇은 잘나게 하고 무엇은 못나게 할 것인가. 생긴 그대로가 덕인 게다. 그러나 사람만 미인을 탐하려고 한다. 그래서 사람은 성형외과를 찾아가 제 몸에 칼을 댄다. 천지에 말썽꾸러기가 인간일 게다.

(5) 빗나간 공자

공자가 노자를 찾아갔다는 말이 있다. 그러나 서로 무슨 말을 나누었는지 글로 남기지는 않았다. 하지만 장자는 시치미를 떼고 두 분이 만나 나눈 이야기라며 우화로 엮어 낸다. 물론 공자가 무안을 당하게 마련이다.

"도를 닦음에 있어 상식에 어긋난 듯하여 옳지 않은 것을 옳다 하고 그렇지 않은 것을 그렇다고 하는 이가 있습니다. 변론가의 말을 들자니 굳은[堅] 것과 흰[白] 것을 분별함이 딴 세상의 것 같습니다. 이와 같다면 성인이라 할 수 있습니까?"

이렇게 공자가 물으니, 노자가 다음과 같이 응했다.

"그런 자는 지식만 앞선 채로 재주에 얽매어 몸을 지치게 하고 마음을 불안하게 할 뿐이다. 너구리를 잘 잡는 개는 개줄에 묶이고 민첩한 원숭이는 수풀에서 잡혀 온다. 구(丘)야, 나는 너에게 들을 수도 없고 말할 수도 없는 것을 말해 주겠다."

구는 공자의 이름이다. 유가의 선비들이 듣는다면 장자는 주리가 틀려 유배를 가거나 육시를 당할 일이다. 하지만 읊조린 공자에게 노자는 이렇게 타일러 준다.

"머리도 있고 발도 있지만 귀의 작용도 없고 마음의 작용도 없는 자가 많다. 모습이 있으면서도 모습이 없는 것과 함께 있다는 자는 없다. 움직임과 멈춤, 죽음과 태어남, 흥하고 망함 등은 모습이 있는 것의 작용은 아닌 게다. 그 작용을 다스리려 함이 사람의 짓이다."

하지 못할 것을 한다고 우기는 인간. 그 자는 재주만 앞섰지 제대로 알지 못하는 것을 한다고 만용을 부리는 것에 불과하다. 운명을 사람이 어이 다스린단 말인가. 운명은 사람의 것이 아니라 모습이 있되 없는 것의 소관이다. 그러한 소관을 쥐고 있는 것을 도라고 여기면 된다. 그렇다면 도란 무엇인가? 운명을 다스리는 그 무엇일 게다. 성인이라면 도를 팔거나 흉내를 내지 않는다. 나를 잊고 하늘을 잊음이 망기(忘己)가 아니냐고 노자는 공자에게 되묻는다.

성인은 누구인가? 자기를 잊은[忘己] 자다. 그렇다면 이제는 성인이란 있을 리가 없다. 자기를 잊어 달라고 하면 살인이 나는 세상에 성인이 살아남겠는가. 하지만 인간은 성인을 그리워한다. 참으로 묘하다.

(6) 두 번이나 혼난 자공(子貢)

자공은 공자의 제자다. 그 자공이 초 나라를 돌다가 밭에서 어렵게 물을 주는 노인을 만났다. 그 노인은 땅 속으로 굴을 파고 그 굴 속의 물을 항아리로 퍼다가 밭곡식에 물을 주고 있었다. 그렇게 물을 주자니 힘들고 일이 더디었다. 그걸 본 자공이 노인에게 기계로 물을 주면 아주 편하다고 말을 걸었다. 그러자 그 기계란 것이 어떤 거냐고 노인이 물었다. 물을 퍼올리는 두레박이라고 일러주었다. 그 말을 들은 노인이 다음처럼 말한다.

"내 스승에게 들었소만 기계 따위를 갖게 되면 그 기계 탓으로 일이 생기게 되오. 그렇게 되면 기계에 사로잡혀 버리는 마음이 생겨나오. 그러면 마음에서 순진 결백함이 없어져 본성이 안정을 못하오. 내 모르는 바 아니오. 부끄러워 두레박 따위를 쓰질 않는 게요."

부끄러워 고개를 못든 자공이 떠나려 하자, 그 노인은 '대체 당신은 뉘시오' 하고 물어 왔다. 그래서 자공이 공자님의 제자라고 했더니 노인은 다음처럼 면박을 주었다.

"댁은 널리 배워서 성인 흉내를 내고 허튼수작으로 사람의 마음을 어리둥절케 하고 홀로 거문고를 타면서 슬픈 체하고 천하의 명성을 팔려는 자가 아니오. 댁의 마음 씀씀이를 잊으시오. 댁의 육체도 없애 버리시오. 제 몸 하나 다스리질 못하면서 천하를 다스릴 겨를이 있단 말이오. 댁은 가 보시오. 내 일을 방해하지 말고 가 보시오."

이 말에 자공은 얼이 빠져 멍청하니 넋을 잃고 줄행랑을 쳤는데 삼십 리나 가서야 정신이 들었다고 한다.

기계의 노예가 된 우리가 부끄럽다. 자공을 혼내 준 그 노인이 우리를 보고 무어라 할까? 옛날엔 인간들이 군왕의 종살이를 하더니 지금은 기계의 종살이를 한다고 단언할 게다. 사람이 기계를 탐하면 그 기계가 일을 낸다. 기계가 일을 내면 그것을 만든 인간이 그 일을 해결해야 하는 짐을 지게 된다. 인의를 파는 군신을 위해 옛날의 백성은 피땀을 흘렸고 지금은 자본을 준다는 기계에 매달려 생사를 맡긴다. 이제 인간은 겁 없이 자연을 자본의 밑천쯤으로 여기고 목숨을 저당 잡힌 셈이다. 얼마나 무서운 일인가.

(7) 공자를 원망하는 자공

제자가 스승을 원망하면 둘 다 욕되는 법이다. 누워서 침을 뱉으면 제 얼굴에 떨어진다. 하지만 오죽하면 자공이 공자를 원망했겠는가? 성인의 도를 헛배웠다고 자공은 이렇게 자탄한다.

"공자 같은 분은 천하에 한 분밖에 없다고 여겼지. 일은 옳은 것을 찾고 공(功)이라면 이루어지길 바라고 애는 덜 쓰면서도 그 효과가 큰 것이 곧 성인의 도라고 그분한테서 배웠지."

어째서 자공이 이렇게 자탄하는가? 덕을 온전하게 갖춘 사람을 만나고 난 다음, 자공이 알았던 성인의 도가 본성에서 멀고 그러니 덕과는 더더욱 거리가 멀다는 것을 알게 된 때문이라고 장자는 우화를 짓고 있는 게다.

"덕이 온전한 자는 그 몸도 온전하다네. 몸이 온전하면 마음도 온전하다네. 마음이 온전한 것이 성인의 도일세. 삶을 맡긴 채로 백성과 살아가면서도 어디로 가는지 모르고 자유롭고 소박한 그대로의 온전함일세. 편리함이나 기교 따위는 그 마음에 아예 없는 것일세. 그런 분은 뜻이 내키지 않으면 꼼짝 않고, 원하지 않으면 아무 일도 하지 않네. 온 천하가 그를 칭찬한들 초연하고 비난한들 태연하다네. 온 천하가 칭찬을 하든 비난을 하든 그분에게는 이익도 손해도 없지."

이렇게 자공이 자신을 자조(自嘲)하고 있다. 시비로 옳은 일을 가리고 공을 이루려 탐하고 업적을 앞세워 명성을 바랐던 자신이 부끄럽다고 한탄을 한다.

오늘날 학식이 있다는 사람치고 공자의 자공처럼 야망을 품지 않는 사람이란 없다. 그 야망을 버리고 온전한 덕을 갖추자고 한다면 어느 위인이 오늘날 귀를 기울일 것인가. 장자의 말을 그대로 편하게 듣기가 어렵다. 왜냐하면 항상 장자는 인간의 욕심이나 야망을 빗나가게 말하기 때문이다.

그러나 야망이나 욕심이 안겨 준 상처로 아픔을 당하고 나면 장자가 있으므로 살맛을 다시 찾게도 된다. 어려울 때 벗이 참다운 벗이라면 장자가 그러한 벗이다. 한탄하는 자공은 그 뒤로는 편했을 게다.

6. 〈천도(天道)〉의 인물들

하늘의 즐거움을 아는가

사람들이 하늘의 무서움을 안다면 사람의 세상에 슬픈 일이나 안타까운 일이나 암담하고 답답한 일들이 좀 덜 일어날 게다. 하물며 사람들이 하늘의 즐거움을 안다면 이 세상은 항상 밝고 명랑하고 맑은 일들이 줄을 이을 것이 아니겠는가. 왜냐하면 세상 모두를 속여도 나를 속일 수 없다는 말이 마음속의 법처럼 제자리를 잡을 것이기 때문이다. 사람에게서 속이는 마음이 완전히 없어진다면 세상은 잘못될 리가 없다. 이를 위해 장자는 하늘의 즐거움을 우화로 이야기한다.

하늘에 맹세한다는 말도 있고 하늘을 우러러 한 점 부끄러움이 없다는 말도 있다. 이러한 말을 거침없이 할 수 있는 사람이 있다면 하늘을 무서워할 이유가 없을 게다. 오히려 하늘과 더불어 즐거움을 나눌 것이다. 그러나 이 세상에 그러한 사람이 어디에 있을 것인가. 성인이 아니면 그러지 못한다. 항상 사람은 죄를 짓고 사는 까닭이다. 왜 그렇게 되는가를 이야기하려고 장자는 하늘과 사람의 관계를 이야기한다.

하늘의 즐거움을 알려면 먼저 사람의 즐거움을 알아야 한다. 그러므로 먼저 사람의 즐거움을 잃어버리지 말아야 한다. 사람의 즐거움이란 무엇인가? 장자는 사람과 사람의 조화라고 말해 준다. 그 조화에는 원수도 없고 벗도 없다. 낯선 이가 따로 없고 낯익은 이가 따로 없다. 귀한 사람이 따로 있고 천한 사람이 따로 있는 것도 아니다. 사람은 다 같다는 마음에서 사람의 즐거움은 비롯된다. 이 얼마나 간단한가. 성인은 단순하고 인간은 복잡할 뿐이다. 성인은 하늘의 길을 걷기 때문이다.

사람을 시기하고 미워하고 얕보면서 산을 좋아하거나 강이나 바다를 좋아한다거나 꽃의 향기를 좋아하고 새소리 듣기를 즐긴다는 것은 거짓말이 되기가 쉽다. 사람이 싫어 산으로 간다는 마음보다 사람이 좋아 산으로 간다는 마음이 더 진솔하고 맑다. 유리알 같은 마음에 무엇이 걸리고 엉키고 붙을 것인가. 마음에 감춘 것이 없으니 무엇을 싫어하고 좋아한다는 조건이 붙을 것인가. 다 함께 다 좋은 것이 곧 장자가 말하는 사람의 길이다. 이 얼마나 간단한가. 성인은 다 좋아한다. 그래서 사람이 꽃이 되고 꽃이 사람이 되고 새가 사람을 만나면 반가워 부리로 인사를 한다. 이렇게 성인은 사람의 길을 하늘의 길로 인도하는 손짓을 조용히 한다.

사람의 마음속으로 성인이 찾아오는 경우가 있다. 허정(虛靜)한 마음을 누린 적이 있는가? 있었다면 그때 그대의 마음에 성인이 방문한 게다. 유리알 같다는 마음이 바로 허정한 마음이다. 텅비고 고요한 마음을 무심하다 하고 무심이 하는 일을 무위라고 한다. 돌처럼 가만히 있는 것이 무위가 아니다. 땅은 돌지만 가만히 있는 듯하다. 그러나 땅처럼 쉼없이 움직이는 것이 어디 있는가.

무심하다는 것은 무엇에 얽매이지 않은 마음이다. 무심은 얽매인 마음이 아니라 걸림 없는 마음이다. 그래서 무심은 가볍고 크다. 무심이 가볍다 하여 경박하고 방정맞다는 것이 아니라 마음이 짐스럽지 않다

함이다. 가벼움 그것이 허이다. 허는 크다. 만물의 집은 천지이고 천지의 집은 허가 아닌가. 허 속에 만물이 있는 것이므로 허심에는 만물이 걸림 없이 노닌다. 이렇게 노니는 것을 장자는 무위라고 한 셈이다. 성인이란 누구인가? 무심한 마음의 무위가 곧 성인일 게다.

유심하다는 것은 무엇에나 얽매인 마음인 게다. 걸림투성이의 마음이 유심이다. 욕망이 꼬이는 시비로 유심은 항상 소용돌이친다. 무심은 고요하고 유심은 항상 시끄럽다. 그래서 만물을 그대로 보지 못하고 비틀어서 보고 꼬집어 본다. 하나만 보고 만물을 두루 아울러 볼 수가 없어서 무엇은 사랑하고 무엇은 미워한다. 본래 욕심이란 이 두 갈래의 싸움에서 기승을 부린다. 사랑과 증오는 유심의 유정(有情)이 갖는 두 얼굴인 게다. 무심의 무정은 그런 얼굴이 없다. 유심의 움직임은 항상 편을 가른다. 유심은 무겁고 작다.

알면서도 말로 못하는 것이 체험의 앎이다. 사람의 길〔人道〕과 하늘의 길〔天道〕을 체험하게 하는 성인을 내세워 사람의 길에서 인의를 파는 군자를 장자가 비웃는다. 성인은 허정한 무심의 무위로 자유를 누리는 마음이고 군자는 인의를 앞세워 유심의 유위로 명성을 탐하는 마음인 게다.

(1) 영탄하는 장자

장자는 도를 스승이라고 부른다. 그는 도마저 인물화했던 셈이다. '내 스승인 도이시여' 이렇게 영탄했던 일을 장자의 문하(門下)가 알려 준다. 장자는 유가에게 단호하고 당당하지만 도 앞에선 무릎을 꿇고 읊조리는 모양으로 다음처럼 찬송을 바친다.

"오, 내 스승이시여, 만물을 부수어 난폭하다 않으시고 은혜가 만세에 미쳐도 어질다 않으십니다. 태초 그 이전부터 계셔 왔지만 오래 산다 않으시고 하늘을 신고 땅을 덮은 채 만물의 형상을 조각하시고도 교묘하다 않으십니다."

이는 장자가 도에 바치는 찬송이다. 그리고 그가 스스로 도의 제자가 되어 그 문하에 입문하고 있음을 말해 주기도 한다. 장자가 예수의 말씀을 들었는가 싶도록 그의 도는 신처럼 다가온다.

만일 장자에게 원수를 사랑하라는 말을 들려준다면 무어라 할까? '먼저 원수를 만들지 마라. 그러나 원수가 있다면 사랑하라. 그러면 원수는 저절로 없어질 게다.' 이렇게 말하리라. 그러한 사랑이 장자의 무위인 게다. 원수가 만물을 부수어 난폭하다 않으심은 왼뺨을 때리거든 오른쪽마저 내어주라는 말과 같은 것이다.

은혜를 베풀지만 내색을 하지 않는다. 오른손이 한 일을 왼손이 모르게 하라. 생색을 내는 일이란 속셈이 있는 까닭이고 그러한 속셈은 속임수를 감추어 둔 연극이다. 어진 일은 아무도 볼 수가 없다. 바람을 볼 수 없지만 없다고 할 것인가. 바람이 없으면 숨을 쉴 수가 없고 그러면 만물이 살 수가 없다. 만물을 어질게 안고 있는 도를 누가 알리.

사람들이 하루에 한 번이라도 장자의 스승인 도를 마음에 두게 된다면 오만불손하고 경박하고 너절하고 잔인한 인간의 버릇들이 숨을 좀 죽일 것이다. 현대인의 마음은 하루에도 수백 번 살인을 하면서 겉으로는 미소를 짓고 얌전을 부린다. 장자여, 그대가 무심하고 무위하라는 말을 누가 들을 것인가.

평화를 누리자면서 전쟁을 한다. 사랑을 하자면서 증오를 한다. 화합하자고 하면서 불화를 한다. 이는 사람의 즐거움을 잃은 탓이다. 사람의 즐거움이란 무엇인가? 마음을 주는 것이지 받는 것이 아니다. 이는 마음을 버린다는 말로도 통한다. 그렇다면 결국 즐거움의 걸림돌은 무엇일까? 욕심일 게다. 그러므로 무심하라는 것은 욕심을 버리란 말이다. 그러면 사람의 조화는 이루어진다. 이 얼마나 간명한가? 그러나 인간에게 가장 어려운 일이란 욕심을 버리는 일이다. 행복하려면 그렇게 하라고 장자가 타이르고 있다.

무심은 하늘의 즐거움을 맞이한다. 하늘의 길은 바로 무욕이어야 보이는 까닭이다. 허정한 마음에는 만물이 다 귀하다. 천한 것이란 하나도 없다. 그래서 차별이 없고 시비가 없다. 그것들이 없으므로 싸움이란 없다. 싸움이 있으므로 화평이란 말이 있다. 싸움이 없다면 그 말은 생겨나지 않았을 게다. 다만 사람들이 천재지변이니 재앙이니 할 뿐이다. 어디 이 세상에 사람만 사는가. 만물이 고루 다 산다.

하늘은 만물을 안지 사람만 안는 것은 아니다. 그러니 태풍이 분다고 바람의 싸움이라고 여기지 마라. 산들바람이 분다고 바람이 화해했다고 여기지 마라. 사람이 태풍은 사납고 산들바람은 순하다고 할 뿐이지 천지에 있는 것이면 하늘의 길[天道]에서는 즐거움 아닌 것이란 없다. 향기는 좋고 구린내는 나쁘다는 생각은 사람의 것일 뿐이지 구더기에게 구린내는 향기로운 것임을 안다면 사람을 중심으로 천하의 만물을 재단할 것은 없다. 이처럼 마음을 넓게 그리고 맑고 밝게 하라고 장자는 하늘의 즐거움을 이야기한다.

부잣집에서 평생 머슴 노릇한 노인이 있었다. 주인집 외동아들이 선산의 샘물에서 물을 마신 뒤로 온몸이 비쩍 말라 죽음을 눈앞에 두고 있었다. 허다한 명의들이 약을 댔지만 허사였다. 하루는 노인 머슴이 약을 달이겠다고 자청했다. 명의가 지어 준 약을 버리고 삼베를 푼 실

끈을 잘라 푹 달여 병든 아이에게 주면서 눈을 딱 감고 약을 삼키라고 했다. 그리고 변을 보게 되면 그 변 속에 하얀 실지렁이 떼가 있을 것이라고 타일렀다. 그렇게 한 아이는 병에서 일어나 건강해졌다. 샘물에서 실지렁이를 함께 마셔 뱃속에서 지렁이가 새끼를 계속 쳐서 지렁이 굴이 되었으리란 공포 탓으로 아이가 병이 난 것을 노인은 알았었다. 노인과 명의 중에서 누가 참 명의인가. 장자는 지금 그 노인처럼 하늘의 즐거움을 지어 주지만 삼킬 마음이 인간에게 없다.

(2) 노자를 만난 공자

공자가 주 나라 왕실의 도서관에 자신의 책을 기증하고자 했을 때 그의 제자인 자로(子路)가 서고 담당관으로 있었던 노자를 한번 만나 보면 어떠냐고 공자께 아뢰었다. 그거 좋겠다고 하고 공자는 노자를 만나러 갔다. 노자를 억지로 만난 공자는 갖고 갔던 《십이경(十二經)》이란 책을 펴 놓고 설명하기 시작했다. 공자의 설명을 끊고 노자는 번거로우니 요점만 듣고 싶다고 했다. 그래서 공자가 이렇게 요점을 정리했다. "요점은 인의에 있습니다." 그러자 노담이 그 인의가 인간의 본성이냐고 물었다. 공자가 그렇다며 다음처럼 응답했다.

"군자는 어질지 않으면 이루어지지 않고 의롭지 못하면 살아가지 못합니다. 정말 인의는 인간의 본성입니다. 이 밖에 또 무엇을 할 게 있습니까?"

"무엇이 인의란 말이오?" 노자가 물었다. "진심으로 즐기며 기뻐하고 널리 사람을 사랑하고 사사로운 마음이 없는 것, 이것이 인의의 참 모습입니다." 이렇게 공자가 답했다. 그러자 다 쓸데없는 소리라며 노자가 잘랐다.

"널리 사랑한다는 건 아주 먼 일이오. 사심을 없앤다는 것이 바로 사심인 게요. 당신이 이 천하의 순박한 마음이 망하지 않기를 바란다면 억지로 애써서 인의를 내걸고 북을 두드리며 도망자를 찾는 짓 따위를 마시오. 아, 당신이 본성을 어지럽히고 있는 것이오." 이렇게 노자가 내뱉었다.

사람이 본성을 조정하고 조절할 수 있다고 말하는 공자가 그럴 수 없다고 보는 노자에게 망신을 당하고 있다. 사람의 본성은 사람의 것이고 짐승의 본성은 짐승의 것이란 생각이 유가의 것이다. 노자라는 인물을 빌려서 장자는 본성이란 자연의 것이란 생각을 펼친다. 자연의 것이란 사람이나 소나 새나 생명을 소중히 여기는 법칙이 있다 함이다. 새를 잡으려고 하면 날아가고 고기를 물속에서 잡으려 해도 도망간다. 살고 싶어서 그렇게 하는 것이다. 살고 싶은 대로 내버려두면 모든 일이 잘 풀려 가는 무위를 마다하고 왜 인의라는 인위로 사람을 옭아매려고 하는가. 장자는 어떠한 구속과 족쇄를 거부한다.

사람이 편하려면 몸과 마음이 다 함께 편해야 한다. 몸만 편하고 마음이 불편하면 그것도 어긋난 것이고, 마음은 편한데 몸이 불편해도 역시 탈인 게다. 몸만 편하게 되면 마음이 게을러진다. 게을러진 마음은 잔꾀를 부리고 그 잔꾀가 커져서 엄청난 음모를 꾸민다. 이것이 움직임이 앞서고 마음이 뒤진 무모인 셈이다. 무모한 사람의 짓이 얼마나 사람의 삶을 무섭게 하는가. 이러한 무서움은 인간이 본성을 잃은 탓이지 인의를 잃은 탓은 아니라고 장자는 여기는 모양이다.

마음은 편한데 몸이 불편하다는 것도 탈이다. 몸이 말을 듣지 않고 마음만 앞서 가면 하는 일마다 조바심으로 그득하게 된다. 조바심이

나면 되는 일이 없다. 안 되는 일을 된다고 고집하면 착각에 사로잡히고 그렇게 되면 무엇을 깨우치기가 어렵게 된다. 옳은 생각이 옳은 행동을 낳는다고 하는 연유가 여기에 있다. 장자가 장수를 축복하는 것은 마음이 몸을 편하게 하고 몸이 마음을 편하게 함을 말한다. 이것이 삶의 조화다. 공자를 만난 노자는 그러한 즐거움을 공자가 인의를 앞세워 망친다고 면박을 주고 있다.

공자 이래로 인의도덕이 세상을 다스려 왔다. 수천 년 동안 그렇게 해 왔지만 한 번도 태평성대를 누린 적은 없다. 공맹의 후예들이 궁궐의 자리를 차지한 뒤로 분별과 시비가 고집스럽게 뿌리를 내려 상놈은 양반을 지고 다니는 지게 구실만을 해야 했고 양반은 신선의 흉내나 내면서 갖은 구역질나는 일들을 치세라는 미명으로 세상을 괴롭혔다. 이러한 역사는 모두 인의가 빚어 낸 후유증인 게다.

말하자면 공맹의 후예들이 공맹을 배신한 셈이 아닌가. 공맹이 아무리 왕도를 부르짖었어도 결국은 패도(覇道)가 군림하면서 왕도를 팔지 않았는가. 그렇다면 애써서 인의를 내걸고 북 치지 말라는 노자의 일갈은 거짓말이 아니다. 그리고 인의가 순박한 마음을 망치게 한다는 말도 생트집이 아니다. 욕망에 불을 붙이고 부채질을 하는 자가 군왕이었다. 군왕만큼 욕심이 많은 인간은 없다고 보아도 역사는 화를 내지 않을 게다.

군왕의 시대가 가고 민주의 시대가 도래했으니 인간은 지금 행복하고 편한가? 여전히 인간은 행복보다는 불행이 겹치는 삶을 이고 불편한 걸음으로 세상을 걸어가고 있는 중이다. 이제는 노자도 분노할 게다.

(3) 노자를 만난 사성기(士成綺)

장자가 인물을 만들 때는 그 이름에서 그 인물의 성질머리를 짐작하게 한다. 아무래도 사성기는 멋쟁이 선비인 모양이다. 멋쟁이는 겉을 꾸미느라고 속을 태운다. 겉만 번지르르하면 그럴싸하게 보이고 그러한 분장으로 한몫을 본다고 여기는 치라면 노자의 눈에는 덜 떨어진 풋내기로 보였을 게다.

사성기는 노자가 성인이란 말을 듣고 먼길을 마다 않고 노자를 뵈러 왔다고 공치사를 한 다음 잠자리도 가리지 않고 발이 부르터 못이 박혔다고 엄살을 떨었다. 그렇게 고생을 해서 만나 보니 성인이라던 노자가 사성기의 눈에 차지 않았다. 그래서 사성기는 노자 앞에서 다음처럼 면박을 했다.

"당신은 성인이 아니군요. 쥐구멍에 먹다 남은 쌀알이 흩어져 있는데도 나 몰라라 하는군요. 그러면 어진 일이 못 됩니다. 날 것과 익힌 것들이 눈앞에 잔뜩 있는데 그냥 쌓아 두고만 있군요."

노자는 사성기의 면박에 모른 체하고 대꾸도 하지 않았다. 관여할 일이 못 된다. 노자가 무엇 때문에 시비를 가릴 것인가. 아마도 무안해진 사성기는 머쓱해서 노자에게서 물러났을 게다. 다음 날 사성기는 다시 노자를 찾아와서 다음처럼 말했다.

"어제는 제가 헐뜯었습니다. 지금은 그 잘못을 깨달았습니다. 어째서일까요?"

하룻밤도 안 돼서 뉘우칠 일을 한다면 분명 풋내기다. 풋내기가 성인을 판별한다는 것은 어리석은 일이 아니라 무모하고 엉뚱할 뿐이다. 병아리 감별사도 풋내기는 암수를 가리지 못하는 법이다. 하물며 성인을 어떻게 알아본단 말인가. 아마도 사성기는 밤잠을 설치며 아무런 반응을 보이지 않았던 노자를 생각하며 왜 아무런 대꾸를 하지 않았는지 알 길이 없었던 모양이다. 겉만 보고 말을 함부로 하는 사성기가 어떻게 노자의 속을 알 것인가.

"뛰어난 지혜를 간직했다는 성인 따위에 구애받지 않소. 어제 당신이 나를 소라 불렀다면 나는 소가 된 걸로 했을 것이고 말이라고 불렀다면 말이라고 여겼을 것이오. 그렇지 않다고 하면 화를 입게 되겠지요. 내 행동은 항상 변함이 없소. 행동을 위한 행동은 하지 않소."

노자가 위와 같이 타일러 주었다. 사성기가 성인이라 한들 어떻고 성인이 아니라 한들 어떻단 말인가. 소라고 불렀다고 삿대질을 하면서 목줄을 올리고 목청을 높여서 시비를 걸면 무엇할 것인가. 소가 아니라고 대든다고 소라고 말한 마음이 고쳐질 리 없고 네 놈이 소라고 되받다 보면 정말 시비가 붙게 된다. 시비가 붙으면 싸움판이 벌어지고 마음이 일그러져 버린다. '나를 소라고 부르면 소라고 여겨 주마.' 이것이 바로 무위인 게다. 무위 앞에 사성기는 사색이 된 셈이다.

사성기는 번지르르한 옷차림에 근엄한 얼굴이었는데 눈초리가 날카로와 쏘아보는 듯했다. 이마는 넓고 입은 크게 벌어져 있었다. 이러한 사성기의 몰골은 오만한 것이라고 노자가 면박을 준다. 어제는 사성기가 노자의 겉모습을 헐뜯었고 이제는 노자가 사성기의 겉모습을 보고 느낀 대로 일러 준다. 사성기가 처음 노자를 만났을 때는 인위가 무위를 본 것이고 두 번째의 만남에서는 무위가 인위를 본 셈이다.

사성기의 오만은 허세일 뿐이다. 남의 낯이 무서워 못한다는 것은 두 번 속이는 것과 같다. 저를 속이고 남을 속이는 까닭이다. 자기가 자기를 속이자니 거짓말이 거짓말을 낳게 된다. 이 얼마나 부자유인

가. 이러한 부자유를 노자는 말을 묶어 놓고 움직이지 못하게 하는 꼴이라고 말한다. 이 말은 인위를 풀이해 주는 것으로 보아도 될 게다. 사성기는 인위의 오랏줄에 꽁꽁 묶여서 무위라는 자유를 몰랐다. '사성기여, 교묘하게 지혜를 부려 교만을 떨지 마오. 오만과 교만 그것은 허세일 뿐 참모습일 리가 있는가. 그것은 흉내일 뿐이다. 흉내는 남의 것을 훔친 거나 같다.' 그래서 노자는 사성기를 도둑놈과 다름이 없다고 타일러 사성기의 콧대를 꺾어 준다.

꺾일 콧대를 세워서 무엇하리. 남의 체면에 사는 사람은 매일 꺾이는 콧대를 밤마다 다시 세우느라고 잠을 이루지 못한다. 있는 그대로 산다면 무엇이 아쉬워 헛치레 연극을 할 것인가. 얼굴에 화장을 하는 것으로 그치면 다행이다. 속까지 분칠을 하고 헤헤거리니 탈이다. 이 것을 장자는 인위가 빚는 흉내로 본다. 흉내는 훔치는 짓이니 얼마나 부끄러운가.

(4) 높은 분을 무안케 한 윤편(輪扁)

환공(桓公)이 당상에서 책을 읽고 있었다. 제 나라의 환공인지 초 나라의 성 왕(成王)인 환공인지는 모른다. 하여튼 높은 분이 당상에서 책을 읽고 있었다. 당하에선 윤편이란 사람이 수레바퀴를 만들고 있었다.

책을 읽자면 주위가 조용해야 하고 수레바퀴를 만들자면 주위가 시끄럽게 마련이다. 위에서 환공이 책을 읽고 있음에도 불구하고 윤편은 아랑곳없이 톱질을 하고 끌질을 하고 망치질을 하다가 끌과 망치를 놓고 당상으로 올라가 전하께서 읽으시는 건 무슨 말을 쓴 책이냐고 물었다. '성인의 말씀이지.' 이 말에 윤편은 성인은 살아 있느냐고 되물었다. 그러자 환공은 벌써 돌아가셨다고 말해주었다. 이 말에 윤편은 다음처럼 결론을 내렸다.

"그러시다면 전하께서 읽고 계신 것은 옛사람의 찌꺼기네요."

환공은 버럭 화를 내면서 '네 이놈, 수레바퀴 만드는 목수 따위가 어찌 내가 책을 읽고 있는데 시비를 거느냐'며 연유를 밝히라고 대질렀다. 만일 이치에 맞으면 용서를 하겠지만 당치 않을 땐 죽여 버리겠다고 호통을 쳤다. 그러자 윤편은 다음처럼 아뢰었다.

"저는 제 일의 경험으로 살펴 보건대 수레를 만들 때 너무 깎으면 헐거워서 튼튼하지 못하고 덜 깎으면 빡빡해서 바퀴살을 박을 수가 없습니다. 거기에 비밀이 있습니다만 그 비밀을 제 자식에게 말로 해 줄 수 없고 제 자식은 말로 배울 수가 없습니다. 그래서 일흔이 넘도록 수레바퀴를 깎고 있는 겁니다. 옛사람도 전해 줄 수 없는 것과 함께 죽어 버렸습니다. 그러니 읽고 계신 것은 찌꺼기인 게지요."

윤편은 포정(庖丁)을 생각나게 한다. 맹자가 만났다던 양 나라 혜왕(惠王)이 포정의 칼 솜씨를 보고 놀라운 기술이라고 칭찬했을 때 그 칭찬을 받아 기술을 좋아하지 않고 도를 사랑한다면서 왕을 무안케 했던 포정처럼, 윤편은 성인의 말씀을 통해 도(道)를 배우겠다는 환공을 무안케 한다.

도는 배우는 마음이 만나는 것이 아니라 사랑하는 마음이 만난다. 진실로 기독교를 믿는 신자는 하나님을 만나 그 목소리를 듣는다고 한다. 그 만남을 말로 따지고 풀어서 남에게 전해 줄 수 없다고 말한다. 믿지 않으면 모른다고 한다. 그러나 장자는 도를 믿으라고 말하진 않는다. 그저 자연대로 하라 할 뿐이다. '자연대로 하라.' 이는 스스로 체험하라 함과 같다.

체험하라, 그리고 터득하라. 그러려면 흉내를 내지 말아야 한다. 성인의 말씀을 듣고 성인을 배운다니 턱없는 일이라고 무안을 준 윤편을 환공이 당치 않다고 죽일 수야 없었을 게다. 참말이라면 그것은 군왕의 손에 들린 칼보다 더 강하기 때문이다. 그래서 노자는 약한 것이 가장 강하고 강한 것이 가장 약하다고 말했다. 바위는 물보다 단단하다. 그러나 물은 바위 구멍을 뚫고 가장 단단하고 굳다는 금강석을 깎아낸다. 수레바퀴를 만들면서 평생 터득한 체험이 환공이 읽고 있었던 성인의 말씀보다 도에 가까울 수 있음을 환공이 알아주었을까.

모양과 색깔〔形色〕과 이름과 목소리〔名聲〕로는 도를 터득할 수 없다. 체험으로 도에 가까울 수 있다. 이것이 윤편의 생각이다. 물론 장자는 인물을 통해 자기의 생각을 말하고 있는 셈이다. 여래(如來)가 보인 법에 책보다 선(禪)이 더 가까이 간다는 것처럼 장자가 말하는 도도 책보다 체험이 더 가까이 간다는 게다. 체험은 만물을 직접 구체적으로 만나게 해 주는 까닭이다. 글로써는 도가 밝혀지지 않는다. 도는 만물이 있게 된 근원이다. 만물을 그대로 체험하라. 그러면 도를 만날 수 있다. 그러므로 '도를 배우지 말고 체험하라', 이것이 장자의 생각인 것이다.

당상의 환공은 성인의 찌꺼기나 읽고 있지만 당하의 윤편은 바퀴 구멍을 뚫는 일로도 도의 모습을 만나고 있다는 것이다. 바퀴 구멍이 헐거우면 바퀴살이 단단히 박혀 있을 수 없으니 바퀴가 망가질 것이고 그 구멍이 좁으면 바퀴살이 덜 박혀 또한 망가질 게다. 구멍과 바퀴살이 딱 맞아야 바퀴는 제 구실을 하게 된다. 도는 만물로 하여금 제 구실을 하게 한다. 그 구실을 무위로 하게 한다. 인위는 억지로 하는 것이고 무위는 저절로 하는 것이다. 도를 누가 가르치고 배운단 말인가. 만물을 만상으로 체험하라. 체험은 도의 뜻을 맛보게 한다. 그 뜻은 말로 전해지는 것이 아니라 마음이 안는다. 편안히 안고 삶을 편안하게 한다. 도는 엄하지 않고 그윽할 뿐이다.

7. 〈천운(天運)〉의 인물들

벌레들의 사랑을 아는가

방문을 열고 나간 사람은 맨 먼저 바람을 만난다. 방 안에 있을 때는 바람이 불지 않는다고 여기다가도 밖에서는 바람이 분다고 여긴다. 그렇다고 방 안에는 바람이 없고 밖에만 바람이 있단 말인가. 아니다.

방의 안이든 밖이든 그대가 숨을 쉬고 있지 않은가. 그것이 바로 산다는 증거가 아닌가. 바람을 들이쉬고 내쉬는 것이 살아 있음을 말하는 것이고 그것이 멈추어지면 죽었음을 뜻하는 것이 아닌가. 인간에게 이보다 더 큰 철학은 없을 게다. 그러한 철학을 꼼꼼히 따져서 이러쿵저러쿵 많은 말들을 하기보다는 부는 바람이 목숨을 불고 다닌다고 상상해 보라. 그러면 철학은 저절로 상상하는 이의 마음속에서 구름이 되기도 하고 비가 되기도 할 것이다.

무엇을 억지로 막지 마라. 흐르는 물은 막는다고 멈추지 않는다. 물을 그릇에 담았다고 그 물이 흐르지 않을 것인가. 다만 흐름을 멈추고 있을 뿐이다. 물의 자연인 물의 흐름을 누가 막을 것인가. 자연을 막지 마라. 자연이 하는 대로라면 도가 무엇이냐고 물을 필요가 없다. 바로 거기에 도가 있으니 만나면 된다. 어떻게 만날까? 지식의 유희를 벗어나 상상하라. 나아가 차라리 환상하라. 이러한 이야기를 〈천운(天

運)〉편은 들려준다.

세상에 철인은 많으나 그들의 철학을 상상하게 한 이는 노장을 제하면 없을 게다. 무엇이냐고 묻지 마라. 왜냐고 묻지 마라. 나아가 어떻게 하느냐고 묻지 마라. 하늘을 보고 땅을 보라. 그러면 거기에 만물이 있지 않는가. 그 만물들이 철학을 보여 주지 않는 게 없다. 그러니 상상하고 환상하라. 그러면 만물과 마음은 서로 사랑을 나누어 철학을 잉태하리라. 도를 만나려면 마음과 만물이 서로 교미를 하라. 이러한 성교가 바로 상상하는 것이고 환상하는 절정인 게다.

〈천운〉편에서도 공자와 노자가 만난다. 이들은 장자의 우화에서 가장 재미있게 등장하는 인물들에 속한다. 무엇을 많이 안다며 싱싱하게 들어갔던 공자는 번번이 망신을 당하고 절인 푸성귀가 되어 나오곤 한다. 인의예악(仁義禮樂)으로 사람을 다스리겠다는 믿음을 가졌던 공자는 노자의 몇 마디에 몸은 초주검이 되고 마음은 혼절해 버린다. 그리고 다시 깨어나 노자가 했던 말을 알아듣게 되고 노자 앞에 조아린다. 물론 이러한 사건은 실제로는 없었던 일이다. 그래서 장자의 이야기는 우화지만 무위가 인위를 끌어들여 안는다. 인위를 끌어 안는 수법이 우화일 뿐 시비를 걸어 논쟁을 하자는 것은 아니다. 서로 비슷하고 버금가야 논쟁이 가능한 편이다.

조리를 세워 조목을 정하고 그 틀에다 인간을 넣어 다스리려는 유가가 훨훨 하늘을 나는 구름을 어떻게 그 틀에다 넣을 것인가. 아니면 하늘에서 쏟아지는 비를 인간의 손바닥으로 어떻게 막을 것인가. 절로 불고 다니는 바람을 무슨 장막으로 멈추게 할 것인가. 인위가 믿는 인의라는 것은 틀을 꾸며 보려는 수작에 불과하다고 보는 장자의 눈에는 공맹의 무리들이 하찮아 보일 뿐이다. 그러나 장자의 우화는 그러한 내색을 않고 공자와 그 후예들을 만나 대화를 하게 하고 깨우치게 한다.

하늘은 멈추지 않고 돌며 땅도 그렇다. 땅 위에선 만물이 태어나고 살고 죽고 한다. 멈추어 있는 것이란 아무것도 없다. 무엇이 이렇게 움직이게 하느냐고 물어서 시비를 걸지 마라. 차라리 움직이는 것을 상상하라. 그러면 몸도 편안하고 마음도 편안해진다. 무엇 때문에 보잘것없는 일을 앞세워 서로 싸우고 헤집고 옳다 그르다 다툴 것인가. 두루미는 희다고 염색하지 않고 까마귀는 검다고 탈색을 하지 않는다. 저절로 희고 저절로 검을 뿐이니 얼마나 편한가. 장자의 우화를 듣고 있노라면 인위란 염색하는 짓이 아니면 탈색하려는 짓에 불과하다. 이것을 조작이라고 한다. 상상하라. 그러면 조작하려는 마음이 부끄러워진다. 그래서 공자는 노자 앞에서 부끄러워한다.

무엇에 얽매이지 마라. 매듭을 풀어라. 그리고 사지를 마음대로 뻗고 눈을 감아라. 그리고 장자의 이야기를 들어 보라. 하늘마저 돌면서 변화의 수레를 타는 마당에 내 어이 무엇에 매달려 고집을 부리고 집착을 하면서 애달파해야 하는가. 이러한 뜻이 마음에 우러나기 시작하면 무위가 말을 하기 시작할 게다. 일에 쪼들리고 막막할 때 아니면 앞이 캄캄할 때 〈천운〉 편은 밝고 맑은 햇살을 내려 주는 우화인 것이다.

(1) 인간에게 답하는 무함소(巫咸袑)

하늘은 움직이고 있는가? 이러한 물음은 엉뚱해 보일 게다. 하늘이 움직이는 것을 눈으로 볼 수 없는 까닭이다. 땅은 안정되어 있는가? 이러한 질문도 공연하게 들릴 게다. 땅이 돈다고 여기긴 어렵기 때문이다. 그러나 땅이 돈다는 것은 이제 사실이어서 땅이 도느냐고 묻는다면 무식하다고 할 것이다.

해와 달이 다투고 있는가? 누가 천지를 주관하고 천지의 질서를 유지하는가? 이러한 물음에 인간은 별로 관심을 두지 않는다. 오히려 물가가 오를 것인가? 아니면 오늘의 주식 시세는 올랐는가 내렸는가? 정치권은 어떻고 재계는 어떻고 누가 투옥되는가를 이야기하면 인간은 귀를 세우고 입을 다물며 경청을 한다. 그러면서 사람들은 서로 의심하고 다투고 경쟁한다.

사람은 팽팽히 잡아당겨진 활시위와 같다. 들뜨고 미쳐 있는 상태다. 그러니 사람의 마음속은 불난 호떡집처럼 아우성이다. 이러한 불길을 잡을 수 있는 소방수는 과연 누구일까? 이렇게 상상해 보라. 그러면 마음에 소방수가 등장할 게다.

마음이 긴장되고 켕겨서 앞이 캄캄할 때 다음처럼 질문을 던지고 상상해 보라. 구름이 비가 되는가. 비가 구름이 되는가. 누가 구름을 일으키고 비를 내리게 하는가. 도대체 무슨 까닭인가. 장자는 은 나라 때의 무당인 무함소를 불러 소방수 노릇을 하게 한다.

"하늘에는 상하 동서남북이 있고 그것들이 벌(罰)이 되기도 하는 육극(六極)일세. 그리고 하늘에는 목화토금수(木火土金水)의 오상(五常)이 있다네. 그 오상이 흉이 될 수도 있지요. 그러니 하늘을 어기면 육극도 벌로 변하고 오상도 흉으로 변하지요. 제왕도 여기에 따르면 잘 다스리고 거역하면 흉해진다네."

장자는 무함소의 주문을 빌어서 인위의 수작을 비웃는다. 명성을 얻겠다고 하다가 감옥으로 가면 하늘을 거역한 것이다. 오상의 복을 받겠다고 꾀를 부리면 길흉이 서로 맞바뀌는 것도 인위의 뒤탈이다. 그 뒤탈도 하늘을 거역한 때문이다. 현대인이여, 왜 마음이 캥기고 오금이 저리는가? 갖가지 인위 탓이 아닌가. 광인 증세를 고치려면 하늘에 물어보라.

(2) 급소를 찌르는 장자

송 나라 재상 탕(湯)이 장자와 대화를 나눈다. 탕이 장자에게 인이란 무엇이냐고 물었다. 그러자 장자는 호랑이나 이리가 인이라고 잘라 답한다. 마치 선문답 같다. 본래 어리석은 질문을 조리 있게 답하면 그 어리석음이 두 배가 된다. 그러나 뚱딴지 같은 답으로 응해 주면 그 어리석음은 뒤통수를 얻어 맞고 정신이 번쩍 들게 마련이다.

탕이 무슨 대답이 그러냐고 한다. 그러자 장자는 호랑이나 이리의 부자(父子)는 서로 친하니 인이 아니냐고 풀어 준다. 그래도 꽉 막힌 탕은 지극한 인을 말해 달라고 간청한다. 이에 장자는 지극한 인에는 각별히 친하다는 마음이 없다고 다시 잘랐다.

탕은 알 수가 없었다. 친함이 없으면 사랑함이 없고 사랑함이 없다면 효도가 없어지고 그러면 불효라고 탕이 말하고는 장자를 되받아 묻기를, 지극한 인은 불효해도 된다는 뜻이냐고 다그친다. 이에 장자는 조용히 다음처럼 응해 준다.

'존경으로 효도하기는 쉬워도 사랑으로 효도하기란 어렵지요. 사랑으로 효도하기는 쉬워도 어버이를 잊기는 어렵지요. 어버이를 잊기는 쉽지만 어버이가 나를 잊게 하기는 어렵지요. 어버이가 나를 잊게 하기는 쉽지만 천하를 함께 잊기는 어렵지요. 천하를 함께 잊기는 쉽지만 천하가 나를 잊게 하기는 어렵다 이 말입니다."

지극한 인이란 아주 자연스러운 인이다. 속은 인이 아니면서 겉으로 인인 척하는 일을 생각하면 알 만하다. 부모가 늙을수록 수중에 가진 것이 있어야 자식들로부터 천대를 받지 않는다고 한다. 사랑하는 자녀들에게 평생 모은 재산을 모조리 다 나누어준 부모는 말년에 늙은이 고아원으로 간다는 말을 상기한다면 장자의 말이 감추고 있는 속뜻이 더 선연해진다.

체면이나 눈치 때문에 어진 척하는 것은 지극한 인이 아니다. 남의 눈이 무서워 어버이에게 효도를 한다면 그 역시 거짓 효도일 뿐이다. 말년에 자식들이 업신여길까 봐 사랑을 베푸는 부모 역시 무엇을 바라고 있는 셈이고, 어버이의 연금이나 재산을 보고 굽실거리는 자식들의 속이란 생선 가게 앞의 고양이나 다를 바가 없는 셈이 아닌가. 무엇을 바라고 하는 인이란 거짓일 따름이니 어찌 거짓이 지극할 것인가.

효성과 우의, 박애나 정의 또는 충성이나 신의 아니면 지조나 염치 등이란 알고 보면 자연스런 덕을 무리해서 이용하는 것이다. 나에게 좋으면 덕이고 나에게 나쁘면 부덕이 된다는 심보에선 인 그 자체의 자연스러움이 있을 리가 없다. 지극한 인이려면 자연스런 덕을 따라야 한다. 뒤를 생각해서 어질어야 한다는 것을 모르는 어버이 호랑이가 제 새끼를 거두는 것이 말년을 생각해서 자식을 거두는 어버이보다 더 지극한 인에 가까운 셈이 아닌가.

봄볕에는 며느리를 내놓고 가을볕에는 딸을 내놓는다고 한다. 봄볕은 여인의 살결을 까맣게 그을리고 가을볕은 살결을 토실토실하게 여물게 하여 윤이 나게 하는 까닭이란다. 한 여인이면서도 시어미가 될 때와 어머니가 될 때가 이렇게 달라진다. 그러면서 며느리 앞에서는 위엄을 부리고 딸 앞에선 자상해지는 여인을 어떻게 어질다 할 것인가. 지극한 인은 형편에 따라 달기도 하고 쓰기도 한 것이 아니라 한결같이 어진 것이다. 아마도 그러한 인은 하늘이나 땅 위의 초목과 짐승에나 있지 영악한 인간에게는 없는 것인지 모른다. 그렇다면 인이란 무엇인가? 호랑이나 이리가 인이라고 하는 장자의 말이 엉뚱하게 들리지 않을 게다.

인의가 제일이라던 시대에도 그것이 지극하질 못했고 자유 평등이 제일이라는 지금에도 그것들이 지극하질 못하다. 그래서 세상은 여전히 한숨을 쉬게 하고 애를 끓게 한다. 누구 탓으로 한숨이 나고 애가 끓는가. 하늘 탓인가 아니면 산천 탓인가. 오로지 사람 탓이 아닌가. 그렇다면 말로만 인이니 의니 자유니 평화니 할 뿐 속은 서로 다르단 말이 아닌가. 장자는 이러한 인간의 겉과 속의 뒤틀림을 싫어한다.

자연스러운 어짊, 자연스러운 사랑을 장자는 지극한 인이라고 밝힌 셈이다. 장미꽃은 장미 뿌리를 어기지 않는다. 벌이나 나비를 부르는 꽃치고 가짜 꿀을 만들어 속이지는 않는다. 속일 줄 모르고 약속을 지킬 줄만 알아서 그런 게 아니다. 그저 그렇게 하기만 하는 것인 까닭이다. 이러한 것이 자연의 행위인 무위가 아닌가. 무위의 인은 지극할 뿐이다.

(3) 두려워하는 북문성(北門成)

황제의 음악을 듣고 두려웠다고 북문성이 다음처럼 아뢴다.

"황제께선 함지(咸池)의 음악을 넓은 들판에서 베푸셨지만 처음 듣고는 두려웠습니다. 다시 듣자 두려움이 가셨고 마지막으로 듣자 무엇이 무엇인지 모르겠습니다. 정신은 흔들리고 말도 막혀 나 자신을 알 수가 없었습니다."

함지의 음악은 황제의 음악이란 명곡이다. 하지만 함지의 음악이란 황제가 세상을 어떻게 다스려야 하는가를 음악을 빌어 말하는 셈이다. 함지의 음악이 두려움만으로 그친다면 히틀러가 연주하는 음악이 될 게다. 그러나 두려움을 가시게 한 다음 자신을 모르게 하는 음악이란 아마도 세상을 잘 다스린 황제의 음악일 게다. 그래서 함지의 음악을 요 임금의 것이라고 일컫는지도 모른다. 황제는 북문성에게 다음처럼 살펴준다.

"두려웠을 테지. 내 음악은 홀연히 끝나고 홀연히 시작되며 그쳤는가 하면 다시 살아나고 쓰러졌는가 하면 다시 일어나네. 대하는 것이 끝없이 변하여 전혀 미리 짐작할 수가 없지. 자네는 그래서 두려워진 걸세."

사람은 변화를 불안해 한다. 변화가 좋은 것인지 나쁜 것인지 종잡을 수가 없다면서 조마조마해 입술을 말린다. 이는 변화에 임하는 인간의 억지인 게다. 추운 겨울이면 따뜻한 봄을 원하고 더운 여름이면 선선한 가을을 탐하는 버릇인 게다. 그러나 사람은 세상이란 사람의 뜻대로 되지 않는다고 말을 한다. 세상을 사람의 뜻에 맞추려고 하는 까닭에 그런 것이다. 세상의 흐름에 맞추는 것은 발에 맞추어 신을 사는 경우가 된다. 그러나 신에다 발을 맞추려고 하니 신이 크면 발이 작고 발이 크면 신이 작아 사람과 세상 사이는 뒤꿈치처럼 헐어 앓게 되는 것이다. 함지의 음악은 발에 맞는 신 같고 신에 맞는 발 같아 변화가 없는 듯하면서도 그침이 없는 셈이다. 사람은 이를 몰라 처음에는 두려워하지만 그 두려움에서 벗어난다. 이는 새 신발이 발에 맞지 않을까 싶어 아플 뒤꿈치를 미리 겁내다가 신이 발에 맞으면 그 두려움을 잊는 것과 같다.

"눈은 보고 싶은 것 때문에 막히고 힘은 이루고 싶은 일 탓으로 꺾이고 만다네. 나로선 어떻게 해볼 수 없는 일일세. 몸이 공간에 가득해져 이윽고 마음은 부드러워지고 조용해지지. 자네도 마음이 부드러워지고 조용해져서 걱정이 그친 걸세."

함지의 음악이 북문성의 정신을 나가게 한 연유를 황제가 위와 같이 타일러 준다. 욕심 탓으로 막혔던 눈이 트이고 욕심을 채우려고 용을 썼던 힘이 꺾인다면 욕심은 물러가게 마련이다. 오르지 못할 나무를 쳐다보면 볼수록 목만 아플 뿐이다. 목이 편하려면 고개를 숙여야 한다. 그러나 사람은 이를 체념이네 패배네 하면서 만용을 부리다 목이 부러져 목숨을 잃어버리고는 그 고집을 용기니 야망이라고 한다. 이러한 야망을 잃어버린 북문성은 정신이 나간 것처럼 된 게다. 욕망이 나가 마음이 텅 비니 무엇이 무엇인지 몰라함을 황제는 위와 같이 밝혀 주는 셈이다. 캄캄한 곳에 있다가 밝은 곳으로 나오면 눈이 머는 순간과 같다. 그러나 조금만 있으면 캄캄했던 걱정은 가시게 되는 법이 아닌가.

"두려움을 없애는 음악을 연주하지. 그것을 없애니까 그 자취가 사라진다네. 그래서 혼미해지지. 혼미해지니까 어리석어지지. 어리석어지면 도가 트이지. 도야말로 거기에 내 몸을 싣고 하나가 될 수 있는 거라네."

함지의 음악처럼 다스리는 자가 있다면 그 누구도 정치가 무엇인지 몰라도 될 게다. 그러나 그렇지 못하면 마을의 개마저도 눈치를 보면서 짖게 된다. 영악한 개는 좀도둑이 들면 기를 쓰고 짖지만 큰 도둑이 들면 꼼짝도 않는다. 사람도 잡는데 개쯤이야 죽이지 못할 리가 없음을 개도 아는 까닭이다. 밤새 안녕하냐는 인사를 나누고 사는 세상에서는 사람을 두렵게만 하는 음악이 무수한 법령이란 곡명으로 할 것은 없고 하지 말 것만 틀어 대는 법이다. 이 어찌 두렵지 않을 것인가.

다스린다는 것은 두렵게 하면서도 그 두려움을 잊게 해 주어야 하고 잊었으면 아주 편하게 해주어야 한다. 아주 편하면 어리석어도 편히 산다. 눈을 뜨고 있어도 코를 베어 가는 세상인 탓으로 놀이하는 유치원 학생들도 임금의 역을 맡으라 하면 으쓱해하고 신하의 역을 맡으라 하면 떫어하는 것이 아닌가. 무슨 일을 하면서도 하지 않는 것처럼 하는 것만큼 사람을 편하게 하는 방법은 없다. 장자는 치자에게 그 말을 하고 싶은 게다.

(4) 사정 없는 사금(師金)

공자가 위 나라로 유세를 떠났다. 안연(顔淵)이 노 나라의 악사(樂師)인 사금에게 선생의 이번 유세를 어떻게 생각하느냐고 물었다. 안연은 공자가 가장 사랑했던 제자다. 아마 걱정이 되어 물었던 모양이다. 물론 이러한 이야기는 장자의 우화에나 가능할 게다. 악사 따위에게 공자의 성패를 청할 공자의 제자가 있었겠는가. 그러나 장자의 우화에는 있을 수 있다. 사금과 안연 사이의 이야기는 다음처럼 벌어진다.

"미안하네만 자네의 스승은 곤경에 빠질 것이네."

"어째서입니까?"

"제사 때 쓰려고 짚으로 만든 개를 생각하게. 제사 전에는 그 개를 상자에 넣어 비단으로 고이 싸서 신주처럼 모시지 않는가. 하지만 제

사가 끝나면 그 개는 팽개쳐져 길 가는 사람의 발에 머리며 등을 짓밟히다가 결국 벌초하는 사람이 주워다가 불쏘시개로나 때지. 만일 다시 버린 개를 주워다 상자에 넣어 비단으로 싸서 모셔두고 그 밑에서 놀거나 잔다면 잠을 못 이루고 가위눌림이나 당할 거야. 지금 자네의 선생은 옛날 성 왕이 차려 놓았던 짚강아지를 주워다 그 강아지로 제자를 모으고 그 밑에서 놀고 자고 있는 거라네. 그래서 온 천하가 시끄럽네. 이 어찌 악몽이 아니겠나."

사금의 서슬에 안연은 말문이 막혔을 게다. 유가에서 받드는 인의가 단번에 제사상에서 퇴물린 짚강아지가 되어 마치 헌 짚신짝처럼 길바닥에 내동댕이쳐진 꼴인 까닭이다. 사금이 다시 다음처럼 공자를 사정없이 파헤친다.

"물길을 가자면 배 이상 좋은 게 없고 육로로 가자면 수레 이상 가는 게 없지. 배로는 물 위를 갈 수 있지만 그 배를 땅 위에서 끌고 가자면 평생이 걸려도 얼마나 가겠나. 옛날과 지금의 차이는 물과 땅이 아닐까. 주(周)와 노(魯)의 차이는 배와 수레 같은 것이 아닐까. 주 나라에서 시행되었던 것을 지금 노 나라에서 써먹으려 하는데 이는 배를 땅 위에서 미는 거나 다름이 없다네. 애만 쓰고 보람은 없고 필경 몸만 상하고 말 걸세. 자네 선생은 자유로움으로 움직여서 만물에 두루 통해 막힘이 없는 경지를 모른다네."

안연은 여전히 꿀먹은 벙어리처럼 되었던지 사금의 사설에 반격을 가할 엄두를 내지 못한다. 이처럼 장자의 우화는 공자와 그 제자들을 생선처럼 도마 위에 올려놓고 각을 떠내 움쩍도 못하고 입 한번 벙긋거리지 못하게 한다. 공자를 발랑 뒤집어 놓은 다음 사금은 안연 앞에다 공자를 홀랑 벗겨놓고 부끄러워 몸둘 바를 모르게 한다.

"자네도 저 두레박의 틀이란 것을 알겠지. 그 틀을 손으로 잡고 끌어당기면 두레박은 내려가고 틀에서 손을 놓으면 두레박은 올라오지. 공자도 그 틀마냥 남이 당기는 대로 하고 있는 걸세. 남을 잡아당기지는 못하지. 그래서 내려갔다 올라갔다 하면서 비위를 맞추어 남에게 욕은 먹지 않은 게지. 그러니 먼먼 아주 옛날 성천자(聖天子)들이 정한 예의나 법도가 귀한 것이 아니라 세상이 다스려지므로 귀한 것이라네. 성천자의 법도나 예의를 비유하자면 배나무 귤나무 유자나무의 열매 같은 걸세. 그 맛은 서로 다르나 모두 입에 달다네. 그러니 예의나 법도는 때에 따라 변하는 거야."

유가는 상상하지 못하게 한다. 가리키는 대로 보고 들려주는 대로 듣고 생각하라는 대로 생각하라는 법도를 만들고 그 권위를 인위로 포장을 한다고 장자는 사금이란 인물을 통해서 꼬집고 있는 셈이다. 털이 빠진 구멍에 빠진 털을 다시 주워 억지로 꽂으려는 것과 다름이 없는 셈이다. 두레박 틀이란 비유는 꼭두각시 흉내를 말하는 게다. 공자가 그런 꼭두각시가 아니냐. 시대가 변하는데도 변치 않는 양 옛것을 갖다 꿰어 맞추려는 짓은 원숭이에게 주 왕의 옷을 입혀 놓고 주왕이라고 우기는 것과 무엇이 다르냐고 사금은 안연에게 들이댄다. 그래도 안연은 여전히 꿀먹은 벙어리로 있다. 사금은 다시 흉내내는 짓을 하지 말라고 다음처럼 이야기를 들려준다.

"옛날과 지금의 차이를 생각해 보면 원숭이가 주공(周公)과 다른 것과 같네. 천하의 미인 서시(西施)가 가슴앓이로 이맛살을 찌푸렸더니 그 마을의 추녀가 그 꼴을 보고 그래서 아름다워지는 줄 알고 가슴에 손을 대고 이맛살을 찌푸렸다는 걸세. 그 추녀의 그 꼴을 본 그 마을의 부자는 문을 걸어 잠그었고 그 꼴을 본 가난뱅이는 처자식을 데리고 달아나 버렸다는 거야. 그 추녀는 서시의 찌푸린 이맛살이 아름답다는 것은 알았으나 아름다워지는 까닭은 몰랐던 것일세. 안됐네만 자네의 선생도 그 추녀처럼 곤경을 치를 걸세."

사금이 어찌 안연에게만 말하는가. 바로 우리에게 하는 말이 아닌가.

(5) 몰라도 되는 것만 아는 공자

공자가 쉰한 살이 되어 노자를 찾아갔다. 그 나이가 되도록 공자는 도라는 것을 듣지 못했다. 그래서 남쪽의 패(沛)로 가서 노자를 만났단다. 당신이 왔느냐고 노자는 말을 건네고 '당신이 북쪽의 현자란 말을 들었소만 그래 당신도 도를 터득했느냐'고 물었다. 그러자 아직 못했노라고 공자가 대답한다.

다시 노자는 '어디서 도를 얻으려고 했느냐'고 물었다. 이에 공자는 제도나 사물의 명칭 수량 따위로 얻어 보려고 했으나 다섯 해가 지나도록 터득하지 못했노라고 대답한다. 또 다시 같은 질문을 노자가 던졌더니 공자는 음양으로 얻어 보려고 했지만 열두 해가 지나도록 허사였다고 했다. 그러자 노자는 그럴테지 하면서 다음처럼 타일렀다.

"도가 줄 수 있는 거라면 누구나 임금께 바칠 거요. 도가 줄 수 있는 거라면 누구나 제 어버이에게 드리겠지. 도가 남에게 말해 줄 수 있는 거라면 누구나 형제에게 말해 주겠지. 도가 남에게 줄 수 있는 거라면 누구나 자손에게 물려줄 거요. 그러나 그럴 수가 없지요. 마음속에 줏대가 없으면 머물지 않고 밖에 올바름이 없으면 시행되지 않는 까닭이오. 안에서 나가는 도를 밖에서 받아주지 않으면 성인은 나가지 않고 들어오는 도일지라도 줏대가 없으면 성인은 기대지 않아요. 당신이 존중하는 명성은 모든 사람의 것이므로 당신이 더 많이 그것을 가지려 하면 안 되지요. 인의란 옛 임금들이 머물다 간 주막일 뿐이오. 하루쯤 머물기는 괜찮으나 오래 있을 곳은 못 되오. 거기에 오래 머물다 보면 비난만 많아지니 말이오."

공자는 노자의 말에 아마 쥐구멍이라도 찾고 싶었을 게다. 중하다고 여겼던 인의가 하룻밤 묵어가는 주막 같다니 간담이 서늘했을 게 아닌가. 그런 인의를 팔아 명성을 사려고 했으니 현자는커녕 주막집 주인의 하인 노릇도 변변히 하지 못할 공자가 어찌 세상을 구제하겠다는 걸까. 이 얼마나 당치 않은 일인가. 가당치 않은 일이 세상에는 항상 있는 법이다.

대권을 잡겠다고 국민을 파는 사람은 주막집을 헐값으로 빌려 놓고 터무니없는 숙박비를 가로채는 수작을 하는 게 아닌지 살펴보게 하는 셈이다. 옛날 주막의 주인은 임금이지만 지금의 주막은 먼저 간판을 여하히 거느냐에 따라 투숙객이 모이는 까닭이다. 옛날은 투숙객을 백성이라고 했고 지금은 국민이라고 할 뿐 명성을 탐해 별별 주막을 열고 난전을 펴는 모양은 여전하다. 옛날 인의라는 주막이 이제는 민주와 자유라는 주막으로 바뀌었을 뿐 온 사람을 어지럽게 하여 명성을 한몫 잡아 보려는 버릇이 없어진 것은 아니므로 노자의 말이 거슬리지 않을 게다.

장자는 인생을 주막이라고 말한 적이 있다. 모든 사람은 명에 따라 묵었다 가는 길손일 뿐이다. 그런데 그 주막의 주인이 되어 보겠다는 사람들은 세상을 다스린다는 욕심을 갖게 된다. 노자는 인의가 주막 같은 것이라고 질타한다. 장자의 주막은 사람이 머물다 가는 곳이고 노자가 말하는 주막은 사람을 끌어다 묶어 두는 곳인 게다. 공자가 그런 주막의 주인이 되고 싶어서 쉰한 살이 되도록 도를 몰랐다고 꾸중을 하고 있는 중이다.

"재산을 좋아하는 사람은 그것을 내놓을 수가 없고 영달을 좋아하는 사람은 명성을 내줄 수가 없는 게요. 권력을 탐하는 자는 그 권세를 남에게 내줄 수 없다 이거지요. 그것들을 잡고 있을 때는 빼앗기지 않을까 싶어서 두려워하고 그것들을 잃었을 때는 슬퍼하지요. 반성은커녕 쉴 새 없이 움직이며 그것들에 정신을 팔아 버리오. 이들은 하늘의 벌을 받는 게요."

노자가 공자를 나무라야 하는 것은 결국 하늘의 벌 때문이다. 은혜를 베푼다면서 원한을 사고 빼앗거나 내주고 회유하고 가르치고 살리거나 죽이는 이 여덟 가지가 정치의 수단이 아니냐고 노자가 따진다. '공자여, 왜 이러한 수단의 앞잡이가 되어 이곳저곳을 기웃거리며 제왕의 사랑을 얻어 보려고 안절부절못하는가.' 그래도 공자는 묵묵부답이다.

노자는 아무데도 걸림 없는 사람만 이 여덟 가지의 수단을 활용할 수 있을 뿐임을 밝힌다. 그렇지 않고 욕심이 많은 인간이 그 수단을 부리면 세상은 탈이 나서 앓는다. 이것은 치자들이 낸 병이고 그 병을 백성과 산천이 앓아야 한다. 백성이 무슨 죄가 있는가. 산천이 무슨 죄가 있는가. 백성이나 산천은 항상 자연일 뿐이다. 치자여 세상을 다스린다고 말하지 마라. 세상을 팔아서 한몫 잡아 명성과 부귀와 권세를 누린다고 말하라. 이것이 치자들이 감추어 둔 진의가 아닌가.

8. 〈추수(秋水)〉의 인물들

무엇을 안다고 뽐내나

달에서 보면 우리가 사는 지구라는 것도 세 살박이가 굴리고 노는 도롱태만 하게 보인다. 우주를 하나의 잔디밭이라고 친다면 우리가 사는 세상은 한 잎의 잔디에 불과할 뿐이다. 이를 안다면 크다고 우쭐댈 것도 없고 작다고 기죽을 필요도 없다.

높은 산은 높아 쉴 새 없이 깎여서 낮아지고 낮은 들은 낮아 쉴 새 없이 쌓여서 높아진다. 태산이 높다는 것은 지금이고 들판이 낮다는 것은 지금일 뿐이다. 시간은 쉴 새 없이 흐르고 만물도 그것에 따라 쉴 새 없이 변한다. 오늘은 흘러간 어제가 얼마인지를 모르고 흘러올 내일이 얼마인지를 모른다. 오늘은 태산이 높고 들판이 낮다지만 내일이면 태산이 낮고 들판이 높아진다는 것을 안다면 누가 이것은 높고 저것은 낮다고 단정할 것인가.

나무 열매 속에 든 씨앗은 작고 그 씨앗을 품은 열매는 크다고 할 것은 없다. 씨앗이 크고 열매가 작은 것이다. 씨앗 속에는 뿌리가 들어 있고 등걸과 줄기와 가지가 들어 있으며 꽃과 열매가 들어 있는 까닭이다. 어디 이뿐인가. 하나의 씨알 속에는 흙 속의 기운을 빨아들이고 물을 마실 힘이 있으며 빛살을 받고 바람으로 숨을 쉴 힘이 들어 있다. 그래서 태어나 살다가 죽어 갈 시간이 들어 있으며 땅에 자리를 잡고 모습을 갖출 공간이 이미 들어 있고 갖가지의 빛깔과 냄새들이 들어 있다. 열매는 씨앗의 한 부분일 뿐이 아닌가. 누가 열매는 크고 씨앗은 작다고 할 것인가.

양반은 귀하고 상것은 천하다던 시절이 있었다. 양반의 어린애가 늙은 상것의 등에 업혀서 이놈아 빨리 가거라 하면 늙은 상것은 예예 하면서 동동걸음을 쳐야 했었다. 양반은 마음을 쓰므로 벼슬을 해야 하고 상것은 몸을 쓰므로 일을 해야 한다고 했다. 말하자면 사람의 마음과 몸을 갈라놓고 마음을 쓰는 쪽이 귀하고 몸을 쓰는 쪽은 천하다고 결정을 내린 셈이다. 그리고 이러한 결정을 하늘의 뜻이라고 양반은 호령을 했었다. 그러나 지금 양반이 어디 있고 상것이 어디 있단 말인가. 모두 양반인 셈이고 상것인 셈이 되고 말았다. 그렇다면 무엇이 귀하고 무엇이 천하다는 분별이란 인간의 짓거리에 불과한 것이 아닌가.

세상은 변한다. 만일 반상(班常)이 천륜(天倫)이었다면 어떻게 변할 수가 있었을 것인가. 천륜만은 변하지 않는다. 그것을 도라고 생각하면 된다. 모든 것을 변화하게 하는 그 무엇은 변하지 않는다. 변화하는 것이 변화를 관장한다면 문란해진다. 도가 변화를 주재하므로 변화의 질서를 얻는다. 변화의 질서를 자연이라고 여기면 된다.

낮은 것도 없고 높은 것도 없다. 큰 것도 없고 작은 것도 없다. 귀한 것도 없고 천한 것도 없다. 그대로 있는 것이 있을 뿐이다. 그래서 자연을 그대로 있는 것이라고 한다. 그러니 자연은 지식을 모른다. 그것을 모르므로 자연은 분별을 모른다. 분별을 모르므로 차별을 모른다.

무엇은 크고 무엇은 작고, 무엇은 높고 무엇은 낮고, 무엇은 귀하고 무엇은 천하고, 무엇은 좋고 무엇은 싫고, 무엇은 맞고 무엇은 틀리고 등등은 사람의 지식이 그렇게 할 뿐 자연은 모른다. 자연은 장미꽃은 예쁘고 호박꽃은 밉다고 여기지 않는다. 다만 사람들이 그렇게 말할 뿐이다. 만물은 다 같다. 평등하므로 자연은 사랑을 모른다. 사랑하므로 증오하는 것이 아닌가. 자연은 사람이 말하는 자유를 모른다. 자유가 있으므로 구속이 있다. 법이 보호하는 자유를 보라. 법이 구속하는 사람을 보라. 만물이 다 같으므로 자연의 자유는 자유(自遊)이다. 스스로 즐겁고 스스로 노니는 것을 자유(自遊)라고 한다. 〈추수〉 편의 우화는 이러한 자유를 이야기한다.

장자는 차별하고 분별하는 인간의 지식이 얼마나 허망하고 변덕스럽고 꾀죄죄한 것인가를 체험하게 한다. 지식의 볼모가 되어 스스로 묶어 매지 말라고 한다. 하나를 알고 둘을 모르면 그 하나가 전체인 양 고집을 하고 시비를 건다. 이것이 사람을 막막하게 하고 모든 불행을 자초함을 쉬운 이야기로 〈추수〉 편의 우화는 들려준다.

스스로 즐기고 스스로 노니는 것을 인간이 잊은 지 오래되어 이제는 아예 잊어버려 자유가 무엇인지도 알지 못한다. 장자는 그 자유를 잊지 말라고 부탁한다. 잠을 이루지 못하는 현대인을 위해 그렇게 한다.

(1) 임자를 만난 하백(河伯)

하백은 황하를 관장하는 신이다. 가을에 홍수가 일어 황하의 물이 불어나니 하백은 이 세상에서 자기보다 위대한 것은 없다고 기세가 등등하다. 강변이 넘쳐 산하는 물에 덮이고 강변에서 풀을 뜯던 말이나 소를 분간할 수 없을 만큼 도도하게 황하가 흐른다. 하백은 이러한 광경을 보고 대견해 한다. 이 웅장한 황하의 주인이 바로 천하 제일이라 하면서 동으로 물길을 따라 하백은 기세등등하게 흘러갔다.

하백이 드디어 북해에 이르렀다. 바다에 이른 황하가 바닷속으로 흔적없이 사라져 버리자 하백은 어안이 벙벙해진다. 천하 제일로 알았던 황하가 바다에서는 한방울의 물방울처럼 기어들어 하백은 한숨을 짓는다. 그래서 하백은 북해약(北海若)을 향해 얼굴을 돌려 올려다본다. 북해약은 북해의 신이다.

"공자의 지식도 작은 것이라든가 백이의 지조도 가벼운 거라는 말을 들었으나 믿지 않았습니다. 지금 나는 당신의 무궁한 모습을 보았습니다. 만일 내가 당신 앞에 오지 않았더라면 도를 터득한 이들로부터 비웃음을 사고 말았을 것입니다." 이렇게 하백이 북해약을 향해 조아렸다.

"우물 안 개구리에게 바다를 이야기한들 무슨 소용이 있을 것이오. 제 사는 곳에 사로잡힌 까닭이오. 여름 벌레에게 얼음을 말해 무얼 하겠소. 살고 있는 철에 붙들린 까닭이오. 한 가지 지식뿐인 인간에게 도를 말해도 통하지 않음은 교육에 얽매인 까닭이오. 당신은 두 강 언덕 사이에서 나와 넓은 바다를 보고 비로소 스스로가 얼마나 꼴불견인가를 깨달은 셈이오. 천하의 물에 바다보다 더 큰 것은 없지요. 수만 갈래의 강들이 바다로 흘러오지만 넘치는 일은 없소. 바닷물이 새어 나가 언제 멈출지 모르나 텅 비는 일도 없고 봄 가을로 변하는 일도 없고 홍수나 한발도 모르오. 그렇다고 내 스스로 많다고 한 적도 없지요. 내가 천지 사이에 있다는 것은 자갈이나 작은 나무가 큰 산에 있는 거나 같은 게요. 스스로를 적다고 생각하는데 어찌 스스로 많다고 할 것이오." 북해약이 이렇게 타일렀다.

사방의 바다도 천지 사이에 있음을 헤아린다면 바다인들 하나의 물방울에 불과하리라. 하기야 두보란 시인이 천지는 하나의 조롱이고 일월은 그 속의 새라고 했으니 바다는 그 새보다 얼마나 작은가. 무얼 좀 안다고 거드름을 피우고 만물을 업신여기는 인간 역시 그 만물 속의 하나란 생각을 하면 풀잎 밑에서 쉬는 여치나 다를 게 없는 셈이다. 여치도 만물 중의 하나이고 사람도 그중의 하나인 까닭이다. 이렇게 보면 달리는 말의 몸에 붙어 있는 털끝 하나와 같은 게 인간이 아닌가.

"백이가 임금 자리를 마다하여 명성을 얻었고 공자는 속된 것을 말해서 박식하다 하오. 이들이 스스로 뛰어난 점이 많다고 여기고 있는 것은 아까 당신이 황하의 물이 많다고 자랑했던 것과 같은 것이오."

북해약의 위와 같은 말을 들은 하백은 스스로 부끄러워한다. 만물 중에서 사람만이 부끄러워할 줄 안다고 높이 친다. 그러나 부끄러운 짓을 하지 않을 것은 아니다. 자연에게 가장 부끄러운 것은 무엇을 차별하고 시비를 거는 짓임을 인간은 모른다. 골목에서 교미하는 개를 보면 여인들은 낯을 붉히고 외면을 한다. 그렇다고 그 아낙이 성교를 하지 않는 것은 아니다. 다만 몰래 그짓을 할 뿐이다. 사람이 안다는 부끄러움이란 이 정도에 불과한 것이 아닌가. 천지에서 무엇을 감춘단 말인가. 하늘이 무섭다는 것은 아무것도 속일 수 없다는 말이다. 하백은 북해약 앞에서 자신이 옹졸했음을 솔직히 자인하면서 부끄러움을 감추지 않는다.

만일 인간이 옹졸한 부끄러움을 감추지 않는다면 하백처럼 북해약의 말을 듣고 깨우칠 수 있을 게다. 그러나 인간은 부끄러움을 감추고 연기를 할 줄 안다. 그러한 연기의 절정이 곧 인간은 만물의 영장이요, 만물의 척도란 선언이 아닌가. 그래서 인간은 기고만장이다.

한강을 끼고 번창하는 서울에도 하백들이 많이 산다. 지위가 높아 세상을 돈짝만 하게 보는 하백이 있고 돈이 많아 세상을 한 평의 땅으로 여기는 하백 등등 별의별 하백이 한강변에도 많다. 그들에게 우물 안의 개구리라고 직언을 하면 장자는 옥살이를 할 게다. 옛 하백은 북해약을 만났지만 지금 하백은 북해약을 피한다. 그래서 한강 하백은 서해 바다를 피하는 중이다.

(2) 걸림이 없는 북해약(北海若)

천지는 크고 털끝은 작다고 해도 되겠느냐고 하백이 북해약에게 물었다. 그러나 북해약은 그러지 말라고 타이른다. 사물의 수량은 끝이 없고 시간의 흐름은 멈추지 않는다. 처음과 끝은 되풀이되지만 집착하지 않으므로 참된 지혜를 터득한 자는 먼 곳 가까운 곳을 두루 살핀다고 북해약은 살펴 준다. 참된 지혜는 어떤 것일까? 자연의 걸림 없는 모습을 터득한 것일 게다. 바람을 맡고 비가 올 것을 아는 촌로나 바다에서 물색을 보고 고기 떼를 찾아내는 수장(水長)은 자연의 말씀을 보고 들을 줄 아는 지혜를 나름대로 터득한 셈이다. 이러한 지혜는 교실에선 배울 수가 없을 게다.

"작다고 깔보지 않고 크다고 뛰어나다 하지 않아요. 사물의 수가 끝이 없음을 아는 까닭이오. 옛일이라고 해서 무관심하지 않고 요즈음의 일이라고 해서 허둥대지도 않아요. 시간은 멈추는 일이 없음을 알기 때문이오. 가득차고 텅 비는 것을 살피지요. 그래서 얻었다고 기뻐하거나 잃었다고 울적해하진 않아요. 사물의 운명이 일정치 않음을 알기 때문이라오. 그리고 도가 평등함을 밝히오. 살아 있다고 기뻐하지 않고 죽음을 역겨워하지 않아요. 시작과 종말에 집착하지 않아야 함을 알기 때문이라오. 사람이 아는 바를 헤아린다면 알지 못하는 것에는 미치지 못하오. 일생의 시간이 태어나기 전의 시간에는 도저히 미치지 못하오. 이처럼 아주 작은 것이면서 턱없이 큰 세계를 밝히려 하니까 혼란을 일으키고 스스로 만족을 못하지요."

북해약의 이야기를 듣다 보면 참된 지혜가 어떤 것인지를 터득하게 된다. 묶여 있는 사람을 풀어 주는 것이 그 지혜일 게다. 스스로 하나를 알면 둘을 알게 하는 눈이나 귀가 바로 그러한 지혜로 이어지는 것이다. 어찌 천지는 크고 털끝은 작다고 할 것인가. 이러한 분별은 사람의 짓일 뿐이다. 그래서 학문에서도 미시의 학문이 어떻고 거시의 학문이 어떻다고 아옹다옹하는 셈이 아닌가. 크고 작음이 하나인 것을 안다면 그런 다툼은 참으로 하찮은 것일 게다.

다시 하백이 북해약에게, 세상의 논객들이 지극히 작은 것은 형체가 없고 지극히 큰 것은 둘러쌀 수가 없다고 하는데 어떠냐고 물었다. 그러자 북해약은 작은 입장에서 큰 것을 보면 다 볼 수가 없다고 말해 주면서 이야기를 다음처럼 이어 간다.

"큰 입장에서 작은 것을 보면 분명하게 알아볼 수 없다오. 지극히 크다거나 지극히 작다 함은 각자의 편의대로 용도가 다름이고 상황에 따라 있는 것이오. 말로 설명할 수 있는 것은 만물 중의 큰 것이고 마음으로 알 수 있는 것은 지극히 작은 것이지만, 말로 설명할 수 없고 마음으로도 살필 수 없는 것은 크든 작든 문제로 삼지 않아요."

북해약은 큰 사람의 마음과 행위를 이야기하고 있는 중이다. 대인은 남을 해치지 않고 돕는 일 따위도 앞세우지 않는다. 일할 때는 남의 힘을 빌리지 않고 스스로 살아가는 것을 훌륭하게 여긴다. 그리고 행동은 대중을 따르되 아첨하지는 않는다. 본래 대인이라면 시비는 분별할 수 없고 크고 작음도 구분할 수 없다는 것을 안다. 대인은 누구인가?

"도를 터득한 사람은 명성을 듣지 않고 덕을 지닌 사람은 덕을 지니지 않는다오. 위대한 인물은 자기가 없다고 하오만, 이야말로 스스로 본분을 지키는 극치가 아니오."

이렇게 북해약은 응답해 준다.

황하의 신인 하백은 북해의 신인 북해약의 말을 듣고 어떻게 되었을까? 황하에서 우쭐댔던 하백은 북해에서 한숨을 쉬었지만 황하보다 더 큰 것이 있음을 알았고 황하가 작음을 알게 되었다. 그러나 크고 작음이란 시비나 분별의 덫에 걸린다는 생각을 버렸다. 하백은 황하의 자연을 알았고 북해의 자연을 안 셈이다. 무엇이 크면 어떻고 작으면 어떻단 말인가.

큰 차를 타야 사람이 크게 보이고 작은 차를 타면 작게 보인다는 서울이 우습다. 큰 평수의 아파트에 산다고 작은 평수에 사는 사람을 얕보는 사람들이 우습다. 무엇을 좀 안다고 전문인 행세를 톡톡히 하는 지성이라는 것이 우습고 부유하다고 가난을 업신여기는 인심이 우습다. 물론 그 웃음은 북해약이 짓는 게다. 비웃음이라고 여길 것은 없다. 다만 시비와 차별의 동아줄로 꽁꽁 묶여 있는 인간들이 자연을 팔아서 물질을 사고 물질을 팔아서 돈을 사고 그 돈이 바로 자기의 보증수표라고 우기는 것이 탈일 뿐이다. 북해약이여, 그대의 이야기를 서울의 어느 누가 들어나 주겠는가.

(3) 애걸하는 하백

　나는 무엇을 해야 할까요? 아니면 무엇을 하지 않아야 될까요? 나는 결국 어찌해야 합니까? 이렇게 하백이 북해약 앞에서 읊조린다. 졸아든 하백을 북해약은 북돋워 줄 리도 없고 도와 줄 리도 없다. 다만 스스로 알아서 하라고 이야기를 다음처럼 계속할 뿐이다.

　"도에는 무엇은 귀하고 무엇은 천하다는 일은 없소. 이를 끝없는 변화라 하오. 당신의 뜻을 구속하지 마시오. 그러면 도에 어긋날 뿐이오. 무엇이 많고 무엇이 적다는 것도 없어요. 이를 변화에 순응함이라 하오. 당신의 행위를 하나로 고정하지 마시오. 만물은 고루 감싸고 특별히 무엇 하나를 골라 돕지도 않소. 이를 어디에도 치우치지 않는 자유라 하오. 만물은 평등할 뿐이오. 도에는 시작도 끝마침도 없지만 사물에는 생사가 있지요. 한 사물의 생사는 그 사물의 완성이오. 그러니 생사에 매달릴 것은 없지요. 때로는 텅 비고 때로는 차기도 하여 그 모습이 한자리에 있질 못하오. 세월은 막을 수가 없고 시간은 멈출 수가 없지요. 쓰러졌다가 일어나고 찼다가 텅비곤 하여 끝났다 싶으면 다시 시작하오. 이것이야말로 도의 참뜻을 말하고 만물의 이치를 밝히는 셈이지요. 사물이 생겨남이 마치 달리는 말처럼 빠르다오. 움직여 변화하지 않는 것이 없고 시간에 따라 변동하지 않는 것이란 없단 말이오. 그러니 무엇을 해야 할까, 무엇을 하지 않아야 될까요라고 말할 것은 없을 것이오. 모든 것은 본래 스스로 변화하게 마련이오."

　우리 모두가 하백이 되어 북해약의 이야기를 듣는다면 마음속에 새살이 돋아날 게다. 몸을 깨끗이 씻고 깨끗한 내복을 입고 멋진 겉옷을 걸치고 의젓하게 걷는다고 마음속까지 깨끗하다고 말해도 되는 것일까? 아무도 그렇다고 잘라 말할 수 없는 것이 솔직한 사실이다. 털어서 먼지 안 나는 호주머니가 있느냐? 하나도 없다는 말이다. 어디 그 호주머니가 옷에 붙은 것인가. 마음의 속주머니를 말할 뿐이다.

현대인의 마음속 주머니에는 무엇이 있을까? 하기야 창자 속에도 분뇨가 꽉 차 있으니 마음속엔들 깨끗한 것만 있을 리가 만무하다. 북해약의 이야기로 따진다면 선악이 따로 없고 상하 대소가 따로 없을 것이고 귀천이 따로 없다. 그러나 인간의 속주머니에는 그런 것들만이 들어 있다. 그것들을 감춘다고 없어지는 것은 아니다. 북해약은 지금 그것들을 속주머니에서 털어 내라고 타일러 주고 있는 셈이다.

차별의 욕심, 분별의 욕심, 구별의 욕심 등등이 세상에서 탈이 된다는 것을 사람들이 모르는 바는 아니다. 이런 저런 욕심들을 탈탈 털어 버린다면 심신이 홀가분해진다는 것도 모르는 바 아니다. 그러나 털어 버리지 못하는 인간은 무엇 때문일까? 집착 때문일 게다. 사물에 집착하는 것은 그 사물이 끝없이 변화한다는 사실을 모르는 탓이다. 끝없는 변화 그것을 북해약은 반연(反衍)이라고 하백에게 알려 준다. 만일 그러한 변화에 순응한다면 집착의 덩어리가 욕심이란 기름덩이로 옮아가진 않을 게다. 그러한 순응이 바로 사시(謝施)라고 북해약은 말한다. 집착이란 무엇인가? 무엇에 대한 편애가 아닌가. 편애는 마음을 사로잡아 한쪽으로만 몰아간다. 그래서 고루 감쌀 줄을 모르게 된다. 고루 감싸는 것을 무방(无方)이라고 한다.

북해약은 하백에게 무엇을 하라고 가르쳐 주진 않는다. 다만 이야기를 던지고 있을 뿐이다. 이것이 바로 배우게 하는 것이 아니라 터득하게 하는 수법인 게다. 그래서 장자는 우화로 깊은 철학을 이야기하는 셈이다.

사람들은 누구나 그 속을 들여다보면 반항인들이다. 완전히 만족하며 사는 사람이 없다는 사실이 이를 증명하는 게다. 그러나 그 만족이란 것이 무엇일까? 얼마만큼이나 출세를 하면 만족할까? 치자의 꿈이 있는 자는 대통령이 되면 만족할까? 대통령이 되면 죽을 때까지 그 자리에 있으면 하는 욕심 탓으로 그만 만족을 잃어버린다. 얼마나 부자가 되면 만족할까? 여기에도 만족이란 없다. 밤마다 다다익선이란 사나운 꿈이 묶어 놓는 까닭이다. 이러한 욕심은 어디서 비롯되는가? 그 근원을 인위라고 여기면 된다.

그러나 무위는 그러한 만족이 아니다. 꽃가게에 가서 장미꽃 한 송이의 값을 묻는 것은 인위인 게다. 장미꽃 빛깔을 보고 미소를 짓는 그 마음속은 이미 무위인 게다. 거기에 무슨 걸림이 있을 것인가. 하늘을 나는 새를 보고 마치 시간이 흐르는 모습처럼 보아도 그게 바로 무위인 게다. 이렇게 마음을 풀어 놓으면 된다. 눈 감으면 코 베어 가는 세상에서 무슨 소리냐고 묻는다면 할 말은 없지만.

(4) 후련해진 하백

하백은 서서히 황하에 사로잡혔던 자신을 풀어 낸다. 그러나 귀천이 없다는 북해약의 말을 듣고 그렇다면 왜 도를 귀하다 하느냐고 묻는다. 그러나 북해약은 사물을 스스로 해치는 일이 없는 까닭이라고 밝혀 준다. 인간은 이로운 일을 하면 박수를 치다가 해로운 일을 하면 욕을 한다. 그러나 인간이란 인위의 종살이를 해야 하는 까닭으로 오른손이 이로운 일을 하면 왼손이 시샘을 하고 죄를 저질러 보려는 용심을 부린다. 이러한 용심에는 귀천이 있을 것이다.

해치는 일이 없는 도를 귀하다 한들 어떻고 천하다 한들 어떨 것인가. 공작의 꼬리깃에도 도는 있는 것이고 돼지의 꼬리털에도 도는 있다. 입으로 먹는 밥 속에도 도는 있고 항문으로 나오는 똥 속에도 도는 있다. 밥 속에 있는 도를 귀하다 하고 똥 속에 있는 도를 천하다 할까? 먹었으면 배설을 해야 만물은 산다. 그렇다면 어찌 밥이 귀하고 똥이 천할 것인가.

도와주는 것이 덕이 아니라 해치지 않음이 덕일 게다. 불쌍한 사람을 돕는 것은 이미 세상이 그를 해친 까닭이다. 해치는 일이 없다면 애초에 도울 일도 생겨나지 않는다. 그래서 지극한 덕을 지닌 이는 불을 뜨겁게 할 수가 없고 물도 빠지게 할 수가 없으며 춥다고 떨거나 덥다고 훅훅거리지 않는다고 말하지만, 그건 그가 안전과 위험을 잘 살펴 화든 복이든 간에 그의 마음에 흔들림이 없다는 말일 것이다. 그러니 덕이 있는 사람을 무엇이 해칠 것인가. 무슨 일이 잘못되면 부덕했던 탓이란 말을 한다. 이렇게 뉘우친다고 덕이 있게 되는 것은 아니다. 본래 덕이란 안에 있기 때문에 말과는 아무런 관계가 없는 까닭이다. 지극한 덕을 하늘의 자연이라고 장자가 말하는 것은 바로 이를 두고 밝혀 둔 셈일 게다.

이제 하백은 편안한 마음으로 하늘의 자연이 무엇이고 인간의 작위가 무엇이냐고 묻는다. 그러자 북해약은 다음처럼 응답해 준다.

"소와 말에게 각기 네 개의 발이 있다는 것, 이것이 하늘의 자연이오. 말머리에 고삐를 매고 소의 코에 구멍을 뚫는 것, 이것이 사람의 작위인 게요. 그래서 인위로 자연을 파멸시키지 마라, 고의로 천성을 망치지 마라, 덕을 명성에 팔지 말라고 하오. 자연 그대로를 지켜서 잃지 않도록 하는 게 참된 도로 돌아간다고 하는 게요."

하백에게 들려준 북해약의 이야기는 이렇게 끝난다. 이들 사이의 대화는 물론 우화다. 지금 우리는 이보다 더 뜻이 깊은 철학을 만나기 어렵다. 왜냐하면 북해약과 하백 사이의 대화는 바로 우리의 운명을 우리의 손으로 망치고 있다는 사실을 말하고 있는 까닭이다.

소나 말의 네 발은 그것들을 편하게 한다. 마음대로 다니며 달리며 풀을 뜯고 새끼를 치고 명대로 살다가 죽어 갈 수 있는 것이 바로 자연이다. 그러나 소의 코를 뚫어 구멍을 내고 코뚜레를 끼워 사람을 위해 피땀을 흘리게 하는 짓은 소를 얼마나 해치고 불편하게 하는 짓인가. 말의 머리에 고삐를 매고 입에다 재갈을 물려 등에 올라타고 채찍질을 하면서 사람들은 얼마나 많은 전쟁을 하였던가. 명대로 살다가 갈 수 없게 하는 것이 인위이다.

사람들은 인위를 문화라 하고 문명이라고 말한다. 문화가 자연에 맞추어 걸음을 걸을 때도 있었다. 그때는 사람의 힘으로 나무를 끊었고 짐승을 잡았고 고기를 잡았다. 그리고 자연을 둥지로 알고 살았다. 그러나 새 새끼가 크면 둥지를 떠나는 것은 자연을 따르는 일이지만 사람이 그렇게 떠난 뒤로는 자연을 어기는 일을 일삼아 왔다. 지금은 그렇게 자연을 어기는 일들이 곳곳에서 갖가지로 절정에 이르고 있는 중이다. 그러한 절정을 현대 문명이라고 한다.

현대 문명의 인간이 되어 참으로 편한가? 인간이 달에도 갔고 컴퓨터가 사람의 머리를 대신해 주고 뱃속에 든 태아의 성별도 감별해 주고 안방에서 TV로 오만 것을 볼 수 있어서 편하단 말인가. 먹을 것이 많고 살 데가 많고 어디든 삽시에 갈 수 있어서 좋고 만 가지의 약들이 있어서 병이 들면 고칠 수 있어서 행복하단 말인가. 현대 문명이 사람의 몸을 편하게 할 수는 있어도 철저하게 돈을 주어야만 그렇게 해 준다. 현대 문명이 사람의 마음을 편하게 해 주지는 못한다. 사람들이 이 점을 조금만 안다면 북해약의 이야기를 흘려듣진 않을 게다. 마음을 편케 하는 것이 무위인 까닭이다.

(5) 조롱받는 공손룡(公孫龍)

조(趙) 나라 시절 이론학파의 대표자가 공손룡이다. 그는 옛 성 왕의 도를 배우고 자라서는 인의를 행하는 데 밝다고 자랑을 했다. 같다고 여겼던 것과 다르다고 여겼던 것을 하나로 합치고 굳은 것과 흰 것을 둘로 갈라놓아 그렇다는 것을 그렇지 않다 하고 그렇지 않다는 것을 그렇다고 하여 많은 학자들을 괴롭히고 수많은 변론을 궁지로 몰아 넣으며 기고만장했다. 공손룡은 스스로 자신이 지극한 경지에 이르렀다고 스스로 생각하고 있었다. 이런 공손룡이 위(魏) 나라의 모(牟)를 만나 장자의 말을 듣고 난 뒤로 멍해져 버렸다고 다음처럼 실토를 한다.

"제 변론이 장자에게 미치지 못하는 건지 제 지혜가 그만 못한 건지 알 수가 없습니다. 지금 제 입마저 벌릴 수 없는 지경입니다. 부디 장자의 도를 알고 싶습니다."

이 말을 들은 모는 의자에 앉은 채로 한숨을 쉬고는 하늘을 우러러 묘한 웃음을 짓는다. 모의 눈에 공손룡은 자질구레한 것을 거창한 것으로 둔갑시켜 사람을 혹하게 하고 정신 나가게 하는 말꾼으로 보였을 게다. 세 치 혀를 믿는 놈치고 믿을 놈이 못 된다는 것은 언제나 마찬가지가 아닌가.

"자네는 무너진 우물 안의 개구리 이야길 못 들었나. 그 개구리가 동해에 사는 자라를 만나자 이렇게 자랑을 했다네. '나는 즐거워. 우물 난간에서 깡충거리며 뛰놀다 안에 들어가선 깨어진 벽돌 끝에서 쉬고 물 위에 엎드려 겨드랑이를 찰싹 붙인 채로 턱을 들고 진흙을 차면 발이 빠져 발목까지 잠긴다네. 물장구나 게나 올챙이를 두루 보아도 나만한 것이 없다네. 구멍 안의 물을 내 멋대로 하고 무너진 우물 안의 즐거움에 편히 머물러 있다는 것은 최고일세. 자네도 간간히 와서 들어와 보는 게 어떻겠나.'"

이 말을 들은 동해의 자라가 왼발 하나를 들여 넣기도 전에 오른쪽의 무릎이 우물에 끼어 버리고 말았다. 망설이던 자라가 뒤로 물러나와 개구리에게 다음처럼 바다를 이야기해 준다.

"천 리의 먼 거리로 바다의 크기를 보기로는 충분치 못하고 천 길의 높이로도 바다의 깊이를 다하기에는 부족하다네. 우 왕 시절 십 년에 아홉 번이나 홍수가 났었지만 바닷물은 불어나지 않았고 걸 왕 시절 팔 년에 일곱 번이나 가뭄이 일었지만 바닷물은 줄지 않았지. 시간이 길고 짧음에 따라 변하지도 않고 비가 많고 적음에 따라 불어나거나 줄지도 않는 것이 동해 바다의 즐거움이라네."

모는 왜 공손룡에게 우물 안의 개구리와 동해의 자라 이야기를 하는 것일까? 공손룡의 이론 따위야 낡은 우물 속의 한줌의 물에 불과하고 장자의 말은 동해의 물과 같다는 이야기인 셈이다. 어찌 우물 안의 개구리가 말하는 즐거움 따위가 동해의 자라가 말하는 즐거움을 알 것인가.

"자네가 장자의 말을 알려 하다니 이는 모기에게 산을 지우고 노래기더러 황하를 말리게 하는 짓일세. 깊고 깊은 뜻을 논할 줄은 모르면서 한때의 명성에 스스로 만족하는 자는 저 우물 안의 개구리가 아니

겠나. 장자는 그윽이 깊은 데서 비롯하여 드넓은 자연의 조화로 돌아
간다네. 그런데 자네는 어리둥절해져 그 얄량한 분석으로 그를 찾아
보려고 하고 허망한 변론 따위로 그를 좇고 있는 것일세. 가는 대롱
구멍으로 하늘을 보고 송곳을 꽂아 땅을 재는 짓에 불과하다네. 어찌
자네가 장자의 말을 들을 것인가. 어서 돌아가게."

　모는 이렇게 말을 마친다. 이러한 이야기를 들으면 누구나 자신을
돌이켜 보게 된다. 얼마나 옹졸했는가. 얼마나 자질구레하게 굴었는
가. 아니면 얼마나 벽창호였는가. 등등의 자문은 나를 부끄럽게 할 수
도 있지만 두 번 다시 부끄럽지 않게 해 줄 수도 있는 일이 아닌가.

　비가 많이 와도 걱정이고 비가 오지 않아도 걱정인 것을 미리 안다
면 좁은 우물에서 사는 개구리일지라도 물이 넘쳐 쓸려 가지 않을 것
이고 물이 없어 말라 죽지 않을 게다. 다만 우물도 있고 실개천도 있
고 내도 있으며 강이 있고 바다도 있다는 것을 알면 우물 안의 개구리
일지라도 부끄러울 것은 없다. 나아가 바닷물은 짜고 우물의 물은 맹
물인 것을 알고 사는 곳에 따라 즐거움이 있다는 것을 안다면 동해의
자라에게 기가 죽을 것도 없을 게다. 자연의 즐거움이란 어디에나 있
는 까닭이다. 다만 마음이 꽉 막혀서 하나밖에 모른다는 것을 자랑으
로 여길 때만 마음속이 무너져 메마른 우물처럼 될 뿐이다.

(6) 제 발에 밟힌 혜자(惠子)

　혜자는 장자의 벗이었다. 하지만 서로 뜻은 달랐다. 혜자는 논리를
앞세웠던 까닭이다. 시비가 무성해야 논리는 번성한다. 장자는 시비
를 말라고 한다. 장자는 그것을 하찮게 여기고 혜자는 제일로 여겼으

니 그 둘은 벗일망정 서로 뜻은 달랐다.

혜자가 양 나라의 재상으로 있을 때 장자가 그를 찾아가 만나려 하자 어떤 자가 혜자에게 장자가 와서 당신 대신 재상이 되고 싶어한다고 고자질을 했다. 이 말을 들은 혜자는 두려워 사흘 밤낮 동안 장자를 찾게 하였다. 장자가 이를 알고서는 직접 찾아가 혜자에게 다음처럼 말했다.

"남방에 새가 있는데 그 이름이 원추(鵷鶵)라오. 자네도 그 새를 아는가? 대개 원추는 남해에서 출발하여 북해로 날아간다네. 오동나무가 아니면 머물지를 않고 멀구슬나무의 열매가 아니면 먹지도 않고 감로천(甘露泉)이 아니면 마시지도 않는다네. 그런데 썩은 쥐를 얻은 올빼미가 있다가 원추가 지나가니 위를 쳐다보고는 꿱 하고 소리를 질렀다는 거요. 지금 그대는 양 나라의 벼슬 자리 때문에 꿱 하고 소리를 지를 건가."

본래 도둑은 도둑을 제일 무서워한다. 도둑이 도둑질한 것을 도둑질 당하면 어디에도 찾아달라고 호소할 수 없는 까닭이다. 그래서 도둑은 제 발소리에 놀란다. 그래서 혜자가 장자를 찾은 것이지 벗을 반기려고 찾은 것은 아닌 모양이다.

벼슬을 썩은 쥐처럼 여기는 장자를 혜자가 어찌 알 것인가. 혜자는 벼슬을 해야 부귀영화를 누린다고 믿는 마음인데 어찌 원추새가 머물 것인가. 멀구슬나무 열매 하나면 족하고 감로천의 물 한 모금이면 족한 원추새가 썩은 쥐를 쥐고 있는 혜자의 머리에 앉을 것인가. 혜자는 장자의 속을 몰랐고 장자는 혜자의 속을 알았다. 넘겨짚기를 능사로 하면 제 허리를 제가 꺾는 법이고 제 속을 짚어 남의 속을 재단하면 제 꾀에 제가 빠져 망신을 당하는 법이다. 혜자여, 그대는 천하의 꼴불견이 되었음을 아는가.

장자가 혜자와 함께 물길에 놓인 징검돌 근처에서 노닐고 있었다. 문득 장자가 물고기들이 한가롭게 헤엄치고 있다고 말하면서 이게 바로 물고기의 즐거움이라고 했다. 그러자 혜자는 자네는 물고기가 아니라고 되받고는 어찌 물고기의 즐거움을 안단 말이냐고 면박을 주었다.

"그대는 내가 아니오. 그런데 어찌 내가 물고기의 즐거움을 알지 못한다는 걸 안단 말이오." 이렇게 장자가 다시 되받았다.

"나는 그대가 아니니까 물론 그대를 알지 못하고, 그대가 물론 물고기가 아니니까 그대가 물고기의 즐거움을 알지 못한다는 것은 확실하단 말이오." 이렇게 혜자가 또다시 역습을 했다.

"자, 처음 그대가 했던 말로 돌아갑시다. 그대가 나에게 어찌 물고기의 즐거움을 안단 말이냐고 반문했지만 이미 내가 그것을 안다는 것을 알고서 물어 온 게요. 나는 징검돌 근처에서 물고기의 즐거움을 알았단 말이오." 다시 이렇게 장자가 혜자의 논리를 되돌려 주었다.

장자는 아는 것이 많고 무엇을 잘 따져서 시비를 내걸고 그 시비를 구변 좋게 짚고 넘어가려는 해결사를 믿지 않는다. 마음속이 각박하고 모가 나서 뾰족하기가 송곳 같아 남을 해치거나 상처를 잘 내는 무서운 인간을 장자는 믿질 않는다. 수더분하면서도 항상 마음속이 넓고 헐렁해서 남으로부터 손해를 받을지언정 남을 이용하거나 속일 줄 모르는 사람을 믿는다. 장자는 겉만 말끔할 뿐 속이 음흉한 인간을 부끄럽게 한다.

그러나 장자를 만나면 아무런 부담이 가지 않는 즐거움을 내 스스로 발견할 수가 있다. 무위의 즐거움을 심오한 철학의 경지로 몰 것은 없을 게다. 산에 가서 이 산을 돈으로 치면 얼마짜리가 될까를 알고 싶은 사람은 그 산의 평수만 알면 간단하다. 그리고 몇 년이 지나 얼마를 남겨서 팔면 이익이 많을 거라고 속으로 흡족해 한다면 그것을 인위의 즐거움으로 보아도 된다. 그러나 산에 있는 나무들의 싱그러움, 지저귀는 산새의 소리들, 여기저기 피어 있는 이름 모를 산꽃들이 그대의 마음을 빼앗아가 버리면 바로 그러한 경우가 무위의 즐거움인 게다.

무위의 즐거움은 만물을 하나같이 안으므로 사람이 산을 만나면 산이 되고 새를 만나면 새가 된다. 그래서 물고기의 즐거움을 장자는 알지만 혜자는 물고기가 물속에 있다는 것만 알 뿐이다. 여기서 삶이 달라진 게다.

9. 〈지락(至樂)〉의 인물들

즐거움이 어디 있는가

세상에 즐거움이 있는 것인가 없는 것인가? 지금 무엇을 하고 무엇을 하지 않을 것인가? 무엇에 머물고 무엇을 따라가는가? 무엇을 잃어버리고 무엇을 즐기며 무엇을 싫어해야 하는가? 지극한 즐거움을 말하기에 앞서 장자는 이러한 질문을 던진다. 여기에 뭐라고 답해야 할까? 아마도 아무나 시원하게 답을 하지 못할 게다. 여래의 말씀처럼 삶은 고(苦)인 까닭이다. 장자도 이에 동의한다.

여래는 삶이 고이므로 깨우침[覺]을 찾으라 하였고, 장자는 태어나면 걱정과 더불어 살아가게 마련이므로 즐거움[樂]을 찾으라 한 셈이다. '욕심을 부리지 마라.' 이는 여래의 부탁이다. '욕심을 풀어 버려라.' 이는 장자의 부탁이다. 따지고 보면 '해탈하라'와 '무위하라'는 같은 말씀일 게다. 왜냐하면 해탈도 욕망을 버리란 말이고 무위도 그것을 버리란 말이기 때문이다.

그러나 사람은 욕망을 버릴 수가 없다. 그래서 삶이 고이고, 고이므로 삶의 즐거움을 누릴 수가 없다. 이러한 사실을 다 알면서도 그렇게 못하는 인간을 불쌍하다고 할까 아니면 고집통이라고 할까? 하여튼 모를 일이다.

약은 입에 쓰고 달지 않다. 그러나 사람의 입은 달면 삼키고 쓰면 뱉는 버릇을 버리지 못한다. 욕망이란 어린애 앞의 사탕과 같다. 입에 넣으면 달고 혀를 신나게 하는 사탕처럼 욕망은 사람의 마음을 그렇게 꼬여서 유혹하려고 한다. 부귀라는 사탕, 명예라는 사탕, 장수라는 사탕들이 사람의 애간장을 끓이고 가슴을 졸이게 하여 입질하게 한다.

입맛이 없으면 씀바귀 나물을 먹으라고 한다. 쓴 나물 맛이 입맛을 찾아주는 까닭이다. 욕심이나 욕망이 마음에 사탕이라면 즐거움은 마음에 씀바귀 나물일는지도 모른다. 그러나 마음속의 씀바귀는 사탕을 버려야 제 맛이 난다. 그래서 즐거움을 누리기란 쉬운 일이 아닌 모양이다.

욕망은 좋고 싫음을 갈라서 편을 짜고 좋은 것이면 많아져 태산 같기를 바라고 싫은 것이면 작아져 없어지기를 바란다. 그러나 인간이 간직한 삶이란 이것이 있으므로 저것이 있는 상대의 세계가 아닌가. 좋은 일이 있으면 궂은 일이 그림자처럼 따른다. 그래서 인생이란 하루 웃으면 하루 울게 마련이다. 삶의 웃음도 아니고 삶의 눈물도 아닌 그 즐거움이란 무엇인가? 장자는 무위라고 타일러 준다.

'무위하라. 그러면 삶이 즐겁다.' 이것이 장자의 기본적인 생의 철학이다. 〈지락(至樂)〉 편은 이것을 우화로 이야기한다. 그렇다면 무위는 무엇일까? 이러한 질문은 이미 앞서 북해약의 입을 통해서 아주 간명하게 비유한 적이 있었지 않은가. 무위는 소의 네 발이다. 인위는 소의 코를 뚫은 구멍이다. 그 인위의 뒤탈은 쇠코에 걸린 코뚜레인 게다. 소의 네 발은 그 소를 얼마나 편하게 하는가. 하지만 코뚜레를 건 소는 얼마나 고통스러운가. 그러한 고통은 사람이 만들지 자연은 만들지 않는다. 이것이 장자 철학의 요지일 게다. '인간이여, 자신의 삶을 소의 네 발처럼 하라.' 이것이 바로 〈지락〉 편의 부탁이다. 그러므로 '삶이 즐거우려면 그 삶을 억지로 뚫어 구멍을 내지 마라.' 이것을 〈지락〉의 우화가 간청한다.

그러나 사람은 삶을 억지로 뚫어 구멍을 내려고 한다. 혀에 달던 사탕이 심하면 위벽을 핥아 구멍을 내는 것처럼 온갖 욕망이 삶을 뚫어 구멍을 낸다. 한사코 구멍을 내면서 왜 나는 행복하지 않고 불행하냐고 울부짖는다. 달을 보고 짖는 개도 배가 불러야 한다면서 욕망이 게걸스럽게 욕심을 부린다. 슬픈 것들은 저리 가고 기쁜 것만 오라고 아우성을 친다. 장자는 이러한 아우성을 인위의 뒤탈이라고 일러 준다. 왜 이러한 뒤탈을 앓아야 하는가? 〈지락〉의 우화를 듣다 보면 아마도 이러한 질문이 즐거움에 드는 초입임을 알게 될 것이다.

몸을 앓으면 병원에 갈 수도 있다. 그러나 욕망으로 마음이 앓으면 그렇게 못한다. 사람은 욕망을 감추어 놓고 아닌 척하는 까닭이다. 그래서 욕망의 병은 저 홀로 다스려야 한다. 그 처방은 무엇일까? '있는 그대로 만족하라.' 이것이 그 처방일 게다. '그러자면 먼저 겉모습을 꾸미지 마라.' 이것이 지락에 드는 급소다. 소의 코뚜레가 어찌 소의 치장이 될 것인가. 무위하라. 그러면 인간은 마음속 코뚜레를 벗는다.

(1) 문상 갔던 혜자(惠子)

장자의 아내가 죽어서 혜자가 문상을 갔다. 그때 장자는 질그릇을 두드리며 두 다리를 뻗고 노래를 부르고 있었다. 그 꼴을 본 혜자가 가만 둘 리가 없었다. 항상 시비를 가리고 넘어가야 한다는 생각을 버리지 않는 혜자인 까닭이다. 혜자는 장자의 짓거리가 망나니짓으로 보였던 모양이다.

"함께 살면서 자식을 키우고 함께 늙은 처지에 그 아내가 죽었는데 곡도 하지 않으니 그것도 무정한 짓인데 질그릇을 두드리며 노래까지 부르다니 이거 너무 심한 짓거리가 아닌가."

이렇게 혜자가 면박을 주자 장자가 다음과 같이 응했다.

"아닐세. 그렇지가 않네. 아내가 죽었는데 어찌 나라고 슬픔이 없었겠나. 하지만 그 근원을 살펴보면 본래 삶이란 없었던 걸세. 본래는 형체도 없었다네. 형체는커녕 기도 없었네. 그저 흐릿하고 어두운 속에 섞여 있다가 변해서 기가 생기고 그 기가 변해서 형체가 생기고 형체가 변해서 삶을 갖춘 것이네. 이제 다시 변해서 죽어 간 걸세."

장자와 혜자는 서로 벗 사이라고 알려져 있지만 그들은 서로 마음을 주고받을 수가 없었다. 혜자는 시비와 차별로 마음을 다지고 있었고 장자는 그것들을 탈탈 털어 버리고 있었던 때문이다.

태어남을 기뻐하고 축복하라, 이것은 옳은 일이다. 생명이 태어남을 꺼리고 슬퍼하면 그것은 그른 일이다. 죽음을 슬퍼하고 애도하라, 이것은 옳은 일이다. 죽음을 축복하고 기뻐하면 그것은 그른 일이다. 옳은 것은 시이고 그른 것은 비이다. 시비는 이것은 이것이고 저것은 저것이란 분별의 기준이다. 이렇게 분별하면 생이 따로 있고 사가 따로 있는 것으로 된다. 그러므로 혜자의 마음으로 볼 때는 태어나면 기뻐하고 죽으면 슬퍼하는 것이 옳다. 그렇게 분별하는 혜자가 장자를 꼬집는 것은 당연하다.

이것이 있으므로 저것이 있다. 이렇게 생각하는 마음은 무엇과 무엇이 서로 관계될 때 그 관계를 하나로 보려는 것이다. 그 관계가 가만히 멈추어 있는 것이 아니라 변한다는 게다. 이것은 장자의 생각이다.

어떻게 변하는가? 이것이 변해서 저것이 되고 저것이 변해서 이것이 된다는 게다. 여래의 말을 빌면 인연이고 노자의 말을 빌면 반자(反者)이다. 인연이나 반자는 다 같은 말일 게다. 가면 돌아오고 오면 돌아가고 이렇게 오고가는 관계를 벗어날 수 없음을 인연이 말하고 반자가 말한다. 장자의 생각도 이러하니 혜자의 생각과 같을 리가 없는 셈이다.

"아내는 지금 천지라는 커다란 방에 편안히 누워 있다네. 그런데 내가 소리를 질러 곡을 한다면 내가 하늘의 운명을 모르는 거라고 생각되어 곡을 그만두었단 말일세."

혜자가 이러한 장자의 말을 수긍했는지 하지 않았는지 모른다. 다만 여기서 두 인물의 생각이 서로 다름을 알 수는 있다. 혜자에게는 슬퍼할 것이 따로 있고 기뻐할 것이 따로 있다. 장자에게는 그것들이 따로 없다는 게다. 삶이 변하여 죽음이 된다면 죽음 또한 변해서 삶이 된다는 말이 아닌가. 이렇게 장자는 변하게 하는 근원을 살폈고 혜자는 그러지 않고 있을 뿐이다. 그러한 근원을 어떻게 헤아리면 될까? 자연에서 와서 자연으로 돌아간다는 말을 떠올리면 장자가 아내의 주검 앞에서 노래를 부르는 것이 결코 미친 짓이 아니라는 생각이 들 게다.

이별을 슬퍼하고 만남을 기뻐하는 것이 인간의 정인 것은 사실이다. 장자도 슬퍼하기도 하고 기뻐하기도 한다. 그러나 그는 슬픔의 근원이 무엇이며 그 기쁨의 근원이 무엇인지 헤아린다. 그리고 그 기쁨이 영원한 것이 아니고 그 슬픔 또한 영원한 것이 아님을 짚어 낸다. 이러한 근원적인 모습을 장자는 자연이라고 일컫는 셈이다.

태어남도 하나의 자연이고 죽음도 하나의 자연이라면 그것들 또한 하늘의 변화일 게다. 그런 변화를 운명이라고 한다. 그러나 현대인은 운명을 따르라고 말하면 체념하라는 말이냐며 따지고 든다. 봄이면 나뭇가지에 싹이 트는 것을 누가 막을 것이며 가을이면 그것이 낙엽으로 지는 것을 누가 막는단 말인가. 잎이 피고 지는 것도 잎의 운명이다. 인간의 생사도 마찬가지인 것이다. 슬픈 운명이 있고 기쁜 운명이 있는 것이 아님을 헤아린다면 마음이 편해진다. 마음을 참으로 편하게 하는 것을 지락(至樂)이라고 여기면 된다.

(2) 지리숙(支離叔)과 골개숙(滑介叔)의 만남

우화에서 장자의 인물화는 거침이 없다. 형체를 잊은 것을 인물로 만들어 지리숙이란 이름을 주고 지혜를 잊은 것을 인물로 만들어 골개숙이란 이름을 주어 그 둘이 서로 만나게 하여 이야기를 시킨다.

형체의 잊음〔忘形〕이란 무엇인가? 이것을 어려운 철학으로 말하지 않는다. 구체적인 일을 일으켜 형체의 잊음이 무엇인가를 체험하게 하고 스스로 생각하게 이야기를 들려준다. 지혜의 잊음〔忘智〕이란 무엇인가? 형체의 잊음과 지혜의 잊음을 체험하고 스스로 생각하게 하려고 아마도 장자가 지리숙과 골개숙이란 인물을 만들어 이야기를 시키는 게다.

지리숙과 골개숙이 만나 명백(冥伯)의 언덕과 곤륜(崑崙)의 빈터를 구경한다. 명백은 죽은 이들이 모여 있는 언덕이다. 공동묘지 같은 것으로 생각하면 된다. 곤륜은 산 이름인데 앞서의 〈천지〉 편에서 황제가 곤륜산에 올랐다고 하던 이야기를 떠올린다면 곤륜의 빈터는 바로 그 황제가 쉬었던 곳일 게다.

명백의 무덤에는 묻힌 사람의 이름만 있을 뿐이고 그 사람의 모습은 없다. 곤륜의 빈터에는 황제가 쉬었다는 말만 남았고 그 황제의 모습은 없다. 명백은 저승을 비유하고 곤륜의 빈터는 흘러가 버린 것을 비유한다고 여기면 될 게다. 이승의 지혜를 저승으로 갖고 갔을까? 황제의 지혜가 곤륜의 빈터에 남아 있을까? 이렇게 상상하면 이런저런 지식을 늘어 놓는 일들이 사라져 가고 없음을 명백의 언덕이 체험하게 하고 곤륜의 빈터가 체험하게 할 게다. 이러한 장면에서 지리숙과 골개숙이 만난다.

지리숙과 골개숙이 구경을 하는 동안 갑자기 골개숙의 왼쪽 팔꿈치에 혹이 하나 생겨났다. 골개숙은 마음속으로 그 혹을 꺼리는 것 같았다. 그래서 지리숙이 그 혹을 싫어하느냐고 골개숙에게 물었다. 이 물음에 골개숙은 다음처럼 대답해 준다.

"아닐세. 내 어찌 싫어하겠나. 살아 있다는 것은 잠시 천지의 기운을 빌리고 있는 것이네. 이 혹도 그 기운을 빌려서 생긴 거라네. 삶이란 먼지나 티끌이 무엇에 붙는 것과 같은 셈이네. 생사는 밤과 낮이 있는 것과 다름이 없다네. 또한 나도 자네와 함께 만상의 변화를 보아 온 터이네만 그 변화가 내게 온 거라네. 내 어찌 혹을 싫어하겠나."

목숨을 있게 한 그 근원은 무엇일까? 사람이 이를 알 수 없으니 무슨 힘으로 여겨 보는 셈이다. 그 알 수 없는 힘을 천지의 기라고 말해 왔다. 기라고 생각하고 믿을 뿐 그것이 무엇인가를 아무도 모른다. 물론 장자도 모른다. 그러니 하물며 우리가 어떻게 알겠는가. 하지만 생이란 몸에 마음이 붙고 마음에 몸이 붙은 게 아닌가. 그래서 형체라는 몸이 있게 되고 지혜라는 마음이 있게 된다. 그리고 사람 몸에서 마음이 떨어져 나가고 마음에서 몸이 떨어져 나가 몸이란 형체는 없게 되고 마음이라는 지혜도 없게 된다. 그렇다면 몸과 마음이 만났다가 서로 헤어짐이 살고 죽음이 아닌가. 만나면 헤어지고 헤어지면 만나는 것이 생사가 아닌가. 그렇다면 다시 생사는 밤이 낮이 되고 낮이 밤이 되는 것과 같은 게 아닌가. 이것은 돌고 도는 것이 아닌가.

만일 지구와 태양이 가만히 있다면 어디는 항상 낮일 게고 어디는 항상 밤일 게다. 그러나 지구는 멈추지 않고 돌고 돌아 밤낮이 생긴다. 이처럼 천지의 기운이 돌고 돌아 생도 있고 사도 있는 거라고 생각한다면 이런 생각을 미신이니 비과학이니 시비를 걸 사람이 많을 게다. 그러나 그러한 시비꾼에게 생이란 무엇인가 물으면 대답하지 못하고 사가 무엇이냐고 물어도 대답을 못한다. 천지가 돌고 돌므로 생사도 따라 돌고 돈다고 여기면 생이라고 기뻐할 것도 없고 사라고 슬퍼할 것도 없음이 아닌가. 아마도 장자는 이러한 경지를 지극한 즐거움으로 보고 있는 모양이다.

천지의 입장에서 본다면 하나의 태어남이란 하나의 혹 같은 것일는지도 모른다. 아니면 불어오고 가는 바람이 꽃잎에 붙여 주고 가는 먼지나 티끌 같은 것일는지도 모른다. 이러한 상상에 이르면 애지중지 싸고 묶어 값진 보석이라고 여긴 부귀라든지 명성이라든지 등등이 별게 아닌 것이 아니냐는 생각에 이른다. 이러한 생각에 이르면 무슨 일이 뜻대로 안 된다고 안절부절할 것도 없고 무슨 일이 잘된다고 기고만장할 것도 없다는 생각으로 이어진다. 그러면 마음이 편해진다. 마음속에 원수도 벗도 없는 지경이라면 그저 훨훨 날 듯이 가벼울 게다.

(3) 주검을 베고 잔 장자

장자는 초 나라로 가다가 살아 있을 때 붙어 있던 살이 다 없어진 촉루를 발견했다. 그가 해골을 만났던 것이다. 앙상하게 말라서 모양만 남아 있었다. 말채찍으로 그 두개골을 치면서 다음처럼 말을 걸었다.

"그대는 삶을 탐하다 도리를 잃어서 이 꼴이 되었나? 나라를 망쳐 놓고 처형당해 이 꼴인가? 또는 착하지 못한 일을 하여 부모 처자에게 더러운 이름을 남기게 되어 이 꼴이 된 것인가? 춥고 배고파 병들어 죽어 이 꼴인가. 아니면 그대의 수명이 다해 이 꼴로 되었는가?"

그리고 장자는 그것을 끌어다가 베고 누웠다. 장자는 잠이 들었고 한밤이 되자 두개골이 꿈에 나타나서 장자의 말을 되받아 주었다.

"자네의 말솜씨는 마치 변사 같더군. 자네가 말하는 바는 모두 살아 있는 인간들의 괴로움이란 말일세. 죽으면 그런 건 없다네. 자네는 죽음에 대한 이야길 듣고 싶은가?"

장자가 들어 보자고 하였다. 그러자 두개골은 먼저 죽음의 세계에는 위로는 군주도 없고 아래로는 신하도 없다고 일러 준다. 말하자면 거기에는 다스림이 없는 것이다. 봄·여름·가을·겨울의 변화도 없단다. 이는 시간의 흐름이 없다는 말일 게다. 시간이 없다는 말로도 들릴 게다. 시간이 없으면 공간도 없을 게다. 따지고 보면 인간의 욕심이란 기쁜 시간은 길기를 바라고 슬픈 시간은 짧기를 바란다. 이것이 시간에서 오는 고통이 아닌가. 또한 기쁜 공간은 크기를 바라고 슬픈 공간은 좁기를 바란다. 그래서 아파트의 평수를 가지고 속을 태우지만 몇 평짜리의 관으로 주검을 담았다고 자랑하진 않는다. 이 또한 공간에 대한 고통이 아닌가. 그저 편하게 몸을 맡긴 채로 천지와 함께 수명을 누린다네. 어디 제왕의 즐거움인들 이에 미치겠냐며 두개골은 말을 멈춘다.

장자는 생명을 관장하는 것에게 부탁하여 그대의 형체를 다시 생겨나게 하여 뼈와 살을 붙이고 부모처자와 친지가 있는 고향으로 돌아가게 한다면 그것을 바라느냐고 물었다.

그렇게 말하는 장자를 보고 두개골은 눈살을 찌푸린다. 어찌 제왕의 즐거움도 따르지 못하는 즐거움을 버리고 다시 인간 세상의 괴로움을 겪을 것이냐고 반문을 한다. 두개골은 장자의 청을 거절한 셈이다. 살 때는 살자 살자 하지만 죽음은 그 삶을 원치 않는다 함이다. 삶이 얼마나 고통인가 말이다. 우리는 삶을 사랑한다 하면서 삶을 미워하고 시기하고 의심하고 다투면서 망친다. 이렇게 인간은 살면서 삶을 망치고 애달파 하고 답답해하고 막막해한다. 이런 삶에 즐거움이 생길 틈이 어디에 있을 것인가 말이다.

그렇다면 삶을 포기하고 죽음을 택하란 말인가? 아니다. 장자는 무엇을 선택하라고 하지 않는다. 시비와 차별을 떠나라 할 뿐이다. 기쁘고 좋은 삶은 즐겁고 슬프고 나쁜 삶은 괴롭다는 상대적인 시비와 차별의 즐거움이 아닌 절대의 즐거움을 장자는 말하고 있는 중이다.

목숨이 영원해야 한다고 고집할수록 사람은 영악해지고 목숨은 죽음을 향해 가고 있는 중임을 알면 알수록 사람은 관대해져 용서하고 이해하며 사랑하는 여유를 갖는다. 살아가는 인간의 세상에서 그래도 절대의 즐거움을 맛보려면 적어도 인간의 마음이 그 여유에 머물러야 한다는 말로 새기면 장자와 두개골이 나눈 이야기는 지락을 맛보게 한다.

아무개가 죽었느냐고 묻는 경우보다 돌아가셨느냐고 묻는 경우가 많다. 돌아갔다는 말은 왔던 곳으로 갔다는 말이다. 이처럼 죽음을 삶의 출발점으로 여기고 있는 셈이다. 이는 죽음을 끝장으로 여기는 것이 아니라 삶의 연장으로 보려는 것일 게다. 이를 여래는 윤회라고 밝혔고 장자는 변화라고 일컬었다. 윤회나 변화는 사람을 오만에서 구해 준다. 내가 죽어 개미로 환생한다거나 그것으로 변화한다고 여긴다면 누가 개미를 함부로 발로 밟아 부빌 것인가. 오만하고 방만한 삶은 죽음을 알지 못한다.

오만하거나 방만한 사람이 지극한 즐거움을 누리기는 어렵다. 남보다 무엇이든 나아야 한다는 무수한 생각들로 마음이 복잡한 사람의 낯빛은 유들유들할지언정 속은 항상 불쏘시개처럼 타고 있게 마련이다. 오만하고 방만함은 욕심, 욕망, 야심, 야망 등을 주춧돌로 삼아 높게 솟으려는 기둥과 같다.

기둥을 받치고 있는 사람이 어떻게 즐겁단 말인가. 삶이 짐이 되고 무거울 뿐이다. 몸이 무거우면 숨이 차는 것과 같다. 그러나 죽음을 생각하면서 삶을 보면 그 짐이 가벼워진다. 그러면 지락이 가까워지는 모양이다.

(4) 걱정을 사서 하는 공자

사랑하는 제자 안연(顔淵)이 제(齊) 나라로 가게 되자 공자가 근심어린 얼굴빛을 감추지 못했다. 역시 제자인 자공(子貢)이 왜 근심스러운 표정을 지으시냐고 공손하게 물었다.

옛날 관자의 말에 좋은 대목이 있다. 주머니가 작으면 큰 것을 담을 수 없고 두레박 줄이 짧으면 깊은 물을 뜰 수 없다. 이 말을 나는 좋아한다. 이처럼 운명에는 정해진 바가 있어서 덜거나 더할 수가 없다. 안연이 제후들에게 요순의 도를 말하고 나아가 신농(神農)의 말까지 더한다면 그 말을 들은 제후가 제 마음속에서 찾으려 하다가 깨닫지 못하고 그렇게 되면 의심을 품을 것이고 그 의심이 깊어지면 결국 안연을 죽일까 봐 내가 걱정스럽다. 이러한 내용을 자공에게 공자가 들려주었다.

장자의 입장에서 보면 공자의 걱정은 부질없고 공자는 공연히 걱정을 사서 하는 것에 불과하다. 선 왕의 도 역시 인위인데 그것을 말한답시고 바쁘게 이 제후 저 제후를 찾아 나설 것이 무엇이란 말인가. 공연한 일로 탈을 만들고 그 탈이 걱정이 되어 근심을 한다면 공연히 마음만 태우고 축을 내는 셈이다. 이런 사람들은 지락을 누릴 수가 없다. 그러므로 여기에는 '공자여, 군왕을 왕도로 이끈다는 욕심이나 야망을 버리면 될 게 아니냐'는 속뜻을 감추고 있는 게다.

다시 공자는 자공에게 해조(海鳥)라는 새 이야기를 들려주었다. 그 새가 머리를 들면 팔 척이고 생김새는 봉황 같다는 게다. 그 새가 노 나라 서울의 교외에 멈추었다. 노 나라 제후는 이 새를 종묘에 모시고서는 술을 마시게 하고 황제의 음악을 연주하고 소와 돼지, 양의 고기를 갖추어 대접을 했다. 새는 그만 눈이 아찔해 걱정과 슬픔으로 한 점의 고기도 먹지 않았고 술 한 잔도 마시지 않은 채로 있다가 사흘 만에 죽어 버렸다.

제후는 저 자신을 보양하는 방법으로 새를 보양했으므로 죽었다고 공자가 단언을 내렸다. 새를 보양하려면 깊은 숲속에 살게 하고 물가를 노닐게 하고 강이나 호수 위를 날아다니면서 미꾸라지나 피라미 등을 먹게 해야 하고 제 무리 속에 살게 해야 만족할 게다. 새는 사람의 소리도 듣기를 싫어하는데 어찌 시끄러운 음악을 들을 것인가?

황제의 음악을 넓은 들판에서 연주한다면 새들은 그 소리를 듣고 날아가 버리고 짐승도 그 소리를 듣고 도망칠 것이며 물고기는 그 소리를 들고 물속 깊이 숨어 버린다. 사람들만 이를 둘러싸고 구경할 뿐이다. 물고기는 물속에서 살지만 사람은 그 속에서는 죽는다. 사람과 물고기는 서로 달라 좋아하고 싫어함도 서로 다르다. 그러니까 삶과 죽음도 다른 게다. 그래서 옛 성인은 사람의 능력을 한 가지로 보지 않았고 하는 일도 같지 않다고 여겨 알맞은 명성에 머물게 하고 본성에 맞는 길을 따라가게 한 게다.

공자는 자공에게 이와 같은 이야기를 해 준다. 얼핏 들으면 공자가 마치 장자 같은 말을 하고 있는 것처럼 들린다. 그러나 해조란 새를 누가 보양한단 말인가? 새는 새대로 살고 사람은 사람대로 산다. 이것이 삶의 자연이다. 해조도 죽으면 흙으로 가고 노 나라의 제후도 죽으면 흙으로 간다. 이것은 죽음의 자연인 셈이다. 공자여, 무엇이 다르단 말인가?

새는 숲속에 둥지를 틀고 알을 낳아 새끼를 치고 사람은 집을 짓고 자녀를 낳아 기른다. 공자는 집과 둥지가 다르다고 여기는 셈이고 새끼와 자녀가 다르다고 보는 처지이다. 본래 유가는 인간과 짐승은 서로 다르다〔人獸之辨〕고 주장한다. 그러나 자연의 입장에서 본다면 무엇이 다르냐고 노장은 다그친다. 자연은 새가 사는 곳이나 사람이 사는 곳을 같이 본다. 다만 사람이 둥지나 집이라 말하면서 분별하고 차별할 뿐이다. 자연에서는 다를 게 없다. 그러나 공자는 다르다고 본다. 이것은 인위의 덫에 걸려 그렇고 그래서 삶과 죽음은 서로 다르다고 분별한다. 이러한 분별의 덫에 걸려 있는 한 지락을 누릴 수는 없다고 장자가 비웃고 있는 중이다.

근심 걱정은 어떤 욕망이 사서 하는 고통일 게다. 안연이 제후들을 가르쳐 왕도의 다스림을 받게 해야겠다는 욕심이 없다면 왜 제 나라로 갈 것이며 그렇게 해서 왜 스승을 걱정하게 할 것인가. 명성에 머물고 싶은 욕심 때문인 것이다. 본래 지극한 명성은 명성이 없는 데 있고 지극한 즐거움은 즐거움이 없는 데 있다고 한다. 그렇다면 지락이란 무엇인가? 공자가 사서 걱정을 않게 되면 된다. 공자는 왜 사서 걱정을 하는가? 임금을 성군으로 만드는 비방이 있다는 가르침 때문일 것이다. 그러므로 즐거움을 팔아서 명성을 사지 말아야 한다.

(5) 주검과 말을 나누는 열자(列子)

열자가 여행을 하다 길가에서 밥을 먹었다. 그때 그는 백 년이나 묵은 두개골을 발견하고 쑥풀을 뽑아 그것을 가리키며 말을 걸었다고 하는 것에서 이 우화는 시작된다. 열자는 다음과 같이 말을 건다.

"자네하고 나하고만 삶도 없고 죽음도 없다는 것을 알고 있단 말일세. 자네는 과연 걱정하고 있는가? 나는 과연 기뻐하고 있는가?"

삶과 죽음이 없음을 아는데 산다고 웃고 죽는다고 울 것은 없다. 기뻐하고 걱정하는 차이도 없다는 것이다. 열자는 살아서 여행을 하면서 밥을 먹는다고 기쁘단 말인가. 아니면 백 년 전에 죽은 몸이 흙이 되어 없어지고 두개골만 남아 걱정한단 말인가. 그렇지 않다는 것을 열자의 입을 통해 장자는 말을 하고 있는 중이다. 삶과 죽음이 따로 있는 것이 아니라 하나의 변화일 뿐이기 때문이다. 열자는 이어서 변화가 많음을 열거한다.

"변화해서 생기는 것은 한없이 많다네. 물이 있으면 물때가 생기네. 물과 흙이 맞닿는 곳에는 청태가 생기네. 청태가 언덕에 오르면 질경이가 되네. 질경이가 거름더미에 있으면 부자(附子)가 생긴다네. 이 부자의 뿌리는 굼벵이가 되고 그 잎은 나비가 되지. 나비는 변해서 벌레가 되어 부엌 부뚜막에서 생기지. 그 벌레 모양이 분털을 벗어 버린 꼴이고 그걸 귀뚜라미라고도 한다네. 귀뚜라미가 천 날이 되면 새가 된다는데 그 새 이름은 비둘기라 한다네. 이 비둘기의 침이 쌀벌레가 되고 그 쌀벌레는 눈에놀이가 된다네. 이로(頤輅)라는 벌레는 눈에놀이 벌레에서 생기고 황황(黃軦)이란 벌레는 구유에서 생기고 무예(瞀芮)라는 벌레는 부권(腐蠸)에서 생긴다네. 양해(羊奚)라는 풀은 변해서 죽순이 되고 해묵은 대는 청녕(靑寧)을 낳고 청녕은 정(程)을 낳고 정은 원숭이를 낳고 원숭이는 사람을 낳는다네. 사람은 다시 근원으로 돌아간다네. 만물은 다 그 근원에서 생겨났다가 다시 그 근원으로 돌아간다네."

아마 현대인이 이런 말을 들으면 기가 찰 게다. 열자가 주워 대는 태어남의 조화가 허황되고 거짓말로 들릴 것이기 때문이다. 조화론도 들어온 바이고 세포 속을 들여다보고 유전자를 찾아서 그것을 조작하여 변종마저 만들어 낸다는 생명 공학이라는 것도 듣고 있는 현대인은 열자의 말을 일소에 붙일 것이다. 믿을 수 없다고 팽개칠 것이다. 맞고 틀림이 따로 없다니 어쩌란 말인가.

그러나 열자가 해골 앞에서 주워섬기는 변화의 조화를 듣다 보면 묘하게도 마음이 쇄락해진다. 마치 무당이 주문을 외워 대면서 칼춤을 추면 묘하게 되는 그런 기분을 맛보게 된다. 보기 싫은 번데기가 나비가 되는 것은 분명 하나의 조화일 게다. 두엄의 진물을 빨아들인 거름 흙 속에서 칠 년을 꿈적거리던 굼벵이가 청매미가 된다니 이 또한 조화가 아닌가. 목숨이 있는 것이면 무엇이든 단백질 덩어리이고 그 단백질이 마음을 만들어 낸다고 자연 과학은 말한다. 이 또한 조화가 아닌가. 그러나 단백질을 목숨이 되게 하는 것을 자연 과학은 모른다. 그렇게 하는 것을 근원으로 여겨 그 근원을 열자는 기(機)라고 했고 노장은 무(無)라고 했다.

그래서 삶도 무이고 죽음도 무라는 게다. 장자는 〈지락〉 편 첫머리에서 지극한 즐거움이란 것이 있는 것인가 없는 것인가를 질문으로 내걸고 여러 인물을 등장시키면서 우화를 만들고 있다. 무엇은 기쁘고 무엇은 슬프고 무엇은 좋고 무엇은 싫고, 이러한 분별과 차별이 지극한 즐거움을 앗아간다는 것을 여러 모로 체험하게 한다. 그리고 한사코 즐거움을 원하면서도 그 즐거움을 망치고 있는 사실을 우리들이 헤아려 보게 한다.

열자가 해골을 보고 이야기하는 꼴을 상상해 보라. 아니면 원효가 해골 속의 물을 마시고 깨우쳤다는 일화를 상상해 보라. 마음을 어떻게 쓰느냐에 따라 또는 마음을 어디에 두느냐에 따라 마음이 즐겁기도 하고 그렇지 않을 수도 있다는 것을 살펴보라. 즐거움이 밖에 있지 않고 안에 있다는 생각에 이른다면 아무리 각박한 세상일지언정 현대인도 열자처럼 노닐 수 있는 일이 아닌가.

자신에게 말하고 자신이 들어 보라. 자신이 자신에게 무엇을 감추고 무엇을 거짓으로 말할 것인가. 하나도 숨길 것이 없을 게다. 그 순간 마음을 만나게 된다. 욕심 덩어리로 파김치가 된 마음을 만날수록 가볍게 해주려는 마음이 솟아나 지극한 즐거움을 맛볼 수 있는 근원을 사랑할 게다. 열자는 그런 사랑을 한다. 어둡고 슬프면 실컷 울어라. 밝고 기쁘면 실컷 웃어라. 울어도 후련하고 웃어도 후련한 것, 그것이 지락의 입구일 것이다.

10. 〈달생(達生)〉의 인물들

무엇을 따르고 무엇을 잊어야 할까

삶의 지극한 경지에 이름이 곧 달생(達生)이다. 속된 말로 하자면 잘 사는 것을 달생이라고 하는 셈이다. 장자는 삶을 지극하게 잘사는 사람을 지인(至人)이라고 부른다.

니체의 초인(超人)은 우리에게 사랑하는 방법을 가르쳐 줄 분이다. 그래서 니체는 서구의 제도적인 신은 죽었고 초인이 와야 한다고 소설을 썼다. 그러나 장자는 이미 거의 2,500년이나 앞서서 백성을 못살게 하는 제도적인 인의를 버리고 지인을 따라야 한다는 철학을 우화로 남겼다. 니체의 초인은 인간에게 사랑하는 방법을 가르쳐 준다지만 장자의 지인은 그 방법을 가르쳐 주지도 않고 그저 보여 주기만 한다.

그 지인은 누구인가? 그는 자연을 따르고 자기를 잊어버린 사람이다. 자연을 따르고 자기를 잊어버리는 것, 이것을 순망(順忘)이라고 한다. 그러니 순망의 존재가 바로 지인인 셈이다. 니체의 초인은 이러한 순망으로 사랑하는 방법을 가르치려고 않는다. 인간의 의지를 힘으로 믿고 인간의 실존을 성취하는 방법을 가르쳐 준다고 한다. 그러나 장자의 지인은 가르치는 것을 하지 않는다. 다만 순망할 뿐이다.

장자는 인간의 의지가 욕망과 야합하여 탈이 된다고 본다. 그래서 욕망과 야망의 덩어리인 자기를 잊어 보라고 한다. 물론 이러한 잊음은 참으로 어려운 일이다. 그러기에 장자는 세상의 인간에게는 무위가 커다란 고통이라고 말한다. 어쨌든 순망은 무위를 누리는 하나의 방법이라고 여겨도 된다. 그러므로 지인은 무위에 이른 길을 걷는 존재일 게다.

현대 문명의 덕으로 우리는 참으로 편한가? 이러한 물음에 그렇다고 단언할 수 있다면 얼마나 좋을까. 현대 문명이 사람의 몸을 편하게 해 줄는지는 모른다. 그러나 사람의 마음을 몹시 불편하게 하여 거의 미칠 지경으로 휘몰고 있다는 것을 아무도 부정하지는 않을 것이다. 사람의 마음이 돌아 버리지 않고서야 어찌 물질이나 돈 때문에 사람을 죽일 수 있단 말인가. 그래서 사람들은 눈 뜨고도 코 베이는 세상이라고 한탄한다. 왜 우리는 이렇게 한탄해야 하는가? 이러한 의문을 순망이 짚어 보게 한다.

현대인은 자연을 사랑한다면서 무자비하게 이용만 하려고 든다. 자연은 이제 자원이 되고 자원은 자본의 밑천이 된다고 확신한다. 자본의 축적이 바로 행복의 척도라고 믿고 그 축적을 위해 나라와 나라는 전쟁도 불사하고 사람과 사람은 아귀다툼을 꺼리지 않는다. 그래서 인간은 자연을 따른다고 여기지 않는다. '자연을 정복하는 인간은 위대하다', 이렇게 선언하고 장담한다. 자연의 정복은 인간이 간직한 가장 크고 무서운 공포이다. 그러한 공포를 핵무기라 해도 되고 공해라 해도 되며 경제 전쟁, 또는 무역 전쟁이라 해도 될 것이다.

현대는 서구 사상이 주인 노릇을 한다. 서구 사상도 과거로 가면 여러 면에서 동양과 비슷한 면을 간직하고 있다. '자연을 모방하라', 이러한 철학이 윤리를 형성했던 때도 있었다. '신의 은총을 기구하라', 이러한 신학이 인류를 형성했던 때도 있었다. 이때만 해도 서구인 역시 '나'라는 존재를 절제하고 겸허해 할 줄을 알았다.

그러나 인간이 자기를 발견한 다음, 그리고 자기가 가장 신성한 존재라는 선언을 하고 난 다음부터는 오만해지고 세상에 무서울 것이 없다고 기고만장하게 되었다. 우리 현대인은 오만함의 절정 속에 살면서 그 탓으로 괴로워하고 매일 절망하면서 욕심을 부리고 지치며 사는 것이다. 욕망이 너무나 많은 짐을 지워 주어 현대인은 죽을 지경이다. 〈달생〉편의 우화는 이러한 인간에게 숨통을 열어 준다.

자연을 남용하면 자연이 화를 낸다. 그러한 화가 바로 환경 공해일 게다. 숨쉴 바람이 없어지고 마실 물이 없어지면 사람만 없어지는 것이 아니라 모든 목숨이 죽는다. 억지로 지구를 공동묘지로 만드는 것은 무엇인가? 인간이다. 인간이 자기를 주장하면서 자연을 정복한다는 욕망이 가져다 준 결과를 이미 장자는 알았는지 인간의 인위를 무서워했고 두려워했다.

잘사는 것은 무엇인가? 심신이 편한 삶일 게다. 그런데 현대인은 몸만 편하고 마음이 불편한 삶을 잘사는 삶이라고 생각하는 모양이다. 백 평이 넘는 호화 주택에서 사는 것이 행복한 삶의 보증 수표일까? 〈달생〉편은 아니라고 한다.

(1) 사물을 넘은 관윤(關尹)

열자가 관윤을 만났다. 관윤은 노자의 제자로 알려져 있다. 열자가 그에게 덕이 지극한 사람은 왜 쇠나 돌 속으로 스며들어가도 가로막히지 않고 불을 밟아도 뜨거워하지 않고 만물의 위에서도 두려워하지 않느냐고 물었다. 그러자 관윤이 다음처럼 응해 준다.

"그것은 순수한 기운을 지킨 때문이지. 지식이나 기교 용기 따위로 그렇게 되지는 않지."

이렇게 말하고는 관윤은 열자에게 앉으라고 권한다. 아마 열자는 서서 공손히 물었던 모양이다. 그리고 관윤은 모습이나 목소리나 빛깔을 지닌 것은 대개 사물이라고 말한다. 그리고 사물이면 다 사물인데 무슨 차이가 있겠느냐고 반문한다. 이러한 반문은 우리에게 낯설게 들린다.

우리는 바위, 돌, 자갈, 모래, 흙은 다 다르다고 여긴다. 소나무, 느티나무, 미루나무가 다 다르다고 여긴다. 황인, 백인, 흑인 그리고 너와 내가 다르다고 여긴다. 노루, 여우, 토끼가 다 다르다고 여긴다. 두루미, 뱁새, 비둘기가 다 다르다고 여긴다. 어디 그뿐인가. 순풍, 태풍하면서 바람이 다르고, 담수(潭水), 염수(鹽水) 하면서 물이 다르며, 맑거나 흐리다고 하면서 하늘이 다르다고 말한다. 저마다 모습이 다르고 저마다 소리가 다르고 저마다 빛깔이 다른 까닭이다. 이처럼 우리는 사물을 각각으로 보고 듣고 느끼고 생각한다.

인간은 사물이 다르다고 믿지만 지인은 그렇지 않다. 허공에 바람이 불면 만 개의 구멍은 만 가지의 소리를 낸다. 인간은 구멍에서 나는 소리만 듣고 허공의 바람 소리를 들을 줄 모르는 까닭이다. 그러나 지인은 만 개의 구멍들이 내는 소리를 넘어서 그런 소리들을 나게 하는 바람의 소리를 들을 줄 안다. 허공에 있는 물이 비가 되기도 하고 눈이 되기도 한다. 그것들이 땅 위로 내리면 담수가 되고 바다 위로 내리면 염수가 된다. 그런데도 인간은 샘물이 다르고 바닷물이 다르다고 믿는다.

　이러한 믿음이 얼마나 허망한가. 다 물인 것을 이 물 저 물로 갈라 다르다고 생각하는 인간은 얼마나 약은가. 지인은 그렇게 영악한 것을 모른다. 지식으로 보면 지인은 너무나 무식하고, 기교로 보면 꾀라곤 하나도 없으며, 또 용기로 본다면 힘이라곤 하나도 없어 보인다. 인간은 하나만 알지 둘은 모른다. 마치 저마다 색안경을 쓰고 있는 꼴이다. 그래서 붉은 안경을 쓰면 천지가 붉다고 말하고 파란 안경을 쓰면 천지가 파랗다고 말한다. 이처럼 인간은 변덕스럽다. 그러나 지인은 변덕을 모른다. 어떤 안경도 쓰지 않는 까닭이다. 그래서 인간은 변덕스럽고 지인은 한결같다.

　모양과 소리와 빛깔을 겉이라고 하고 그것들의 근원을 속이라고 하면, 인간은 겉을 보고 지인은 속을 본다. 사람을 있게 하고 지렁이를 있게 한 그 무엇을 도라고 한다. 물론 신이라 해도 좋다. 그러한 도나 신은 사람이든 지렁이든 다 같이 여긴다. 지인은 이것을 알고 인간은 모른다. 불은 뜨겁고 물은 차므로 서로 다른 사물이라고 인간은 생각한다. 불이나 물이나 다 같은 사물임을 지인은 안다. 여기서 지인은 불 위를 걸어도 뜨거워하지 않는다고 밝힌 관윤의 말이 짚어진다.

　"지인은 분수에 맞게 머물고 만물의 근원에서 노닐고 본성을 한결같이 지니고 기운을 잘 간직한다. 본래의 덕과 하나가 되어 만물이 생겨나게 하는 조화의 근원과 통한다네. 대체 이러한 자는 본성을 온전히 지키고 마음에 빈틈이 없는데 어찌 사물이 끼어들겠는가."

　이렇게 관윤은 열자에게 말을 끝낸다.

　사물은 모두 같다는 믿음으로 세상이 펼쳐진다면 인간의 오만과 만행 그리고 살생은 없어질 게 틀림없다. 인간이, 사자가 사슴을 잡아먹어야 하는 심정으로 소고기를 먹는다면 돈을 더 벌겠다고 근수를 늘리기 위해 소에게 물을 먹여 죽이는 짓을 어떻게 할 수 있겠는가. 소는 마음대로 죽여도 된다는 생각은 사람과 소는 다르다는 생각 때문일 것이다. 이러한 생각에서 우군과 적군이 생기고 다툼과 싸움이 나고 전쟁이 나는 법이 아닌가. 왜 온 세상이 전선이 되고 누구나 생활의 병사가 되어 마음에서 총을 겨누고 타인의 마음을 바라보아야 하는가? 사물이 다르다는 믿음 때문인 것이다. 그러나 지인은 사람이나 지렁이나 다 같은 사물임을 가르쳐 주고 있지 않은가. 지금 누가 그를 믿을까?

(2) 매미를 잡는 꼽추

공자가 초 나라로 가는 길에 숲 속을 지나 나오다 한 꼽추를 만났다. 그 꼽추는 매미를 잡고 있었다. 공자가 보니 그 꼽추는 마치 물건을 줍듯이 산 매미를 줍고 있었다. 아마도 공자가 만난 꼽추는 아이들이 밤나무 밑에서 알밤을 줍듯이 산 매미를 그렇게 잡고 있었던 모양이다. 이 광경을 본 공자가 꼽추에게 물었다.

"당신은 무척 솜씨가 좋군요. 무슨 방법이라도 있나요?"

"방법이 있지요. 대여섯 달 동안 장대 끝에 공을 두 개 포개 얹어 놓고 떨어지지 않게 되면 잡지 못하는 일이 적지요. 공 세 개를 그렇게 얹어놓고 떨어뜨리지 않는다면 실수는 열 번에 한 번 정도가 되오. 공 다섯 개를 얹어놓고 떨어지지 않게 되면 마치 줍듯이 잡게 되오."

아마도 꼽추는 공자를 놀리고 있는 모양이다. 솜씨가 좋다고 말한 공자가 우습고 그 방법을 묻는 것도 우스우며, 또 묻는 폼으로 보아 그 방법을 좀 배웠으면 하는 욕심을 내는 것이 같잖아서 서커스의 광대가 장대 끝에 공 얹기 기술을 연습하는 것에 빗대어 빈정대고 있는 중이다. 재주를 앞세우려고 발버둥치는 현대인을 만나도 아마 꼽추는 이렇게 빈정댈 것이다. 꼽추는 얕게 솜씨만 배워서 한몫을 보려고 침을 흘리는 군상을 무시할 게다. 하여튼 공자는 꼽추한테 망신을 당하고 있는 중이다.

"내 몸가짐은 말뚝처럼 꼼짝 않고 마른 나뭇가지처럼 움직이질 않소. 천지의 넓음도 만물의 다양함도 아랑곳 않고 다만 매미의 날개만을 알고 있을 뿐이오. 온몸을 꼼짝 않고 매미의 날개 외에는 마음을 팔지 않는다오. 그러니 어찌 잡지 못할 것이오."

말뚝이 된 꼽추, 나뭇가지처럼 움직이지 않는 그가 잡으려 하면 파르르 날아가 버릴 그 매미를 어떻게 알밤을 줍듯이 잡을 수 있단 말인가? 아마도 꼽추가 매미요, 매미가 꼽추인 까닭일 게다. 서로 다르지 않고 둘이 다 하나인데 왜 매미가 도망을 칠 것인가. 내 손이 내 몸에 붙어있는 것처럼 매미의 날개에 꼽추의 손이 붙는다. 그래도 매미는 무서워하지 않는다. 다 한 몸인 까닭이다. 만물이 모두 한 몸처럼 하나이고, 그러므로 모두 다를 바 없다는 것을 장자는 제물(齊物)이라고 한다. 산 매미를 손가락으로 줍는 저 꼽추는 분명 제물의 화신일 것이다.

새가 사람을 보면 무서워 날아가고 산짐승이 사람을 보면 무서워 숲 속으로 도망을 친다. 이렇게 새가 사람을 피하고 짐승이 사람을 멀리하는 것은 사람의 탓이지 새나 짐승의 탓이 아니다. 수리가 새를 덮칠 때는 새들이 피하지만 덮친 새를 먹을 때는 수리가 있는 근처로 다시 날아와 먹던 모이를 다시 쪼아먹는다. 수리가 새나 생쥐를 밥으로 먹는 것이지 살생을 하지 않음을 새들도 아는 까닭이다.

그러나 사람은 재미로 새 사냥을 한다. 그러니 어찌 새가 사람을 무서워하지 않을 것인가. 사람이 새를 다 같은 사물로 안다면 사람의 어깨에 내려앉아 노래를 부를 것이다. 매미는 꼽추를 매미로 알고 있으므로 잡아도 가만히 있을 뿐이다. 꼽추가 매미를 잡아서 먹을 것인가, 아니면 손자의 노리갯감으로 갖고 갈 것인가. 아니다. 매미가 있으니 그 날개를 만지며 노니는 것일 뿐이다. 공자가 이를 어이 알까. 그래서 공자는 공자식으로 꼽추를 다음처럼 평하여 제자에게 알려 준다.

"뜻을 한데 모아 마음이 흩어지지 않으면 곧 귀신과 같다지만 이 말은 바로 저 꼽추 노인을 두고 하는 말일 게다."

공자의 뜻과 꼽추의 뜻이 다 같단 말인가? 아니다. 서로 다르다. 공자의 뜻은 인위의 것이고 꼽추의 뜻은 무위의 것인 까닭이다. 여기서 인위의 뜻은 무엇인가? 꼽추 노인은 사람이고 매미는 하나의 벌레라는 분별을 하여 사람이 매미를 잡는 솜씨를 지극하게 단련함을 말함이다. 또한 여기서 무위의 뜻이란 무엇인가? 꼽추가 매미이고 매미가 꼽추이므로 꼽추가 매미의 날개를 잡고 매미는 꼽추의 손가락을 잡는 관계일 뿐이다. 다만 서로 잡고 노닐 뿐이다. 그러므로 꼽추는 도를 좋아하고 공자는 인의를 좋아하는 뜻으로 여기면 된다.

'뜻을 모으면 안 되는 일이 없다.' 공자의 이 말은 세상에 왕도를 펴서 다스리는 꿈을 펼치는 것이겠지만 꼽추의 입장에서 보면 매미의 날개만 알 뿐 다른 것은 모른다는 말이 된다. 매미의 날개가 바로 도라고 보면 되는 것이다. 공자여, 산 매미를 알밤처럼 줍는 것을 꼽추의 솜씨나 재주로 여기지 말 일이다.

(3) 안연(顔淵)을 혼내 준 뱃사공

안연은 공자가 사랑하는 제자다. 그 안연이 상심(觴深)이란 못을 건넜던 적이 있었다. 배를 타고 건넜다니 상심은 깊은 못이었던 모양이다. 안연은 자기를 건네준 사공의 노 젓는 솜씨가 신기(神技)에 이르렀다고 여겼다. 그래서 이 뱃사공에게 노 젓는 법을 배울 수 있느냐고 물었더니 사공이 다음처럼 대답했다.

"그렇소. 헤엄을 칠 줄 아는 이라면 몇 번이고 되풀이하는 동안에 잘 젓게 되오. 그러나 잠수를 잘하는 이는 배를 본 일이 없어도 곧 젓게 되오."

안연은 무슨 말인지 잘 몰라서 더 물었지만 사공은 더는 응답하지 않았다. 안연은 그 사실을 공자에게 아뢰고 부디 왜 그런가를 가르쳐 달라고 간청했다. 그러자 공자는 이렇게 풀이해 주었다.

"헤엄을 잘 치는 자가 몇 번이고 되풀이하는 동안에 잘 젓게 되는 것은 물에 익숙해져 물을 잊기 때문이다. 잠수를 잘하는 이가 배를 본 적이 없어도 곧 노를 젓는 것은 그 못을 언덕처럼 여기며 배가 뒤집혀도 수레가 언덕에서 미끄러져 내리는 정도로밖에 생각하지 않기 때문이다. 뒤집히고 뒤로 밀리는 위험이 닥쳐도 그 마음에 스며들어가는 못할 게다."

공자의 이러한 풀이가 뱃사공의 의중과 맞아떨어진 것일까? 아니다. 헤엄치는 이는 물과 자신을 함께 잊은 까닭이다. 뱃사공은 자기는 사람이고 배는 배이고 물은 물이라고 여기지 않는다. 사공과 물과 배가 하나가 되어 노를 젓고 있는 게다. 헤엄치는 사람이 두 팔을 움직여 헤엄을 치는 것처럼 그 뱃사공은 그렇게 배를 저었던 것이다. 이를 안연은 전혀 몰랐고 공자는 물만 잊은 것만 안 셈이니 공자의 풀이는 온전치가 못하다. 그러므로 '공자의 제자인 안연이여, 온전치 못한 지식을 갖고 아는 체 세상을 시끄러운 명성으로 채우지 마라.' 이런 숨은 경고가 뱃사공의 응답에 숨어 있다고 여겨도 된다.

물고기는 물속에서 지느러미를 저어 몸을 배처럼 움직인다. 고기의 지느러미는 고기라는 배의 노와 같다. 배를 몰라도 물고기는 지느러미 노를 잘 젓는다. 앞으로도 가고 옆으로도 가고 빨리도 가고 느리게도 간다. 마음대로 지느러미를 저어 간다. 사람이 땅 위에서 걷듯이 물고기는 물속에서 간다. 안연은 그가 만났던 뱃사공 노인이 상심의 못에 사는 물고기가 되어 노를 젓고 있는 것을 몰랐고, 또 그것을 모른 안연에게 물만 잊은 것을 안 공자는 땅과 수레를 비교하여 마음이 하나가 된 상태를 풀이해 주고 있는 셈이다. 이 또한 온전치 못한 지식으로 뽐내고 있음이 아닌가. 지식을 뽐내고 있음은 다음과 같이 이어진 풀이에서 더 분명해진다.

"질그릇을 걸고 내기 활을 쏘면 솜씨가 좋다. 띠쇠를 걸고 내기 활을 쏘면 주저하게 되고 황금을 걸고 내기 활을 쏘면 혼란하게 된다. 그 재주는 마찬가지인데 아끼는 마음이 외물(外物)을 소중히 여기는 까닭이다. 외물만 소중히 하면 안에 있는 마음은 옹졸해진다."

뱃사공의 노 젓기를 공자나 안연은 끝까지 재주나 솜씨로 본다. 그러나 뱃사공은 노 젓기를 재주로 보는 게 아니다. 상심의 물과 배와 사공이 하나가 되어 움직이고 있는 경지를 어찌 인위의 지식으로 알 것인가. 무위로 사는 뱃사공은 내기 활쏘기를 모르고 질그릇과 띠쇠와 황금이 서로 다른지를 모른다. 내기 활을 쏘고 황금을 탐하는 마음으로 어찌 스스로 노니는 지극한 덕이 무엇인가를 알 것인가. 한 점에

백 원짜리 고스톱판은 왁자지껄하고, 천 원짜리 고스톱판은 조용하고, 만 원짜리 고스톱판은 긴장감이 돈다. 지금 공자가 서울에 오면 이런 비유를 들었을 게다. 그러나 상심의 못에서 노를 저었던 뱃사공은 배일 수도 있고 물일 수도 있으며 물고기일 수도 있는 하나의 경지에서 노닐고 있는 중에 무슨 내기를 할 것인가. 공자의 내기 활쏘기 비유는 빗나가고 있는 것이다.

편안한 삶을 배워서 산다는 말은 여전히 허튼소리일 게다. 마음을 편히 하는 것은 밖에 있는 것이 아니라 안에 있는 까닭이다.

일은 아무도 모르게 만물 속으로 들어가 만물과 함께 어울려 노닐어야 한다. 한밤중에 잠이 오지 않으면 나와서 창문을 열어라. 캄캄할수록 좋다. 만물이 하나도 보이지 않도록 캄캄한데 오히려 마음은 밝아 오는 순간을 만나 보라. 그 밤중을 상심의 못으로 여기고 뱃사공처럼 마음을 노저어 보라. 그리고 방으로 다시 들어와 누워 보라. 잠이 올 게다. 마음속 판돈을 다 잃어 잠이 올 것이다.

(4) 돼지우리 앞의 축종인(祝宗人)

축종인은 제사를 관장하는 관리를 말한다. 축종인을 축사(祝史)라고도 한다. 축종인이 예복으로 갈아 입고 돼지우리 앞에 서서 며칠이 지나면 제상에 오를 돼지에게 말을 건다.

"네가 어찌 죽음을 싫어하는가. 내가 석 달 동안 너를 키웠다. 나는 열흘 동안 마음을 깨끗이 하고 사흘 동안은 부정한 짓을 삼가며 흰 띠 자리를 깔고 너의 어깨 살과 엉덩이 살을 예쁜 제기에 올려 놓을 게 다. 그러니 너는 그렇게 되고 싶지 않은가?"

돼지는 물론 싫다고 할 것이다. 목숨을 빼앗기는 것을 어느 생물이 원할 것인가. 목숨을 아끼는 것은 생물의 본성이다. 축종인은 지금 돼지의 본성을 앗으면서 빛 좋은 개살구 같은 말을 걸고 있는 것이다. 분명 돼지는 깨끗한 띠자리도 싫고 예쁜 제사 그릇도 싫다고 할 게다. 그러므로 돼지의 입장에서 생각해 본다면 다음과 같은 말이 옳다고 들려준다.

"겨나 술찌꺼기를 먹을지라도 돼지우리 안에 있는 것만 못하다."

축종인은 간살스럽고 요사스런 인간의 마음을 여실하게 드러내고 있는 중이다. 축종인은 제사를 잘 치러야 보다 높은 벼슬로 뛰어오를 수가 있다. 만일 제사를 잘못 치르게 되면 얻은 벼슬도 잃게 된다. 그래서 축종인은 석 달 동안 돼지를 정성들여 키워 살을 찌우고 열흘 동안 목욕재계하고 사흘 동안은 궂은 짓을 삼가면서 조신한다. 따지고 보면 염불은커녕 잿밥에만 눈독이 든 짓일 게다. 이 얼마나 간사스러운가.

인위의 탐욕은 사람을 요사스럽게도 하고 변덕스럽게도 한다. 돼지를 생각할 때는 지위나 대접을 물리칠 수 있으면서도 자기를 위해선 지위와 대접을 요구한다. 제물로 바쳐질 우리 속의 돼지가 축종인을 보고 뭐라 할까? 교활한 인간이 고양이가 되어 생쥐를 생각해 주느냐고 반문할 게다.

병 주고 약 주는 짓은 사람만 한다. 동물원에 잡혀 온 북극곰은 여름이 오면 냉방 시설이 잘된 방을 갖고 분수 옆에 큼직한 얼음 덩이를 놓아둔 뜰을 갖는다. 때가 되면 날생선을 듬뿍 넣어 주어 굶주릴 염려도 없다. 어디 이뿐인가. 몸에 병이 날까 봐 수의사가 항상 관찰을 하고 수많은 관리자들이 돌봐준다. 이렇게 동물원에서 칙사 대접을 받는 북극곰에게 행복하냐고 물어본다면 뭐라 할까? 굶주려도 좋으니 눈이 쌓인 벌판과 빙하가 떠다니는 북극의 바다로 보내달라고 간청을 할 게다. 사람은 북극곰의 본성이 갖는 삶의 터전을 앗아 버리고 본성에도 없는 재주를 부리게 하여 돈을 번다. 이 얼마나 파렴치하고 잔인한 인간인가. 동물원의 동물들은 천지로부터 인위가 유괴해 온 증거들이다.

그러나 인간은 절명의 위기에 다다르면 무슨 일이든 시키는 대로 하겠으니 목숨만 살려달라고 애걸한다. 인간은 자기 목숨은 귀하고 파리의 목숨은 천하다는 생각을 버리지 못한다. 분별과 차별을 일삼는 인위의 덫에 걸려 마음의 신경이 마비된 까닭이다. 이러한 마음가짐으로는 달생의 경지는커녕 그 말이 지닌 뜻도 모른다고 장자는 여겼던 모양이다. 그래서 제사를 관장하는 관리인 축종인을 우화의 등장인물로 내세우고 있는 것이다.

사람은 보다 나은 위치로 오를 수만 있다면 동물원의 북극곰이 된들 어떻고 제물로 바쳐질 돼지가 된들 어떠냐는 출세욕을 감추고 산다. 그래서 항상 오르지 못할 나무는 쳐다보지 말라는 말을 들으면 화를 내고 살기와 원한을 품기도 한다.

그래서 인간은 자리가 사람을 만든다고 확신한다. 그러나 그 자리란 것이 남의 차지가 되면 흠을 잡아 끌어내리려 하거나 그래도 안 되면 알아야 면장을 하지 하면서 자리를 차고 앉은 인간을 헐뜯고 흥을 보면서 쾌재를 부른다. 이는 마치 돼지우리 앞에서 능글스럽게 넉살을 떨고 있는 축종인의 짓이나 다를 게 없다.

어디 인간이 짐승만 제물로 바치고 동물원의 우리에 가두어 두는가. 인간은 벼슬을 준다면 자진해서 우리 속으로 들어간다. 물러나야 할 권자는 그 권좌가 감옥이라고 말한다. 그렇다면 왜 그 자리를 탐내고 차지하려고 하는가? 이처럼 인간은 앞뒤가 다르고 겉속이 다르다. 양 잿물이 벼슬이라면 죽더라도 마셔 보아야 하는 욕심이 인간에게 있는 셈이다. 참으로 모를 일이다. 어디 어느 한 사람만 그렇게 하는가. 벼 슬을 차지하려는 온갖 야망들이 백성을 마치 축종인의 돼지우리에 있 는 돼지쯤으로 여긴다. 모두 축종인처럼 능청을 떨고 수를 부린다.

(5) 마음속을 꿰뚫는 황자고오(皇子告敖)

제 나라의 환공(桓公)이 수레를 타고 진펄에서 사냥을 했다. 관중 (管仲)이 그 수레를 모시고 있었다. 진펄의 사냥터에서 갑자기 환공이 귀신을 보았다. 환공은 관중의 손을 잡으면서 무엇을 보지 못했느냐 고 물었다. 관중은 아무것도 보지 못했다고 아뢰었다. 궁중으로 돌아 온 환공은 헛소리를 하면서 며칠 동안 병으로 앓아누웠다.

환공이 자신을 재상으로 삼아 나라를 부유하게 하고 군대를 강하게 만들어야 한다는 관중의 건의에 따라 패자(覇者)가 된 사실을 알고 위 의 이야기를 들으면 재미가 난다. 천하를 한 손아귀에 넣으려고 욕심 을 부리는 인간은 패자가 되고 그 패자를 만들어 낸 자는 재상이 되는 법이다.

나라가 부유하면 백성도 부유해야 하지만 부유한 나라는 강한 군대 의 힘을 빌어야 하므로 나라가 강성할수록 백성은 온갖 세금과 부역 으로 오히려 가난을 면키가 어려워진다. 백성은 못살고 강한 군대를 사병처럼 가진 권력자는 잘살게 되는 꼴을 이 우화의 첫머리가 연상 시켜 준다.

물이 더럽고 땅이 더러우면 진펄이라고 한다. 그 진펄에서 환공은 수레를 타고 사냥을 하고 관중은 그 수레를 모신다. 그곳에서 환공이 귀신을 보고 병에 걸렸다. 이러한 우화의 시작은 관중이 제시한 부국 강병책을 환공이 따랐던 것을 암시한다고 여겨도 된다. 아마도 장자는 이들을 진펄에서 싸우려는 개처럼 여겼을 것이다.

이때 제 나라에 황자고오라는 선비가 있었다. 그 선비가 환공을 만났다. 고오는 공에게 스스로 병을 만드는 것이지 귀신이 병을 만드는 것은 아니라고 여쭌다. 기운이 막힌 채로 흩어지지 않고 되돌아오지 않으면 마음이 허해져 병이 난다는 게다. 올라간 채 내려오지 않으면 사람을 화나게 하고 내려간 채 올라오지 않으면 사람을 잊게 한다는 것이다. 이러한 황자고오의 말은 환공의 속을 들여다보게 한다. 천하를 집어삼키려는 욕심이 환공의 병인 것을 황자고오는 알았던 셈이다.

선비의 말이 그치자 환공이 귀신이란 것이 있는 거냐고 물었다. 황자고오는 있다고 말하고서는 귀신을 다음처럼 주워섬긴다.

"시궁창 물에는 이(履)라는 귀신이 있고 부뚜막에는 빨간 옷의 미녀인 계(髻)라는 귀신이 있습니다. 집안의 쓰레기통에는 용의 몸에 사람의 머리를 한 뇌정(雷霆)이라는 귀신이 있고 집의 동북쪽 구석에는 키는 한 자 네 치라 애 같지만 검은 옷을 입고 대관을 쓰고 칼을 찬 배아해롱(陪阿鮭蠪)이라는 귀신이 날뜁니다. 서북쪽 구석에는 표범 머리에 말꼬리를 단 일양(泆陽) 귀신이 삽니다. 물에는 귀가 크고 팔이 긴 망상(罔象) 귀신이 살고 언덕에는 몸이 개 같고 뿔이 난 신(峷) 귀신이, 산에는 외다리로 걷는 기(夔) 귀신, 들에는 뱀의 몸에 머리가 두 개인 방황(彷徨) 귀신이, 못에는 위사(委蛇) 귀신이 삽니다."

진펄에서 사냥을 하다 귀신을 보았던 환공은 못에 산다는 위사 귀신이 어떻게 생겼느냐고 물었다. 위사라는 귀신은 크기는 수레의 바퀴

통만 하고 그 길이는 수레의 끌채만 하며 자주 색깔의 옷에 붉은 관을 썼고 천둥이나 수레 소리를 싫어하여 그런 소리를 들으면 고개를 들고 일어난다며, 위사 귀신을 본 사람은 패자가 된다는 말도 있다면서 뒤를 달았다. 그러자 환공은 껄껄 웃으며 바로 그 위사를 보았다고 말했다. 그리고 황자고오와 하루 동안 앉아 있자 환공의 병은 낳았다는 것이다.

관중을 만나 패자가 되었으니 관중이 바로 그 위사 귀신이 아닌가. 왕이 되면 입으로는 성군이 되겠다고 하지만 속으로는 산천도 벌벌 떠는 무서운 왕이 되고 싶어한다. 인간의 욕심 중에서 가장 큰 것을 패자라고 한다. 패자의 욕심은 천하의 만물을 다 집어삼켜도 통이 차지 않아 낮이면 피땀을 흘리게 하고 밤이면 그 피땀으로 끓인 차를 마셔야 잠이 온다.

권세는 항상 권모술수의 늪에서 끼를 부린다. 그 늪에는 위사라는 귀신이 도사리고 패자의 욕심이 토해 낸 국물을 탐하는 관중 같은 무리를 재상으로 모실 각오가 된 환공은 인간의 세상에서 죽지도 않고 사라지지도 않는다. 그래서 권세의 정치가 있는 것이다. 정치란 무엇인가? 진펄에서 환공이 수레를 타고 관중이 주는 화살로 사냥을 하는 것과 같다. 백성은 무엇인가? 그 사냥감이다. 하지만 패자는 백성의 어버이라고 호통을 친다.

(6) 달생을 누리는 사람들

임금을 위해 싸움닭을 키웠던 기성자(紀渻子)라는 사람이 있었다. 열흘 뒤에 임금이 닭싸움을 할 수 있느냐고 물었다. 기성자는 안 된다고 여쭈었다. 왜 그러느냐고 묻자 기성자는 공연히 허세만 부리고 힘만 믿으니 싸울 수 없다고 답했다. 이런 임금은 나라를 망하게 하고 이런 사장은 회사를 망하게 하며 이런 가장은 집안을 망하게 할 것이다.

다시 열흘 뒤에 닭싸움이 가능하냐고 임금이 물었다. 다시 기성자는 안 된다고 여쭈었다. 임금은 그 연유를 물었다. 다른 닭의 울음소리나 모습을 보면 당장 덤벼들려고 하므로 안 된다고 기성자가 아뢰었다. 이런 임금은 전쟁으로 밤낮을 일삼을 것이고 이런 사장은 기업을 늘리다 부도를 내고 도망을 칠 것이며 이런 가장은 빚잔치만 할 게다.

다시 열흘 뒤에 가능하냐고 물었다. 여전히 안 된다고 하여 그 사유를 물었다. 그러자 기성자는 상대를 노려보고 성만 낸다고 조아렸다. 이런 임금은 걸핏하면 신하를 귀양 보낼 것이고 이런 사장은 사원 해고하기를 다반사로 할 것이며 이런 가장은 또 걸핏하면 아내와 이혼하자고 덤빌 것이다.

다시 열흘 뒤에 또 물었다. 이제야 된다고 기성자가 사뢰었다. 왜 싸울 수 있느냐고 묻자 기성자는 이렇게 보고했다.

"상대가 울음소리를 내도 미동도 하지 않습니다. 멀리서 보면 마치 나무로 만든 닭처럼 보입니다. 그 덕이 온전해진 것입니다. 다른 닭들이 싸울 생각을 내지 못하고 도망쳐 버립니다."

이런 임금이 있으면 나라가 조용하고 편할 것이며 이런 사장은 회사를 알토란처럼 키울 것이고 이런 가장은 가솔의 미소만 볼 게다. 싸우지 않고 싸움에 이기는 것은 싸움일지라도 덕이 아닌가. 지금 기성자가 나타나 유엔 사무총장이 된다거나 아니면 한 나라를 통치하는 이의 비서실장이 된다면 얼마나 좋을까. 그러면 세상은 달생의 누리가 되지 않겠는가.

공자가 여량(呂粱)으로 여행을 하다가 험하고 무서운 폭포를 만났다. 삼십 길의 폭포수가 사십 리에 뻗친 급류를 만들어 고기나 자라도 헤엄을 칠 수 없을 지경이었다. 그런데 거기서 한 사나이가 헤엄을 치고 있었다. 공자는 그를 보고 자살하려고 뛰어든 거라 여기고 백 걸음을 걸어가 보았더니 그 사내는 머리를 풀어헤친 채 노래를 부르며 쉬고 있지 않은가? 그래서 공자가 그자에게 헤엄치는 데도 도가 있느냐고 물었다. 그러자 그는 없다고 아뢰었다.

평소에 항상 익히는 것으로 시작하여 본성에 따라 나아지게 하고 천명에 따라 이루어지게 할 뿐이라며 도라는 것은 없다고 그 사내는 응해주었다. 그러면서 물이 소용돌이를 치면 물속으로 들어가고 물이 솟구치면 위로 나오며 물길을 따를 뿐 힘을 하나도 들이지 않는 것이 방법이라고 타일러 주었다. 공자는 인위의 도를 물었지만 사내는 무위의 도를 말해 주었던 셈이다.

공자가 어떻게 사내의 말을 알 것인가? 그래서 무슨 말이냐고 다시 물었다. 그러자 그 사내는 땅에서 나 그 땅에서 편히 사는 것이 평소에 익힌 것이고 물속에서 자라 물속에서 편히 있는 것을 본성이라고 하고 어째서 물속에서 헤엄치는가를 모르면서 헤엄치는 것이 천명이라고 받아 주었다. 이 말을 공자가 알아들었을까? 사람의 도만 앞세운 공자가 사람이 두 발로 땅 위를 걷는 것이나 새가 날개로 공중을 나는 것이나 물고기가 물속에서 지느러미로 헤엄을 치는 것이나 다 같은 것임을 어찌 알 것인가?

분별을 앞세워 무엇을 배우자는 욕심으로 만물이 하나란 도를 어이 알 것인가. 사내가 말하는 천명이란 무엇일까? 무위의 도를 따르자는 것일 게다. 그러면 무위의 도는 어떤 것일까? 사람이 땅 위를 편하게 걷고 새가 허공을 편하게 날고 물고기가 물속에서 편하게 헤엄을 치는 그런 것일 게다. 그러면 인위의 도는 어떤 것일까? 땅 위에 만리장성을 쌓아 걸음을 멈추게 하고 공중에 망을 쳐서 나는 새를 덮치고 물속에 그물을 걸어 헤엄치는 물고기를 걷어올리는 짓을 하게 하는 것일 게다.

세상 살기가 왜 이리 힘이 드는가를 이제는 알 만하다. 인위의 함정에 빠진 사람이 신음하고 망에 걸린 새가 퍼득이고 그물에 걸린 고기가 죽어간다. 장자여, 어느 날에나 하늘이 맑아지고 땅이 기름지고 물이 밝아져 만물이 노닌단 말인가. 아득하기만 하다.

노 나라에 재경(梓慶)이란 목수가 있었다. 그가 나무를 깎아 거(鐻)라는 이름의 악기를 만들었다. 뭇사람들이 그것을 보고 신기에 다달았다며 칭송이 자자했다. 임금이 그것을 보고 무슨 비술(秘術)로 그렇게 만드냐고 물었다. 그러자 재경은 한낱 목수가 무슨 비술이 있겠느냐고 아뢰었다.

"다만 제가 거를 만들 때는 마음을 흐트러뜨리지 않고 마음을 소모시키지도 않습니다. 이렇게 사흘을 삼가면 상을 받거나 벼슬을 받게 되는 따위의 생각을 품지 않게 됩니다. 닷새를 삼가면 세상의 비난이나 칭찬 따위에 생각을 갖지 않게 되고 이레를 재계하면 마음이 미동도 않고 몸조차 잊고 맙니다. 이때가 되면 권세 따위에 마음이 없어지고 기술에 전념하여 마음을 어지럽히는 일이 없어져 버립니다. 그런 다음에야 산의 숲으로 가서 나무의 성질이나 모습이 이를 데 없이 좋은 것을 찾아봅니다. 마음속에 만들 거를 그려 본 다음 손을 댑니다. 뜻대로 되지 않으면 만들지 않습니다. 이렇게 하면 나무의 본성과 저의 본성이 하나로 됩니다."

이런 말을 듣다 보면 숙연해지고 겸허해지며 부끄러워진다. 무엇을 좀 하면 재주를 뽐내고 기술을 앞세워 얕보는 인간의 군상이 초라해진다. 초라하지 않으려고 발버둥치면 칠수록 점점 더 초라해져 가는 것은 어쩐 일일까? 몸만 비대해지고 마음은 비쩍 말라만 가는 까닭일 게다. 몸으로 부딪치는 일은 잘하지만 마음을 편하게 하는 일은 모른다.

말 조련사였던 동야직(東野稷)이 위(衛) 나라 장공(莊公)에게 말을 부리는 솜씨를 보여 주었다. 동야직이 말을 부리니까 나아가고 물러감이 먹줄을 친 듯이 곧고, 좌우로 돌면 그림쇠로 그린 듯이 둥글었다. 장공은 이를 보고 천하의 어느 무늬가 이를 따를 것이냐고 입에 침이 마르도록 칭찬을 했다. 그리고 장공은 논두렁 길을 멀리 한바퀴 돌고 오라고 청했다.

그때 장공의 신하인 안합(顔闔)이 들어왔다. 안합이 장공에게 저 말이 쓰러져 돌아올 것이라고 장공에게 말했지만 장공은 믿지 않았다. 논두렁을 달려야 했던 말은 쓰러지고 말았다. 장공은 안합에게 어떻게 말이 쓰러질 것을 알았느냐고 물었다. "그 말의 힘이 다 되었는데도 말을 달리게 하므로 쓰러진다고 말했습니다."고 고했다. 동야직은 제 재주의 솜씨만 믿었고 말을 몰랐다. 장공 역시 말이 부리는 재주만 보았지 쇠잔한 말의 속을 헤아리지 못했다. 아마도 동야직과 말은 넘어져 병신이 되었을 것이고 장공은 솜씨 있다는 조련사와 명마를 동시에 잃었을 게다. 이게 재주가 낳는 탈이다.

11. 〈산목(山木)〉의 인물들

왜 편히 살지 못하는가

누구나 편하게 살고 싶어한다. 사는 일마다 불편한 까닭이다. 누구나 행복하게 살고 싶어한다. 날마다 불행이 석유통 옆의 촛불처럼 나붓거리는 까닭이다. 편히 살기를 바라면서 왜 그렇게 되지 못할까? 그리고 행복하게 살고 싶지만 왜 불행이 꼬리를 물고 속을 태우는가? 이러한 문제를 푸는 열쇠는 사람의 밖에 있을까, 안에 있을까? 이러한 물음으로 밤잠을 설친 이가 있다면 〈산목〉 편의 우화가 밤잠을 들게 해 줄 것이다.

너구리를 잘 잡는 개는 그 재주 탓으로 목에 개줄이 매인다. 개가 편하려면 주는 개밥이나 먹고 밤도둑을 지키면 된다. 그러면 마음대로 누워 자고 마음대로 일어나 놀 수가 있다. 멍청이라며 대접을 받지 못할지는 몰라도 개줄에 끌려다니면서 혀를 빼지 않아도 된다.

사람도 잘난 제 재주를 믿고 물구나무를 서다가 허리를 다치고 이마를 깨는 법이 아닌가. 그러니 재주를 앞세우려 하지 말 일이다. 재주를 팔면 도전자와 경쟁을 해야 한다. 삶을 경쟁으로 몰아가는 사람이 어찌 편할 것인가.

곧게 자란 나무가 가장 미련한 나무일 수도 있다. 사람의 눈에 띄어

도끼로 찍히거나 아니면 톱날에 잘려 제 명을 채우지 못하게 된다. 반면 꼬불꼬불하고 옹이투성이의 나무는 못생긴 탓으로 제 명을 누릴수가 있다. 향나무는 몸속에 배인 향기 탓으로 산산조각으로 쪼개져서 제상의 향로에서 재로 된다. 호랑이나 표범은 털 무늬 탓으로 망에걸리고 덫에 걸려 가죽을 뺏기며 죽고 난 뒤에도 사람의 항문을 이고냄새를 맡아야 한다. 이것은 모양을 자랑하다가 화를 입는 꼴이다. 열흘 가는 꽃이 없음을 안다면 잘난 얼굴이라고 뽐낼 것은 없다. 민들레꽃은 수더분한 덕으로 제가 피고 싶은 곳에서 피다가 진다. 하지만 장미꽃은 피지도 못한 채로 꺾여서 꽃병에 꽂힌다. 그런데도 너나없이장미꽃에만 덤비니 어찌 편히 살 것인가.

명성을 얻고 싶어하는 사람은 남의 입질에 올라야 한다. 명성을 얻지 못한 사람의 혀끝에서 놀아나야 하고 도마에 올려진 생선처럼 난도질을 당해야 한다. 명성의 옆집에는 항상 시샘과 시기가 살고 있는 까닭이다. 그래서 명성을 얻고 나면 벗을 잃는 법이다. 아무리 욕을 먹어도 명성을 얻어야 한다고 기를 쓰자면 편히 사는 삶을 버려야 한다.

남이 몰라준다고 애달파할 것은 없다. 남이 알아주면 인기가 있고인기가 있으면 돈이 벌린다고 하지만 돈으로 편한 삶을 살 수 있는 것은 아니다. 돈으로 물건을 살 수는 있지만 편한 마음을 살 수는 없다. 정거장의 대합실 문이 잠기는 경우는 거의 없지만 은행의 문은 해지기가 무섭게 잠기고 무거운 자물쇠를 달고 있어야 한다. 그러므로 인기나 돈을 탐하는 마음이 열에 받치면 환장을 하는 법이다.

사람을 환장하게 하는 것을 욕망이니 욕심이니 야망이라고 한다. 인간을 욕망의 동물이라고 스스럼없이 말한다. 그것은 들판에서 자유로이 사는 동물이 아니라 현대 문명이라는 우리에 갇혀서 사는 동물이라고 생각하면 된다. 숲 속에서 살다가 사람이 던진 미끼에 홀려서 붙들려 온 다람쥐를 생각해 보라. 한 순간의 밥을 얻어먹고 하루 내내 쳇바퀴를 돌아야 하는 사람들은 돌고 돌리는 세상을 제 손으로 만들어 놓고 그것을 제 발로 돌리고 있는 셈이다. 그래서 허리가 휘어지고 입에서는 단내가 날 정도로 초주검이 되는 것이다. 그러니 어찌 사는 일이 편할 것인가.

편히 살고 싶다면 하루에 한 번이라도 제 마음속을 들여다보는 버릇을 들여라. 마음속에 얼기설기 걸려 있는 욕심의 줄을 끊는 가위를 한 순간이라도 쥐는 사람은 내일쯤이면 좀 편한 삶이 찾아올 수도 있는 일이다.

욕심을 버리는 법이 인간에게는 없다. 그러한 법은 산에 있고 들에 있으며 강물이나 바다나 하늘에 있다. 노장(老莊)은 그러한 법을 무위라고 했다. 사람한테서 무위를 찾기는 어렵다. 초목이 욕심이 있어서 꽃을 피우는 것이 아니다. 그저 있는 그대로 변화해 갈 뿐 수작이나 잔꾀를 부리지 않는다. 잔꾀가 바로 욕심의 하수인이다. 욕심 사나운 인간이 무위를 맛보려면 자연의 변화를 만나야 한다. 그 변화가 마음에 맑은 유리창을 달아 주는 까닭이다.

(1) 중간에 선 장자

장자가 산속을 가다가 잎이 무성하고 가시가 많은 큰 나무 곁에 우두커니 서 있는 나무꾼을 만났다. 왜 나무를 베지 않고 있느냐고 장자가 물었다. 쓸모없는 나무라서 베지 않는다고 나무꾼이 대답했다. 저 나무는 쓸모가 없어서 천수(千壽)를 누린다고 장자가 토를 달았다.

산에서 내려온 장자는 옛 친구의 집에 들렀다. 옛 친구는 반가운 장자를 대접하려고 심부름하는 아이를 불러 거위를 잡아 대접하라고 했다. 그러자 그 아이는 우는 거위와 울지 못하는 거위 중에서 어느 것을 잡아야 하느냐고 물었다. 집주인은 울지 못하는 놈을 잡으라고 했다.

개는 컹컹 짖어서 담을 넘는 도둑을 지키고 거위는 꽥꽥 울어서 도둑을 지킨다. 울지 못하는 거위는 집 지키기에 쓸모없는 것이 된다. 우는 거위는 쓸모가 있어서 살아남은 셈이다.

다음날 나무는 쓸모가 없어서 살아남고 거위는 쓸모가 없어서 죽게 되었다면서 제자가 장자에게 물었다. 장자는 웃으면서 다음처럼 대답했다.

"나는 쓸모 있음과 없음의 중간에 머물고 싶다. 그러나 쓸모 있음과 없음의 중간도 하나의 고집[有爲]이므로 화를 면하지는 못한다. 만일 자연의 도에 따라 유유히 노닌다면 그렇지 않게 된다."

제자가 묻는 질문은 시비를 지니고 있다. 나무꾼과 옛 친구 중에서 어느 한쪽이 맞으면 다른 쪽은 틀리게 된다. 아마도 장자는 그러한 시비의 가름을 말자고 제자의 물음에 웃었을 게다.

쓸모 있고 없음은 사람의 짓일 뿐이다. 개똥도 약에 쓰려면 귀하다는 말이 있다. 서울 사람들은 똥오줌을 더럽다고 하수구로 버리지만 산간의 농부는 그것을 거름 중의 거름으로 친다. 그렇다면 분뇨는 쓸모 있는 것인가 없는 것인가? 있다 없다를 가름하면 어느 한쪽에 치우친다. 치우치면 매이게 되고 매이면 묶이게 된다. 마음을 묶어 외곬으로 모는 것을 고집이라고 한다. 고집은 마음을 옹졸하게 하고 옹졸한 마음은 꽉 막혀 딱해진다.

장자는 딱한 마음을 풀어 주려고 다음처럼 말을 계속한다.

"자연의 도에는 명예도 비방도 없다. 용이 되었다가 뱀이 되는 것처럼 걸림이 없고 때의 움직임과 함께 변화하여 무엇에 집착하지 않는다. 한 번 오르면 한 번 내리고 화합하는 것을 도량으로 삼는다. 만물의 근원에 노닐어 만물을 부리되 어느 한 사물에 사로잡히진 않는다. 그러니 무슨 화를 입겠는가. 그러나 만물의 참모습이 인간의 습속이 되면 그렇지가 못하다. 만나면 헤어지고 이루면 부수고 모가 나면 깎이고 신분이 높아지면 비방을 받으며 일을 성사시켜 놓으면 모함을 당하고 어리석으면 속임을 당하니 어찌 화가 없겠는가. 슬픈 일이다."

자연에는 막힘이 없다. 그래서 자연의 변화는 스스로 노니는 것이다. 그것을 자유(自遊)라고 한다. 겨울이 가면 봄이 온다. 봄이 가면 여름이 온다. 여름 다음에는 가을이 오고 그 다음에는 다시 겨울이 온다. 만일 이러한 시운(時運)의 변화가 변덕을 부린다면 어찌 초목이 화합을 하고 짐승들이 화합을 할 것인가. 자연의 도에는 변덕이 없으므로 들판의 새도 늦가을에는 겨울맞이 털갈이를 하고 봄이 가면 여름맞이 털갈이를 하는 것이다. 이처럼 자연의 변화는 변덕을 모른다.

그러나 사람은 항상 변덕을 부린다. 그래서 항상 사람이 말을 하면 꼬리가 붙는다. 대개 시비를 하다 보면 말꼬리를 물고 늘어져 옳으니 그르니 하다가 서로 삿대질을 하고 목에 핏줄을 세운다. 이 정도에서 그만하면 다행이지만 더 나가면 멱살을 잡고 뒹굴거나 주먹으로 면상을 치고 받아 피를 흘린다. 그리고 송사를 내고 한쪽이 감옥으로 가야 한쪽이 시원하다고 한다. 이 얼마나 좁은 도량인가.

사람의 마음을 방촌(方寸)이라고 한다. 가로 세로 한 치의 크기란 말이다. 오죽했으면 사람의 속을 그렇게 불렀을 것인가. 그러나 사람의 심보가 항상 방촌인 것은 아니다. 욕심을 버리면 그 방촌이 바다처럼 크고 넓을 수도 있지만 욕심을 부리면 그 방촌이 풍선처럼 불어나 복어 뱃구레처럼 부풀다가 결국 펑 하고 터지게 된다. 이것이 인간이 짓는 화근의 내력이다. 그런 줄을 뻔히 알면서도 인간은 시비의 화근을 뽑지 못한다. 참으로 인간이 딱하다.

(2) 천국의 마을로 가라는 시남자(市南子)

노 나라의 임금이 근심스런 얼굴을 하고 있었다. 임금께서 어찌 근심스런 얼굴을 하고 계시느냐고 시남자가 물었다. 임금은 선왕의 도를 배웠고 선군(先君)의 업을 닦으며 귀신을 섬기고 어진이를 존경하면서 덕이 있는 분들과 친하게 지내며 행동하는데도 화를 면치 못해서 근심스럽다고 대답했다.

"임금께서 화를 면하려는 생각 자체가 천박합니다. 살찐 여우나 무늬가 고운 표범이 숨어 살며 바위 구멍에 엎드려 있는 것은 고요를 지키는 것입니다. 낮에 가만히 있는 것은 조심하는 것입니다. 비록 굶주리고 목말라도 함부로 행동하지 않고 멀리 동떨어진 강호의 한 군데에서 먹이를 찾는 것은 마음을 흐트리지 않는 것입니다. 그래도 그물이나 덫이라는 화를 면하기가 어렵습니다. 그것이 어찌 여우와 표범의 죄겠습니까. 그 껍질이 화근입니다. 임금님의 화근도 그 껍질입니다. 그 껍질을 벗겨 내시고 마음을 씻어 내 욕망을 버리시고 사람이 없는 들판에서 노닐기 바랍니다."

이렇게 시남자가 임금의 대답을 듣고 말을 했다. 왕위를 그만 집어치우라는 말이다. 이러한 말을 하고도 시남자가 살아남을 수 있었다니 그래도 노 나라 임금은 훌륭했던 모양이다. 대권을 쥔 사람이 가장 듣기 싫어하는 소리는 그 대권을 내놓으라는 말이다. 그런 말을 하면 역적으로 몰려 죽기도 하고 감옥으로 가기도 하며 엎어쳐 쿠데타를 당해 대권을 잡았던 손목에 쇠고랑을 차기도 하는 정변이 일어난다. 시남자와 이야기를 나누는 임금 정도라면 대권을 쥔다 해도 총칼을 든 쿠데타는 일어나지 않을 것이다. 하지만 대권의 자리란 욕망이 많은 사람들이 모여 대권의 총애를 받고 싶어 하므로 말이 많아 비방과 모함, 시기와 암투가 그칠 줄 모른다. 아마도 노 나라 임금의 근심도 임금의 자리 탓일 것이다. 시남자는 그 임금의 자리가 여우나 표범의 껍질에 불과하니 사람이 없는 들판으로 가라고 권하는 것일 게다.

시남자는 월(越) 나라 남쪽에 있는 한 마을을 임금께 알려 준다. 그 마을 이름은 건덕(建德)이라고 한다. 그 마을 사람들은 수더분하고 소박하며 욕심이 적고 농사를 지을 줄은 알지만 저장할 줄은 모르고 남에게 베풀어 주어도 그에 대한 보답을 바라지 않는다. 무엇이 옳은 길인지 모르고 무엇이 예의에 맞는 것인지 모른 채 그저 무심하게 산다. 자취를 남기지 않으니 자연이란 큰 길을 가게 된다. 그러므로 그 마을 사람들은 살아서는 즐기고 죽으면 묻힌다. 이처럼 임금도 근심에서 떠나려면 왕위를 버리고 건덕의 마을로 가라는 것이다.

열자(列子)는 종북(終北)이란 천국을 만들어 놓았고 장자는 건덕이란 천국을 만들어 놓았다. 영국의 토마스 무어(Thomas More)는 유토피아(Utopia)란 천국을 만들었다. 어디 이뿐인가. 예수는 천당을 알려 주고 여래(如來)는 극락에 들라고 한다. 오죽하면 현실의 세상을 떠나 천국으로 가자고 하겠는가. 거기에는 야망도 없고 명예도 없으며 아첨이나 모함도 없다. 그러니 칭찬을 바라거나 비난을 겁내 근심할 것도 없고 배반을 당하거나 음모를 꾸며 이기고 질 걱정도 없다.

이러한 마을로 가라는 말을 듣고 노 나라 임금은 가는 길이 멀고 험해서 못 간다고 시남자에게 말한다. 결국 왕위를 내놓기 싫다는 말이다. 그러고서 어찌 근심을 떨쳐 버리고 싶어하는가. 본래 사람이란 고관의 자리에 임하는 소감을 물으면 책임이 막중하여 어깨가 무겁고 걱정이 태산이라고 말한다. 걱정이 태산의 만 배가 되어도 좋으니 고관의 자리에 앉혀만 달라는 게 인간의 욕심인데 하물며 임금의 자리를 어떻게 팽개칠 것인가. 공자는 이런 인간의 욕망을 알아 잘 구슬려서 왕 노릇을 잘하는 비방을 설파하여 임금의 사랑을 받았고 장자는 왕 노릇을 말라고만 하여 임금의 눈에 났던 셈이다.

"임금이여 높은 지위를 믿는 오만함을 버리십시오. 욕망에 사로잡히지 않는 태도를 수레로 삼으십시오."

이렇게 시남자가 말하자 임금은 그 나라는 멀고 아득하며 거기에는 아는 이도 없으니 누구와 길동무를 하면 되느냐고 물었다.

"임금께서 경비를 줄이면 먹을 것은 충분할 것입니다. 임금께서 장강(長江)에 오르시면 가도가도 끝이 없을 것이고 전송나온 사람들이 모조리 가고 나면 임금께선 혼자가 되어 자유로울 것입니다. 사람을 다스려 나라를 지니는 자에게는 번거로움이 있고 백성의 촉망을 받는 자에게는 백성의 괴로움이 있습니다."

시남자는 이렇게 말했다. 자신이 자신을 동무하라는 말이다. 내가 나를 만나라는 것이다. 내가 나를 배반할 리도 없고 음해할 리도 없지만 오만과 자만을 버리지 못하는 경우가 있다. 시남자는 이를 버리라고 한다. 오만과 자만을 버리면 마음은 텅 비게 된다. 이것이 무심인 것이다.

(3) 공자를 회개시킨 대공임(大公任)

공자가 노 나라에서 초 나라로 가는 도중 진(陳) 나라와 채(蔡) 나라 사이에서 오해를 받아 포위되어 이레 동안이나 끓인 음식을 못 먹고 고초를 겪었다. 대공임이 공자를 위문하러 왔다. 대공임이 공자에게 곧 죽을 것처럼 보인다고 하니 공자는 그렇다고 대답했다. 다시 공자에게 죽음을 싫어하느냐고 물었더니 싫어한다고 대답했다. 이처럼 장자는 공자의 인품을 여지없이 깎아서 민망하게 한다. 물론 우화의 인물을 통해서 걸고넘어지므로 공자의 후학들도 어떻게 대응할 수 없었을 게다. 그러자 대공임은 불사(不死)에 대해 이야기를 하겠다면서 동해에서 산다는 새를 떠올린다.

"그 새를 의태(意怠)라 부른다오. 느려서 높이 날지도 못하는 무능한 새지요. 날 때는 새 떼의 도움을 얻어 날고 머물 때는 새 떼 속에 끼어 있지요. 앞으로 나아갈 때는 앞장서지 않고 물러설 때는 꽁무니에 처지지 않지요. 그리고 먹을 때도 앞에 나서지 않고 남는 것을 주워 먹을 뿐이오. 그래서 그 새는 새 떼로부터 배척을 받지 않고 사람으로부터 해를 입지도 않는 게지요. 바로 이래서 의태는 재난을 면하는 거랍니다. 곧은 나무가 먼저 벌목당하고 단우물이 먼저 말라 버리지요."

대공임은 지금 공자를 비웃고 있는 중이다. 천하의 현자인 공자가 의태라는 새만도 못함을 암시하고 있음이다. 의태란 새는 자기를 낮추고 감출 줄 안다. 그러나 공자를 새로 비유한다면 자기를 한사코 높여서 세상의 부러움과 존경을 사서 드러내려고 하는 새인 것이다. 숫뻐꾸기 울음소리가 아무리 좋아도 둥지를 틀 줄 몰라 암놈이 뱁새 둥지에 몰래 들어가게 한다. 수놈의 뱁새는 아무리 못나도 둥지를 틀어서 암놈에게 알을 품을 방을 만들어 준다. 뱁새는 못난 새라고 여기고 뻐꾸기는 잘난 새로 사람의 입질에 오른다. 공자를 뻐꾸기 같은 새라고 꾸짖고 있는 셈이다.

"선생은 자신의 지식을 꾸미며서 어리석은 사람들을 놀라게 하지요. 스스로의 행실을 닦아 남의 행동이 잘못된 것을 돋보이게 하는 겝니다. 해나 달을 가지고 다니는 것처럼 자기 자랑을 해 왔지요. 그러니 어찌 재난을 면한단 말이오. 공을 자랑하는 자는 공을 잃지요. 공을 이룬 뒤 물러나지 않는 자는 몸을 망친답니다. 명성을 이루고 거기 머무는 자는 욕을 먹는다고 합니다. 누가 공명을 버리고 뭇사람에게 그것을 돌려줄 것이오? 도가 천하에 퍼져 있어도 명성에 머물지 않고 덕이 천하에 베풀어져도 명예에 머물지 않고 마음을 텅비게 하여 행동을 평범하게 할 뿐 무심하게 거동하고 흔적을 남기지 않는다오. 권세를 버린 채 공명에 뜻을 두지 않는다오. 그러니 남을 책망할 일도 없고 남으로부터 책망을 당할 것도 없지요. 덕이 지극한 사랑은 세상의 명성 따위로 구애를 받지 않는다오. 그런데 선생은 그 따위 명성을 얻었다고 기뻐한단 말이오."

'좋은 말씀이오.' 이렇게 공자는 대공임의 면박을 받아들였다. 그리고 사람들과의 교접을 일체 끊어 버리고 제자들을 돌려보낸 뒤 진펄로 들어가 숨어서 남루한 옷을 걸치고 도토리를 먹으며 살았다는 것이다. 그러자 공자가 짐승들 속에 들어가도 달아나지 않았고 새 떼 속에 끼어들어도 날아가지 않았다고 한다. 새나 짐승도 두려워 않고 미워하지 않는데 하물며 인간이 어찌 진펄에서 무심하고 욕심 없이 은둔하는 공자를 멀리할 것인가.

왜 장자는 우화 속으로 자주 공자를 끌어들여 망신을 주는 것일까?

권세의 야욕을 인간이 간직해도 당연하다고 설파한 때문일 게다. 왕은 인의예악으로 왕도를 펴고, 사대부는 그것으로 의(義)와 이(利)가 다름을 분별하면 태평성대가 이루어진다고 했던 공자의 말은 과연 그대로 되었던가? 왕은 항상 성군을 팔아서 힘을 샀고 사대부들은 임금을 독차지하고 백성의 괴로움만 더해 주었던 게 아닌가. 조선이 망한 것이 임금과 양반의 탓인가 상것들의 탓인가는 묻지 않아도 분명하다.

오늘날 도덕이 무너져 세상이 엉망이라면서 도덕으로 재무장해야 한다는 말이 심심찮게 나온다. 삼강오륜으로 사람을 조여매는 도덕인가, 아니면 사람을 욕심의 질곡에서 풀어나게 하여 마음을 텅 비우게 하고 오만하고 방만한 인간을 부끄럽게 하는 도덕인가? 공맹의 도덕이 양반의 것으로 치우치고 사람의 욕망을 출세지향으로 끌고 간 잘못을 되풀이할 수는 없을 게다. 그렇다면 장자의 스스로 노닐고 욕심을 비우는 도덕을 어찌 모른 척할 것인가.

(4) 사람을 고쳐 주는 자상호(子桑戶)

두 번이나 노 나라에서 쫓겨났다. 송 나라에선 잘린 나무에 깔릴 뻔하였다. 주 나라에선 궁지에 몰렸고 진과 제 두 나라 사이에서는 포위를 당했다. 이것은 공자가 고난을 당하고 겪은 내력이다. 공자는 이렇듯 고난을 당하면서 친한 사람과의 사귐이 차츰 멀어지고 제자와 벗들도 멀어져 간다고 자상호에게 하소연했다.

"선생께선 은 나라 사람이 도망친 이야기를 못 들었습니까? 임회라는 사람이 천금의 값이 나가는 옥을 버리고 아기를 업고 도망을 쳤답니다. 어떤 사람이 임회에게 값으로 따지면 아기는 몇 푼 안 되고 아기가 더 짐이 될 것인데 왜 천금의 옥을 버리고 애를 업고 도망쳤느냐고 물었답니다. 이에 옥은 이익으로 맺어진 것이고 아기는 천륜으로 맺어진 거라고 임회가 말한 다음 이어서 이익으로 맺어진 것은 위급해지면 헤어지고 천륜으로 맺어진 것은 위험을 당하면 뭉치는 것이라고 대답했습니다."

이렇게 자상호는 공자에게 이야기를 해 준다. 공자가 선전하고 다니는 예의라는 것은 하늘의 것이 아니라 사람이 만든 것임을 은근히 꼬집고 있는 게다. 학문을 사랑하고 많이 배워라. 교양을 쌓아 생각을 넓히고 지식을 가꾸어 유식한 사람이 되어 군자의 꿈을 버리지 마라. 군자가 되면 임금이 부를 것이고 그러면 벼슬을 하여 일세에 이름을 남길 것이다. 이러한 말은 결국 이익에 의해 맺어진 것에 불과하다. 꿀단지가 있으면 개미가 모이고 고깃덩이가 있으면 개들이 으르렁거린다. 그러나 꿀단지에 꿀이 없어지면 개미는 오지 않고 고깃덩이가 없어지면 개들도 뿔뿔이 흩어져 버린다. 이익이란 무엇인가? 꿀단지의 꿀과 같고 고깃덩이와 같은 게다.

공자는 그러한 꿀단지에 꿀이 많다고 천하를 돌며 유세를 하였고 고깃덩이가 큼직하고 먹음직하다고 소문을 내서 사람들이 모여들어 너도 나도 제자 되기를 바랐다는 게다. 이러한 암시를 하는 자상호는 공자의 아픈 곳을 찔러 서로 떨어지지 않으려는 것과 서로 버리는 것은 너무나 동떨어진다고 일침을 놓았다.

공자는 '인간이여, 문화인이 되라'고 외쳤다. 그러나 장자는 '인간이여, 자연인이 되라' 외쳤다. 공자의 외침은 관가를 탐하는 사람의 마음을 끌었고, 장자의 외침은 생활 속으로 파고들었다. 선비가 녹을 받을 때는 공맹을 숭상하다가도 낙향을 하면 노장의 말귀를 알아들었다. 오만 방자할 때는 장자를 모르다가 삶의 고통이 몸에 와 닿아 마음을 쑤시기 시작하면 장자야말로 옆에서 상처입은 마음을 달래 주고 더 넓고 더 밝은 세계를 열어 준다고 생각했다. 그 세계는 무엇인가? 이익으로 주판을 놓는 곳이 아니라 담백하게 서로 마음을 주고 트는 놀이터와 같다.

일에 찌들고 세파에 시달린 마음일수록 나약해서는 안 된다. 실패 후에 성공을 부러워하고 좌천 후에 영전을 부러워하고 낙방 당한 자가 합격을 부러워하고 가난한 사람이 부자를 부러워하며 동동거릴 필요는 없다. 그럴수록 마음만 상하고 상한 마음이 숨을 몰아쉬게 하여 결국 자신을 망치는 나락으로 떨어질 뿐이다. 그러지 말고 마음이 텅 비면 상쾌하다는 장자의 말을 들어 보라.

자상호의 말을 들은 공자는 집으로 돌아가 학문을 그만두고 책을 버렸다. 제자들이 앞에서 절하는 일도 없어졌으나 사제의 정은 더욱 깊어졌다. 훗날 자상호는 공자에게 순 임금이 운명하면서 우 임금에게 내린 명을 다음처럼 들려주었다.

"우 임금은 명심하라. 몸은 자연의 변화를 따르고 마음은 본성을 따르라. 왜 그렇게 해야 하는가? 몸이 자연의 변화를 따르면 서로 떨어지지 않고 친하며 본성을 따르면 마음에 번거로움이 없는 까닭이다. 그렇다. 이익으로 맺어진 벗을 놓고 우정을 말하지 마라. 백 원으로 맺어진 우정은 백 원 값이 다 되면 떨어져 간다. 그러나 모자(母子)가 떨어지는 것을 보았는가. 혈육의 피붙이어서 그렇다고 말한다. 그것이 바로 자연이요, 본성인 게다.

돈을 보고 결혼한 부부에게 사랑을 물으면 괴로워한다. 언제 이혼하면 유리한가를 따지고 있는 중인 까닭이다. 그러나 사랑으로 결혼한 부부에게 사랑하느냐고 물어보라. 그러면 사랑이란 말을 수줍어서 못하고 서로 믿는다고 한다. 무엇을 믿는단 말인가? 마음을 믿는다. 서로 마음을 믿는 것이 본성의 초입인 것이다. 그러나 현대인은 마음의 믿음을 모른다. 그래서 무엇이든 계약서에 도장을 찍어 공증을 받아야 안심한다.

(5) 왕을 꾸짖는 장자

자연은 천하의 만물을 있는 그대로 두고 자유로 다스리지만 군주는 무슨 무슨 제도의 법을 만들어 겁으로 다스린다. 거칠게 겁만 주는 군주를 폭군이라 하고 부드럽게 겁주는 군주를 성군이라 한다. 공자가 폭군을 성군으로 바꾸어야 한다는 야망을 지녔다면 장자는 성군이든 폭군이든 겁주어 사람을 다스리기는 매양 같다고 여겼다. 그런 장자가 거칠게 겁주어 세상을 다스리고 있던 위 왕(魏王)을 찾아갔다.

누더기를 걸치고 삼끈으로 신발을 얽어맨 채로 찾아온 장자를 보고 위 왕은 어째서 그렇게 병들고 지쳤느냐고 물었다.

"가난한 거지라고 지치고 병든 것은 아니오. 선비가 도덕을 말하면서 실천하지 못하는 것을 병들고 지쳤다고 하는 거라오. 옷이 헤지고 신발에 구멍이 난 것은 가난이지 지치고 병든 것은 아니오. 때를 만나지 못한 것뿐이오."

이렇게 장자가 왕의 물음에 응하였다. 권세가 있는 쪽이 병들고 지치기 쉽고 돈이 많을수록 지치고 병들기가 쉽다. 권세나 돈은 항상 도둑의 그림자를 밟고 있어야 하는 까닭이다. 큰 도둑은 옥새 통을 넘보고 작은 도둑은 부자의 금고를 털며 좀도둑은 부잣집 안방의 보석함을 노린다. 그래서 권세는 총칼로 경비를 세우고 마음을 졸이며 부자는 자물쇠를 걸어놓고 밤잠을 설친다. 가난한 자야 도둑맞을 것이 없으므로 편히 잠을 자고 몸으로 벌어먹어야 하므로 병들거나 지칠 줄을 모른다. 가난은 궁할 뿐 마음은 편할 수가 있다. 가난한 자의 마음은 단순하지만 권세와 부자의 마음속은 항상 복잡하다. 참으로 지치고 병든 것은 마음이 복잡하게 꾀를 부릴 때일 게다. 그러므로 위 왕이 지치고 병든 것이지 남루한 장자야 가난할 뿐이다.

"왕께서도 나무에 오르는 원숭이를 보았지요. 원숭이가 가래나무에 올라서 가지를 잡고 의기양양할 때는 아무리 명사수라도 겨냥을 못하지요. 그러나 원숭이가 가시나무에 올라가면 위태롭게 걷고 이리저리 살피며 두려워 부들부들 떨지요. 이는 원숭이의 근육과 뼈마디가 굳어서 부드러움을 잃은 것이 아니오. 있는 곳이 불편해서 제 기능을 충분히 발휘하지 못하는 까닭이오. 지금처럼 어리석은 군주와 신하가 있는 사이에서는 병들지 않고 지치지 않으려 애를 써도 병들고 지칠 뿐이오. 충신마다 가슴을 찢긴 것을 보아도 분명한 거라오."

백성이 밤새 안녕하냐 하면서 하루 살기가 어렵고 아슬아슬하여 가시방석에 앉은 양이면 분명 그 세상은 무서운 손에 통치의 칼자루가 쥐어진 셈이다. 겁주는 통치자는 힘만 믿으므로 힘을 만들고 쌓기 위해 백성의 피와 땀을 밤낮으로 쏟게 하여 병들고 지치게 한다. 중국이 자랑하는 만리장성이나 이탈리아가 자랑하는 콜로세움이 다 그런 증거다. 박 대통령 시절에는 정보부가 만리장성이었고 전 대통령 시절에는 보안사가 만리장성이었다. 이처럼 힘으로 통치되는 세상에 사는 백성은 가시나무에 올라간 원숭이처럼 벌벌 떨면서 두려워하게 된다. 통치자여, 가시나무 위에서라도 쌀밥을 먹게 하면 된다고 말하지 마

라. 시원한 느티나무 아래서 감자를 먹을지라도 마음이 편하면 행복한 게다. 그래서 근 몇 십 년 동안을 우리는 가난을 면하는 대신 자유를 유보했다. 그 과정에서 민주화를 외치고 화염병을 던지고 눈물 폭탄에 죄 없이 흘린 눈물이 얼만가. 그것은 분명 지치고 병든 것이었다. 지금 장자가 서울에 온다면 누더기마저 벗어 버리고 삼끈으로 신발조차 묶지 않고 아예 맨몸으로 종로 네거리에 나타나 옷을 입은 그대들이 부끄럽고 병들었지 옷을 벗은 나야 당당하고 떳떳하다고 할 것이다.

무엇 때문에 인간은 병들고 지쳤는가? 오만 가지 이런저런 욕심 탓으로 그렇게 되어 버린 셈이다. 마음은 아예 없어졌는지 마르고 앙상하여 물기를 잃었고 삼복더위에도 벌판에서 메마른 흙먼지를 일으키는 삭풍처럼 휘몰아치고 명예가 목숨이고 명성이 목숨이고 권력이 목숨이고 돈이 목숨이라면서 아우성을 치고 멱살을 잡고 삶을 주리 튼다. 그러니 어찌 편안한 삶이 유지될 것인가.

누더기를 입은 장자여, 그대는 명품의 옷을 비싸게 사서 입은 우리들을 흉보아도 된다. 그대는 욕심이 없는 까닭이다. 구멍난 신발을 삼끈으로 매서 신은 장자여, 그대는 고급 가죽 구두를 신었다고 뽐내는 우리를 흉보아도 된다. 그대는 허영이 없는 까닭이다. 장자여, 부자가 되려는 우리를 흉보아도 된다. 그대는 참으로 가난한 까닭이다.

12. 〈전자방(田子方)〉의 인물들

왜 텅 빈 마음이 그득할까

마음이란 시간의 속박을 받지 않는다. 마음은 흘러간 시간을 잡아두기도 하고 흐르는 시간과 더불어 흐르기도 하고 멈추기도 한다. 그리고 흘러간 시간을 끌어와 안기도 하고 보내기도 한다. 그래서 몸은 늙지만 마음은 청춘이라고 한다. 마음의 시간이란 과거 현재 미래라는 금을 긋고 담을 쌓지 않는다.

마음이란 공간의 속박도 받지 않는다. 마음은 천지를 안아 감고 뒹굴 수도 있고 겨자 씨가 내려앉기도 비좁은 곳에다 만물을 담아 둘 수도 있다. 공간이 넓어야 무엇을 많이 넣고 좁으면 비좁아 무엇을 넣을 수 없는 그런 한계가 없다. 그래서 마음의 공간이란 넓이나 부피나 깊이를 자로 잴 수 없는 우주이면서 하나의 점이기도 하다.

그러므로 마음의 본성은 자유 그것이다. 자연에 노닐라 함은 바로 마음의 자유를 만끽하라 함이다. 사람의 일이란 시간의 구속이고 공간의 구속이며 인과의 구속이므로 마음의 자유를 빼앗아 마음을 그 무엇에 묶어 두려고 한다. 그 무엇을 사물이라고 한다. 마음이 본성을 버리고 사물에 묶이도록 고집을 부리는 마음이 여기서 생긴다. 이처럼 마음은 스스로 본성을 버리고 사물에 매료되는 본능도 있다. 아마도 마음의 본능이란 사물과 만난 다음의 반응인 모양이다. 본능은 사물을 탐하려고 한다. 그래서 본능은 욕망의 뿌리를 내린다.

욕망을 채우려는 마음은 본능의 뿌리를 얽히고설키게 한다. 식욕을 무성하게 하고 성욕을 무성하게 하고 물욕을 무성하게 하며 공명심을 무성하게 하려고 한다. 식욕이나 성욕 물욕이나 공명심 등등의 욕망이란 본능의 뿌리에서 돋아난 줄기일 것이다. 그 줄기마다에 욕심이란 잎새들이 무성해져 마음을 그 밑에 있게 하여 잎새 너머에 있는 텅비고 맑은 하늘을 바라보지 못하게 한다. 무성한 나무 밑에서 하늘을 보려고 고개를 쳐들지 마라. 고개만 아플 뿐 가린 하늘은 보이지 않는다. 마음을 텅 비게 하란 말은 욕심의 잎새로 울창한 나무 밑에서 벗어나 빈 들판에 서라는 말이다.

마음을 꾸미지 마라. 이는 욕심으로 마음을 화장하지 말라는 말로 들으면 된다. 젊은 여인이 입술에 연지를 바르는 것은 이쁘게 보이려는 본능이 동한 탓이다. 돌잡이의 입술에 입술연지를 발라 보라. 이뻐 보이기는커녕 흉해 보일 것이다. 욕심이 없는 마음에 욕심을 덧칠한 까닭으로 흉하게 보인다. 마음을 욕심으로 채우면 채울수록 마음이 흉해 보인다.

흉하다는 것은 풍요 속의 빈곤을 말한다. 호주머니에 수많은 돈을 넣고 마음이 욕심의 기름 덩이로 꽉 차 있으면 흉해 보인다는 것을 왜 사람들은 부끄러워하지 않을까? 본능은 제 얼굴을 제가 들여다보게 하는 거울을 깨뜨려 버리는 까닭이다. 그 거울이 맑고 깨끗하면 본능 너머에 있는 본성을 마음이 만나게 된다는 것을 왜 사람들은 믿으려 하지 않을까?

마음을 충실하게 하라. 이 말은 마음을 본성에 머물게 하라 함이다.

그렇게 머문다 함은 마음이 자유를 찾아 누린다는 뜻으로 들으면 된다. 이는 욕망의 잎새들인 욕심에서 벗어나 사물과 시공(時空)이 묶는 구속에서 벗어나란 뜻으로 헤아려도 된다.

이삭이 영글면 고개를 숙이고 깊은 물은 소리내지 않고 흐른다. 이는 속이 충실하고 깊을수록 겸허함을 말한다. 욕망이나 욕심은 인간이 간을 키워 천하 따위야 돈짝 만하고 한 손아귀에 쥘 수 있다는 착각을 지니게 한다. 그래서 제 자신이 위대하다고 자만한다. 인간의 이런 꼴 때문에 빈 수레가 요란하고 얕은 물일수록 시끄럽다는 속담이 생긴 게다. 충실한 마음은 자신을 하나의 티끌이나 먼지쯤으로 여긴다. 그러므로 충실한 마음은 욕망의 늪에 빠져 위대하다고 자만하는 착각을 범하지 않는다. 나는 먼지라고 여기는 이가 무엇을 더 바랄 것인가. 이렇게 되면 욕망의 사슬에서 벗어나 걸림 없이 노니는 마음의 자유를 누린다. 이것은 마음이 곧 자연이 되는 셈이다. 이것이 곧 무위이다.

무위란 지극한 자유임을 말한다. 본능으로부터의 자유, 이 얼마나 홀가분한가. 생을 탐하고 사를 두려워하는 구속에서 벗어나 걸림 없이 삶을 노닐 수 있는 자유, 이 얼마나 지극한 아름다움이고 지극한 즐거움인가.

(1) 수가 높은 전자방

위 나라에 현인이 있었다. 그 이름이 계공(鷄工)이었다. 전자방은 위 나라의 임금 앞에서 그 현인을 연거푸 칭찬하였다. 그러자 임금이 전자방에게 계공이란 현인이 당신의 선생이냐고 물었다. 그러자 전자방은 그분이 자기의 선생은 아니지만 고향 사람이라면서 그분이 도를 말하면 이치에 맞아 그분을 칭찬하는 것이라고 응답했다.

전자방이 칭찬하는 연유를 듣고 난 다음 임금은 다시 전자방에게 당신의 선생은 없느냐고 물었다. 전자방은 있다고 여쭈었다. 임금은 당신의 선생은 누구냐고 물었다. 동곽순자(東郭順子)라고 스승의 이름을 밝혔다. 전자방의 선생은 동곽에 살아 성이 되고 이름이 순자였던 셈이다. 아마도 전자방의 선생은 하늘과 땅의 변화에 따라 살았을 게다. 무위에 따르는 자가 곧 순자인 까닭이다.

전자방이 선생이 아닌 계공을 칭찬하고 선생인 순자를 하나도 칭찬하지 않는 연유를 임금은 알고 싶었던 모양이다. 왜 당신의 스승에 대한 칭찬은 없느냐고 물었다. 그러자 전자방은 다음처럼 스승을 말한다.

"저의 선생은 사람됨이 참되어 사람이면서도 하늘의 마음을 지녔습니다. 그래서 만물에 따르고 응하시면서도 천진합니다. 마음이 맑고 가난하여 만물을 널리 안습니다. 남이 어긋난 짓을 해도 말로 나무라지 않으시고 다만 모습을 올바르게 하시고 절로 깨닫게 할 뿐입니다. 그러면 못된 마음이 없어지게 됩니다."

이러한 선생을 나 같은 놈이 어찌 칭찬을 할 수 있겠느냐고 전자방은 반문하였다. 사람의 마음으로 하늘의 마음을 어떻게 칭찬할 것인가? 그것은 인간이 칭찬할 수 없다는 게다. 사람의 마음은 시비의 샘물에서 흘러나오는 물과 같다. 시비의 샘물에서는 항상 두 갈래의 물길이 서로 얽혀서 흘러나온다. 옳다는 것(是)의 물줄기는 칭찬이란 맛을 지니고, 그르다는 것(非)의 물줄기는 비방이란 맛을 내면서 흐른다. 시비의 샘물에 이해가 얽혀 들면 어느 것이 옳고 어느 것이 그른가를 가늠하기가 어렵게 되어 버린다. 그래서 내 편이 생기고 네 편이 생기는 법이다.

남에게 칭찬을 받는 일을 하면 꾸중을 듣게 되는 일도 하게 된다. 그래서 어제는 충신이었다가 오늘은 역적이 되는 경우가 있는 게다. 이기면 칭찬을 하고 지면 욕을 한다. 사랑하면 서로 칭찬을 하고 미워하면 서로 흠을 잡는다. 약속을 해서 지키면 칭찬을 하고 어기면 비방을 하게 된다. 이처럼 칭찬의 물길에는 항상 욕이 아니면 흠이거나 비방의 물길이 얽히게 된다. 계공이란 현인이 칭찬의 물길을 타고 가는 중이라면 언제 욕설의 물길을 타고 갈 것인지 모를 일이다. 이렇게 사람의 마음이란 물길에서 노는 현인이야 칭찬도 받을 수 있고 비난도 받을 수 있는 게 아니냐는 노림수가 전자방의 말 속에 숨어 있는 셈이다.

하늘의 마음은 무엇일까? 손자를 안은 할아버지의 마음 같은 게 그것일 것이다. 돌잡이 손자가 할아버지의 수염을 훑어 뽑아도 할아버지는 웃는다. 할아버지는 수염을 뽑히면서도 손자를 이쁘다고 쓰다듬고 어루만지며 업어 준다. 할아버지의 등을 탄 돌잡이가 오줌을 싸도 이쁘고 똥을 싸도 이쁘다고 할아버지는 웃는다. 무슨 마음이 이 할아버지를 웃게 하는 것일까? 그 웃음이 바로 하늘의 마음인 게다.

전자방의 선생인 순자는 손자를 안은 할아버지처럼 만물을 대하므로 순자의 사람됨은 참될 수밖에 없다. 참되다는 것은 무엇을 꾸미지 않고 있는 그대로임을 말한다. 어른의 마음이란 참되기가 어렵다. 만 갈래의 술수를 써서 험악한 마음을 웃음으로 꾸미기도 한다. 그래서 사람의 마음은 닭을 먹고 오리발을 내놓는다고 하는 것이 아닌가.

참됨은 천지의 모습이다. 사람이 좋아하는 산들바람도 하늘에서 불고 사람이 싫어하는 폭풍도 하늘에서 분다. 산에는 산삼이 살고 그 옆에선 독사가 또아리를 틀고 잠을 자기도 한다. 그래서 하늘의 마음은 만물을 포용한다고 말한다. 이러한 마음을 지닌 순자를 알게 된 위 나라의 임금은 멍청해졌다고 고백을 하고는 위 나라가 자신의 본성을 해친다고 실토한다. 그러나 전자방이 서울에 온다면 그 임금의 반에 반만 한 인물도 만나진 못할 게다.

(2) 한숨짓는 온백설자(溫伯雪子)

온백설자가 제 나라로 가다가 노 나라에 머물렀다. 어느 한 사람이 그를 한사코 만나 보고자 했다. 그러나 온백설자는 노 나라의 사람이 그를 만나고 싶어할 리가 없다고 여겼다. 노 나라의 군자는 예의에는 밝지만 인간의 본심을 아는 데는 서툴다고 알았다. 그래서 그는 만나고 싶지 않았다.

온백설자는 제 나라에서 돌아오는 도중에 다시 노 나라에서 묵었다. 이번에도 그 전처럼 그에게 만나기를 청했다. 그렇게 만나고 싶어 하니 한번 만나 보자는 심정으로 만나 보았다. 만나고 방으로 돌아온 온백설자는 한숨만 지었다. 다음날도 다시 만났지만 방으로 돌아와 여전히 한숨만 지었다. 이러한 광경을 본 온백설자의 종이 왜 그렇게 한숨만 짓느냐고 물었다.

"내가 이미 말했지 않느냐. 노 나라 사람은 예의에는 밝지만 사람의 본심을 아는 데는 서툴다고 말이다. 내가 만난 사람이 들어오고 물러남이 하나하나 자로 잰 듯하였다. 그 몸가짐새는 용 같기도 하고 호랑이 같기도 했다. 나를 나무랄 때는 자식처럼 대했고 나를 인도할 때는 아버지처럼 대했다. 이것이 나를 한숨짓게 하였다."

예의 바르고 빈틈이 없는 사람을 만나면 무서워진다. 몸은 꼬챙이처럼 빳빳하고 목소리는 카랑카랑하며 옷매무새는 언제나 단정하고 사리를 따져 행실을 가다듬는 사람을 만나면 질식할 것 같다. 예로 사람을 묶어 놓고 말 한번 편하게 할 수 없는 사람을 만나면 어디론지 도망을 치고 싶은 마음을 버릴 수 없게 된다. 왜 이러한 사람을 만나면 존경스럽기는커녕 무섭고 넌덜머리가 나는 것일까? 예의라는 것을 동아줄로 여기고 제 몸을 꽁꽁 묶어 놓고는 옆사람마저 그렇게 하자고 강요하는 까닭일 게다. 예의라는 것은 남의 눈치를 보고 남에게 흉이나 약점을 잡혀서는 안 된다는 경계심에서 더욱 기승을 부리게 된다. 그래서 겉과 속이 다르고 그러다 보니 자연히 겉을 꾸미게 되는 것이다.

예의는 사람의 본심을 들들 볶아 염천 아래 호박잎처럼 맥을 쓰지 못하게 한다. 이러면 안 되고 저러면 못쓴다는 말로 마음을 묶어 놓고 범절이란 틀에 치렁치렁 매달아 버린다. 그렇게 매달리지 않으면 불상놈이라고 욕을 먹거나 아니면 애비에미 없이 막 자란 놈이라고 인간을 난도질하려고 덤비니 누구나 예의라는 것 때문에 주눅이 들게 마련이다. 이러한 경우를 두고 제 손으로 제 목을 조르고 숨막혀 한다고 하는 게다.

본심대로 하면 꾸밀 것도 없고 감출 것도 없다. 슬프면 슬픔을 나타내면 되고 기쁘면 기쁨을 나타내면 된다. 그러다가 슬퍼할 것도 없고 기뻐할 것도 없다는 경지에 이르면 삼복더위에 찌들리다가 소나기를 만나 싱그러워진 푸성귀처럼 마음이 활달해지고 걸림 없이 마음을 드러내 보이게 된다. 마음을 드러낼 수 있다면 무엇을 감출 것이 있을 것이며 무엇을 두려워할 것인가. 온백설자는 본심대로 사는 사람이어서 예의만을 앞세워 따지고 드는 노 나라에서 숨이 막힐 지경이었던 모양이다.

공자가 어느날 온백설자를 만났다. 공자가 그를 참으로 만나 보고 싶어했었다는 것을 알았던 자로가 그렇게 만났으면 하셨던 그분을 만나 왜 말 한마디도 하시지 않았느냐고 물었다. 그러자 공자는 온백설자 같은 분은 얼핏 보기만 해도 도를 갖추고 있음을 알 수 있는데 말을 해서 무얼 할 것이냐고 타일러 주었다.

예의가 바르다고 도에 이르는 것은 아니다. 예의는 사람이 만든 것이므로 사는 곳에 따라 다르고 사는 시대에 따라 다르게 마련이다. 만일 조선 시대의 양반이 지금 서울에 온다면 눈을 뜨고 종로나 을지로를 걷지 못할 게다. 거의 옷을 벗다시피 하고 앞가슴이 풍만하다고 자랑하는 여인을 보면 기절할 것이고 새파랗게 젊은 놈이 늙은이에게 담뱃불을 빌리는 꼴을 보면 울화가 치밀어 숨통이 막히고 말 게다. 그러나 요즈음 사람들은 아무렇지 않다는 듯이 저 잘난 맛으로 사는 세상이 아니냐면서 모른 척하고 지나갈 뿐이다. 요사이 누가 정수리에 상투를 틀고 에헴 하면서 얌전을 떨 것인가. 서양식의 예의범절을 수입해서 제멋과 제 맛으로 살면 된다고 여기고 공맹의 예의를 버린 지 오래다. 그러니 신종의 예의가 들어와 사람을 다시 껍질로 꾸미는 연극을 하고 있는 셈이다. 삶을 꾸며서 더하고 덜할 것도 없게 있는 그대로 사는 일이 온백설자가 말하는 본심일 게다. 사람이 본심대로만 산다면 삶의 거짓은 꾸미지 않아도 될 게다.

(3) 뉘우치는 공자

공자는 노자를 만나 미처 몰랐던 것을 배웠다. 물론 장자의 우화에서는 공자도 등장하고 노자도 등장한다. 공자가 노자를 만났다는 말은 있어도 노자의 제자라는 말은 없다. 그러나 장자의 우화 속에서는 왕왕 공자가 노자의 제자처럼 등장한다. 왜 이러한 우화의 틀에다 두 사람을 등장시켰을까? 자연이 인의를 버리게 함을 보여 주려는 까닭이다.

공자가 노자를 만나러 갔을 때 노자는 머리를 감고 헝클어진 채로 햇빛에 젖은 머리를 말리고 있었다. 꼼짝도 않고 있는 노자가 사람 같지가 않았다. 공자의 눈에는 마치 마른 나뭇가지처럼 보였다. 그러한 노자의 모습이 바깥의 사물을 잊어버리고 사람을 떠나 홀로 있는 것으로 보였다고 공자가 말을 걸었다. 그러자 노자는 마음을 만물의 시초에 노닐게 했노라고 응했다.

공자가 노자의 말을 알 리가 없었다. 왜냐하면 공자의 도인 인의란 사람을 떠나서는 있을 수 없는 것이기 때문이다. 그래서 공자가 무슨 말씀이냐고 물었다. 만물의 시초란 고요하고 차디찬 음기와 밝고 더운 양기의 만남임을 노자가 암시해 준다. 이러한 암시는 사람이 따로 있고 짐승이 따로 있다는 생각을 앞세워서는 만물의 시초에 닿을 수가 없게 된다는 것이다. 인간이 능사로 삼는 시비와 분별이란 그러한 시초를 잊어버린 탓으로 빚어지는 인간의 좁은 소견에 불과함을 깨우치게 하는 셈이다.

하늘에서 생기는 밝고 따뜻한 양기와 땅에서 나오는 고요하고 차가운 음기가 서로 만나 화합하면 만물이 생긴다. 이것이 노자가 말하는 참된 도에 해당된다. 사람도 그렇게 생겨나고 잔디풀도 그렇게 생겨나고 거머리나 송충이도 그렇게 생겨나며 병을 일으키는 무수한 바이러스나 세포들도 그렇게 생겨남을 깨우친다면 만물이 비롯되는 그 시초란 서로 다를 것이 없다. 이러한 생각이 바로 참된 도가 안고 있는 출생의 자유일 게다.

"만물은 없는 것에서 생겨나고 그 종말도 다 흩어져 없는 상태로 돌아가는 거요. 이리하여 사물의 처음과 끝이 한없이 되풀이되어 다하는 일이 없지요."

참된 도가 무엇이냐는 공자의 물음에 노자는 위와 같은 말로 응해 준다. 현대인은 이러한 말은 믿지 않으려 한다. 신비로운 말일 뿐 과학이 아니라고 팽개치려고 한다. 사람이 생기는 것은 남녀의 성교를 통해서 비롯되는 것이지 천지 사이에서 비롯됨을 누가 지금 믿으려 하는가. 아무도 없을 게다. 그러나 여자의 난자와 남자의 정자가 합쳐져서 사람이 된다고 하면 옳다고 여긴다.

난자와 정자가 사람의 시초일까? 이러한 질문 앞에선 어떠한 생물학의 거두라도 창망해지고 말 게다. 여자의 몸에서 난자가 만들어진다면 그 여자의 몸은 밥을 먹어야 하고 물을 마셔야 하고 바람으로 숨을 쉬어야 난자를 만들어 내게 되고 남자의 정자 또한 그렇게 해야 만들어진다. 이러한 생각에 이르면 난자와 정자의 시초는 남녀의 몸이 아니라 천지라는 생각으로 이어진다. 그렇다면 만물의 시초는 어디일까? 천지가 아닌가. 음양이란 천지의 기운을 말함이요, 그 기운을 요리하여 만물이라는 음식을 만들어 차리는 주방장을 도라고 여기면 되는 셈이다. 참된 도는 무엇인가? 생명을 요리해 내는 솜씨인 셈이고 동시에 그 생명이 다하면 설거지하는 솜씨일 게다.

만물의 시초는 지극히 아름답고 지극히 즐겁다고 노자가 말한다. 거기서 노니는 방법을 공자가 가르쳐 달라고 한다. 풀을 먹는 짐승은 수풀이 바뀌는 것을 꺼리지 않고 물에 사는 벌레는 연못이 바뀌는 것을 싫어하지 않는다며 기쁨이나 슬픔이 가슴속으로 스며들지 않게 하라고 노자는 타이른다. 하물며 이득이나 행복 또는 불행 따위가 마음을 어지럽힐 수 있단 말이오. 만물의 변화는 아득한 옛날부터 끝없이 계속되고 있는데 무엇 때문에 마음을 괴롭힐 것인가. 이러한 절대의 자유를 마음이 누린다면 무엇 때문에 애간장을 끓이며 밤잠을 설치며 몸부림을 칠 것인가.

노자의 말을 들은 공자는 자신이 밝힌 도란 단지 속의 벌레에 불과했다고 제자에게 고백한다. 노자가 그 단지의 뚜껑을 열어 주지 않았더라면 그 단지 속에 머물러 천지의 위대함을 알지 못했을 것이라고 시인한다. 공자의 도는 인의였으니 그 인의란 것이 사람을 좁게 만들었다는 셈이다. 물론 현대인은 공자의 도를 가볍게 여기고 과학의 도를 믿는다. 현대인의 과학이라는 도 역시 플라스틱 통 속에 있는 벌레인지도 모른다.

(4) 망신당한 애공(哀公)

노 나라 애공이 장자를 만났다. 그 자리에서 애공은 노 나라에 유자(儒者)가 많다고 자랑하면서 장자의 방술(方術)을 터득한 자는 적은 것 같다고 했다. 그러자 장자는 노 나라에 유자가 적다고 응했다. 어째서 적냐고 애공이 되물었다.

유자는 유가를 따르는 사람이고 유가는 인의를 으뜸으로 삼고 인간의 도리를 예악으로 다스리려고 한다. 그래서 유가는 인간을 인간이 다스린다는 명분을 세운다. 이렇게 명분을 앞세우는 유자들은 둥근 갓을 쓰고 다녔다. 갓이 둥근 것은 천문(天文)을 안다는 표시라고 한다. 네모난 신발을 신고 다니는 것은 지리를 안다는 표시라고 한다.

그리고 오색실로 꿰어 결이란 구슬을 허리에 차고 다니는 것은 맡은 바 일을 결단성 있게 처리함을 나타낸다고 한다. 둥근 갓을 쓰고 네모난 신발을 신고 결이란 구슬을 허리에 차고 있는 사람들이 노 나라에는 많았던 모양이다. 그러한 풍경을 보고 노 나라의 애공은 자기 나라에 유자가 많다고 믿었던 셈이다.

'겉을 보면 속을 안다' 는 말보다 '겉 보고는 속을 모른다' 는 말이 더 참말이다. 열 길 물속은 알아도 한 길 사람 속은 모른다는 속담이 그래서 있는 게다. 표정이나 눈짓을 보면 그 사람의 마음을 짚을 수 있다지만 표정도 지어서 있는 것이고 눈짓 역시 지어서 있는 게다. 사람이 무엇을 짓는다 함은 무엇인가를 꾸미려 든다는 게다. 유자의 둥근 갓과 네모진 신발, 그리고 오색의 구슬은 인의를 겉으로 꾸미는 것에 불과할 뿐임을 노 나라 애공은 미처 모르고 있었던 게다. 이런 겉차림을 한다고 도를 안다고 할 수 있을까? 이러한 질문을 장자가 애공에게 던지고 정녕 도를 터득한 군자라면 그런 옷차림으로 마음을 쓰지 않는다고 일침을 가했다.

유가의 도를 모르면서 유복을 걸치고 다니면 사형에 처한다는 포고를 내려 보면 알 것이라고 장자가 애공에게 권했다. 애공이 그렇게 했더니 삽시에 노 나라에서 유복을 걸치고 다니는 사람이 없어졌다는 게다. 유가의 도가 무엇인지도 모르고 유자인 척한 사람들로 가득했음을 애공은 알게 되었던 셈이다. 한 벌의 옷으로 군자가 될 수 있다면 누가 군자이기를 어려워할 것인가. 비싼 집과 비싼 차와 비싼 옷이 싸구려로 가득찬 마음을 감추어 보려는 수작인 것은 항상 변함이 없다. 보석 반지를 낀 손은 항상 이마에서 곤욕을 치른다는 말이 있다. 남에게 과시하려고 이마에 얹고 있는 손은 무엇을 잘못해서 벌을 서느라고 머리 위로 치켜든 손과 다를 바가 없다. 꼴불견은 허수아비요, 텅빈 쭉정이에 불과할 뿐이다. 노 나라의 유자들이란 모두가 쭉정이였고 가짜들이었던 셈이다.

그런데 유독 한 사람만 유자의 차림을 하고 노 나라 애공을 만나고 하였다. 애공이 그를 불러들여 국사(國事)를 나누었더니 변화무쌍하여 막히는 데가 없었다. 아마도 마지막까지 유자의 차림을 하고 있었다는 그는 도를 터득한 이였을 게다. 그가 애공에게 인의로 나라를 다스리고 왕도를 펴야 한다는 말을 했다는 것이 아니라 변화가 무쌍했다니 인의도덕만을 앞세우고 인간의 분별과 시비를 일삼지 않았음을 알게 된다.

이러한 일이 있은 다음 장자는 애공에게 노 나라를 통틀어도 유자는 단 한 사람밖에 없는 셈이니 노 나라에는 유자가 적다고 말해도 되지 않느냐고 반문을 한다. 아마도 애공은 꿀먹은 벙어리가 되었을 게다. 겉으로 속을 셈하는 자는 허방에 빠지기가 쉽다. 허방에 빠지면 발이나 허리를 다치고 병신이 되기가 쉽다. 만일 마음이 가볍고 얕아서 경망스럽다면 하는 짓이 모두 얕고 거칠어 탈만 내는 법이다. 그래서 반풍수가 집안을 망친다고 하는 것이 아닌가. 노 나라 애공은 무엇을 잘 알지도 못하고 겉만 보고 믿었으니 푼수가 되고 만 셈이다.

유가는 예의라는 것으로 사람에게 꾸미는 짓을 권장했던 셈이다. 본심은 그렇지 않으나 남의 눈이 무서워 하는 짓은 두 번 속이는 꼴이 되어 버린다. 한 번은 자기가 자기를 속이는 것이고 그 속임수가 남을 속이는 까닭이다. 속고 속이면서 무슨 질서를 추구한다면 그러한 질서는 옹색해질 수밖에 없는 게다. 그래서 모처럼 예의범절이 심하면 사람을 꽁생원으로 만들어 카랑카랑 헛기침만 하게 하는 것이 아닌가.

이제는 예의가 유행 앞에 무릎을 꿇었다. 유행이란 제 맛으로 산다는 말을 보증해 주지만 실은 앵무새처럼 산다는 증거가 되기도 한다. 남의 허벅지를 긁고서 시원하다는 사람들이 어찌 노 나라에만 있을 것인가.

(5) 편하게 사는 사람들

백리해(百里亥)는 벼슬이나 녹봉 따위에 마음을 두지 않았다. 그래서 소를 먹이면 소들이 살이 쪘다. 건성으로 소를 친 것이 아니라 참으로 소를 거두었던 까닭이다. 이러한 까닭을 안 임금이 그에게 벼슬을 주어 나랏일을 돌보게 하였다. 그 임금은 천한 신분이 없음을 알았던 셈이고 백리해는 벼슬이 뭐 대단한 것이냐고 여겼던 셈이다. 벼슬이 대단한 것이라고 생각하는 데서 횡포도 나오고 음모도 꾸며지고 탄압도 자행되는 법이다. 그저 나라를 다스리는 일이나 소를 살찌게 먹이는 일이나 다를 바 없다고 여겼으니 백리해의 정치는 소란스럽지가 않았다.

정치가 시끄럽고 사회가 아우성인 것은 제 몫이 대단해야 할 텐데 그렇지 못하다는 불만 탓이다. 불만이란 욕심을 다 채우지 못한 뒤탈이다. 정치가 욕심을 부리면 흐르던 물도 멈추고 산으로 오르려 하고 사회가 욕심을 부리면 천하가 감옥으로 된다는 것을 백리해는 알았을 게다.

송 나라의 원군(元君)이 그림을 그리게 하자 온 나라의 화공이 다 모여들었다. 그림을 그리란 령이 떨어지자 붓을 핥고 먹을 가는 화공들이 너무나 많아 절반은 화실로 들어가지 못했다. 그림을 잘 그려 원군의 눈에 들려고 모두 혈안이 되어 제 그림 솜씨를 뽐낼 절호의 기회로 알고는 성화를 부렸던 게다. 높은 사람의 눈에 나면 탈이라는 생각만 앞서고 자신의 사람 값은 헐값으로 팔려나가도 상관없다는 인간일수록 뒤에선 손가락질로 높은 사람을 헤집는 법이다. 그래서 아첨과 욕설은 동전의 앞뒤처럼 붙어 있게 마련이고 복종과 삿대질은 손에 들린 물사발과 같다.

그러나 한 화공은 뒤늦게 왔지만 유유했고 그림을 그리란 명이 떨어지자 그냥 절만 하고는 제 숙소로 가 버렸다. 다른 화공들과 너무 달라 원군이 사람을 보내 살펴보게 하였다. 원군은 그 화공이 옷을 벗고 두 발을 내뻗은 채로 벌거숭이로 쉬고 있었다는 보고를 받았다.

원군이 그놈을 당장 잡아와 혼내 주라고 했다면 폭군이었을 게다. 위엄에 감히 도전을 하다니 용서할 수 없다고 했다면 원군의 다스림은 칼로 사람의 목을 겨누면서 세상을 쥐어잡았을 게다. 원군은 세상에서 가장 비겁한 겁쟁이가 바로 독재자임을 알았던 모양이다. 벌거숭이로 벌렁 누워 있는 그 자가 참된 화공임을 알아보았다니 원군은 사람의 본심이 얼마나 자유로워야 하는가를 알고 있었던 게 아닌가.

열자가 백혼무인(伯昏无人)에게 활을 쏘아 보여 주었다. 시위를 당긴 두 팔이 수평을 이루어 팔꿈치에 물잔을 놓아도 물이 쏟아지지 않았다. 쏜 살이 과녁에 맞기도 전에 활시위에 다른 살이 걸려 있어서 연속으로 화살이 날아가고 있었다. 그렇게 활을 쏘면서도 열자는 마치 나무로 깎아 놓은 인형처럼 흔들림이라곤 없었다.

백혼무인이 이러한 꼴을 보고 열자의 활솜씨는 훌륭하지만 유심의 활솜씨일 뿐 무심의 활솜씨는 아니라고 했다. 산 위의 벼랑에 올라가 벼랑끝 바위에서 백 길 나락을 내려다보면서 활을 쏘아도 그렇게 잘 쏠 쏠 수 있는지 보자고 하면서 백혼무인이 열자를 벼랑으로 데리고 갔다.

벼랑 끝에 유유히 선 백혼무인이 열자더러 이리 와 활을 쏘라고 했더니 열자는 겁이 나고 두려워 벌벌 떨면서 엉금엉금 기어왔다. 그래 가지고 여기서 활을 쏘면 과녁에 맞겠느냐고 백혼무인이 물었다. 열자가 그렇게 할 수 있다고 말을 했을까? 못했을 게다. 그러니 무엇을 잘한다고 뽐낼 것이 무어 있을 것인가. 수영 선수가 아무리 헤엄을 잘 친들 물개를 이길 것인가, 아니면 아무리 높이뛰기를 잘한다 한들 벼룩을 이길 수 있을 것이며 아무리 빨리 달린다 한들 타조를 이겨 낼 것인가. 무엇을 잘한다고 뽐내며 세상의 영웅으로 대접을 받아 하늘이 돈짝만 하게 보이는 인간일수록 철없이 까불기만 하게 되는 수가 있다.

덕이란 안전한 곳이든 위험한 곳이든 가리지 않는다. 덕은 항상 변화하면서도 한결같기 때문이다. 무심이 하는 짓을 덕이라고 하는 연유는 무슨 꿍꿍이가 있어서 무슨 일을 하는 것이 아니라 구름이 흘러가고 바람이 불고 나뭇잎이 자라나는 것처럼 움직이고 마음을 쓸 뿐이다. 안전하다고 마음이 집중되고 불안하다고 마음이 흩어진다면 무엇인가를 잘해야 한다는 욕심이 마음을 잡을 것이 아닌가. 안전한 땅 위에서 활을 잘 쏜다고 자랑했던 열자가 벼랑 끝에선 두려워 활시위를 잡을 수 없는 것이 우리 인간들이다.

제3부
외편(外篇)의 장자 어록(語錄)

1. 〈변무(騈拇)〉의 어록

～ ～

무수한 수작을 부려서 인의(仁義)를 이용하려 든다. 오장에다 인의를 배열하기도 한다. 그러나 이러한 짓은 도덕의 바른 모습이 아니다.

(多方乎仁義 而用之者 列於五臟哉 而非道德之正也)

유가(儒家)는 인의가 사람의 오장과 같다고 사람에게 가르친다. 이렇게 하면 인의를 어길 수 없고 버릴 수도 없으며 잊을 수도 없게 된다. 왜냐하면 어느 누구든 오장이 없으면 살 수가 없고 그것에 탈이 생겨도 못살기 때문이다.

인의예지신(仁義禮智信)이 사람을 사람답게 한다고 유가는 주장한다. 이 다섯을 줄여서 그냥 인의라고 한다. 예는 사람의 심장이고 인은 간이고 비장은 신이며 폐는 의이고 지는 콩팥이라고 얼러댄다. 이러한 짓거리는 터무니없는 엄포로 순진한 사람에게 겁을 주는 것이라고 장자는 시비를 건다.

예를 어긴다면 피가 흐르지 못하고 인을 모르면 간이 썩고 신을 버리면 뱃속의 음식물이 썩어나고 의를 떠나면 숨을 못 쉬고 지를 멀리하면 오줌이 나오지 못한다고 해 놓으면 어느 누가 감히 인의예지신을 모른 척할 것인가. 유가는 이처럼 겁을 주어서 사람을 꼬인다고 장자는 비웃는다.

사람의 오장은 자연의 것일 뿐 인의예지신으로 묶여져 있는 것이 아니다. 그것들은 사람이 만들어 낸 것일 뿐이다. 그것들을 사람의 오장에다 묶어 매는 것은 군살과 같을 뿐이다.

폐는 맑은 바람을 원하고 심장은 맑은 피를 원하며 비장은 고른 음식을 원할 뿐이고 간은 지나친 기름기를 싫어하며 콩팥은 오줌이 맑기를 바랄 뿐이다. 이러한 것은 목숨의 자연이다. 그러므로 그 자연대로 하기를 바라서 오장을 튼튼히 하려는 것이 인의예지신에 달렸다고 한다면 그것은 거짓말이요 오로지 몸에 해로운 군것질거리에 불과하다는 것이다.

장자는 왜 이렇게 험한 입질을 할 수밖에 없었을까? 아마도 인의예지신을 앞세우는 무리들이 문물제도의 윗자리에 앉게 되면 앞으로는 인의예지신을 내세우면서도 뒷구멍으로는 사람의 오장을 도려내고 썩게 하는 짓거리를 도맡아 하는 꼴을 차마 볼 수 없어서 그렇게 했을 게다.

언제 어디서나 난사람들 때문에 사람은 억울함을 당하는 법이다. 무자비하고 냉혹한 사람치고 무식한 놈이 아니고, 오히려 알아서 영악한 사람이 꾀를 부려서 뭇사람들을 못살게 만든 꼴을 역사를 들추면 얼마든지 만날 수가 있는 일이다. 그러니 장자는 사람답게 살아야 한다고 떠드는 출세지향형의 인간을 믿지 않는다.

가장 무서운 짓은 목숨을 담보로 잡아 놓고 수작을 부리는 무리일 게다. 마지막 배수진을 쳐놓고 따르지 않으면 파멸밖에 없다고 아우성을 치는 인간일수록 인의의 칼로 인간을 치고 인의를 사서 자리를 얻으며, 얻은 자리로 권세를 휘둘러 사람의 목숨을 한손에 쥐기도 한다. 세상을 떡 주무르듯이 해대는 군왕들의 입에서 항상 왕도는 하늘이 주었다고 호언하는 꼴들이 미워서 아마도 장자는 유가가 있어서 탈이라고 보았던가 보다.

그러므로 유가의 도덕은 참된 것이 아니다. 그것은 겁을 주는 까닭이다. 눈물을 흘리게 하며 목숨을 탄압하는 군왕의 말꺼리를 주워 거짓된 왕도를 참된 것인 양 거들었으니 죄를 범한 셈이다. 그러니 인의예지신이란 군살이 아닌가. 군살은 없을수록 좋다. 그것이 자연의 이치이다. 이러한 이치를 참다운 도덕이라고 한다.

도덕은 사람의 것이 아니라 자연의 것이라는 장자의 말 앞에서는 아무도 건방질 수가 없고 얌전하게 되어 겁을 주거나 엄포를 놓거나 위세를 부릴 줄 모른다. 왜냐하면 자연에는 그러한 짓거리가 없기 때문이다. 그러한 짓거리는 모두 군살이다. 군살이 없는 자연 그것이 참다운 도덕인 셈이다.

도덕의 도(道)는 드러나는 모습을 있게 하는 근원이다. 그리고 덕(德)은 자연의 본바탕에 해당한다. 참새가 참새이면 덕이고 참새가 참새이면서 참새가 아닌 것처럼 행세를 하면 덕은 사라져 버린다. 인간이 이러한 도덕으로 숨을 쉰다면 오장에 탈이 날 리가 없는 일이다.

비만증으로 죽어 가는 산짐승도 없고 비만증으로 날갯짓을 못하는 새들도 없다. 다만 인간들만 비만증으로 앓는다. 비만증은 군살의 덩어리인 셈이다. 어디 몸만 그러한가. 장자가 마음까지 군살이 쪄서 하는 짓마다 변무의 병신짓을 하면서 위대하다고 떠드는 잘난 사람들을 지금 만난다면 뭐라 할까? 아마도 피식 웃으면서 나지막한 소리로 병신 육갑을 떤다고 흉을 볼 게 틀림없다.

～ ～

천하로 하여금 피리를 불게 하고 북을 치게 하여 도저히 이르지도 못할 법을 믿고 받들게 하려는 짓거리가 있다. 이것은 틀려먹은 짓이다.

(使天下簧鼓以不及之法 非乎)

세상에서 제일 가는 병신은 제가 아니면 아무 일도 안 된다고 믿는 사람이다. 이러한 사람일수록 자신이 영웅인 것처럼 여기거나 선각자로 자처하거나 아니면 불세출의 지도자라고 내놓고 자랑을 한다. 어느 때고 이러한 푼수는 있게 마련이다. 따지고 보면 푼수인데 일세를 풍미하는 주인공이 되기도 하니 알 수 없는 일이다.

대개 이러한 푼수들은 군중을 사로잡는 연극을 잘한다. 술수에다 선동에다 말씀들을 담아서 솔깃하게 양념을 치고 달콤하게 맛을 들인 말솜씨로 군중의 귀를 사로잡는다. 그리고 자기를 따르면 살고 그렇지 않으면 죽음밖에 없다고 장담을 한다. 이러한 장담이 바로 천하를 들뜨게 피리를 부는 짓이며 북을 치는 짓이다.

왜 군중은 이러한 피리 소리나 북소리에 약할까? 수더분하고 속일 줄 모르는 까닭이다. 속일 줄 아는 사람에게는 사기를 칠 수가 없는 법이다. 소매치기 당한 돈은 다시 소매치기 당하지 않는다. 소매치기는 항상 소매치기를 피하는 까닭이다. 그러므로 소매치기를 당하는 사람은 소매치기가 아니다. 선동꾼은 될 리가 없는 일만 골라서 잘되게 할 수 있다고 하니 수더분한 군중은 믿고 따르게 된다. 이러한 군중 심리를 잘 요리하여 선동꾼의 입맛대로 차려 놓고 먹게 한다. 군중은 그것을 먹고 배탈이 나게 마련이다. 이러한 배탈이 미치지 못할 피리 소리에 혹한 뒤끝이며 실속 없는 북소리에 놀아난 뒤탈인 셈이다.

우리는 선거라는 것을 마치고 나면 항상 이러한 배탈을 앓아 온 역사를 지니고 있다. 배탈을 앓으면서 어처구니없는 정치 탓으로 살 수가 없다고 아우성을 쳐 본들 무슨 소용이 있을 것인가. 피리 불고 북을 치던 난사람들은 높은 자리에 앉아서 높은 사람을 대접이나 잘하라고 되레 호령을 할 뿐이다. 본래 흥부는 놀부집에 가지 말아야 한다. 형수한테 주걱으로 뺨만 얻어맞고 고샅으로 내동댕이쳐지는 법이다. 그러나 수더분한 군중은 투표 값을 잊겠느냐고 자위하면서 세월을 보낸다. 그러면 다시 선거철이 돌아온다. 그리고 북을 치고 피리를 불 당사자는 아주 새로운 곡조로 군중을 다시 후린다. 수더분한 군중은 다시 홀린다. 피리와 북소리에 맞추어 정치 쇼에 놀아나는 군중을 속으로는 얕보면서도 겉으로는 모든 권력은 국민으로부터 나오고 여러분의 종이 되려고 지금 단상에서 경건하게 신명을 걸고 공약한다면서 걸직하게 요리상을 차린다.

언제 어디서나 정치판에서 차리는 요리상은 그림의 떡인 것이다. 수더분한 군중은 그 떡이 어머니의 손으로 빚은 것인 줄 착각하고 박수를 치면서 어서 피리를 불고 북을 치라고 환호성을 지른다. 그러면 단상에 선 잘난 사람은 두 손을 번쩍 들고는 손가락으로 V자를 그리면서 마치 군중의 어버이나 된 듯이 흐뭇해한다. 그러한 광경을 보고 유권자인 군중들은 도취되지 말아야 하는데 하여튼 끌리고 만다. 이것은 천하로 하여금 피리를 불게 하고 북을 치게 하는 연극의 솜씨 덕인 셈이다. 장자는 이러한 솜씨를 싫어하여 몹쓸 군살로 보았다. 이 얼마나 예리한 판단인가.

신라 때 정신 나간 새가 있었다. 솔거의 그림 솜씨에 홀려서 벽에 그린 소나무가 들판의 소나무인 줄로 알고 가지 위에서 노래나 불러 보려고 가지에 앉으려다 봉변을 당했던 새가 있었다. 천하가 떠들썩하도록 피리를 불고 북을 치는 사람은 세상을 솔거에게 홀렸던 새들이 모여 사는 둥지쯤으로 여기고 군중을 그러한 새 무리쯤으로 여기는 셈이다. 그렇지 않고서야 공약이 공약(空約)이 되어도 눈썹 하나 까딱 않고 어떻게 태연할 수 있겠는가. 이렇게 시치미 떼기를 잘하는 태연자약한 태도를 알기 때문에 천하가 떠들썩하게 피리를 불고 북을 치면서 무슨 법을 믿으라고 선동하는 짓은 좋지 않다고 장자가 밝힌 셈이다. 이 얼마나 바르고 대쪽 같은 판단인가. 〈내편〉의 장자는 눈을 지그시 감고 우화로 이야기를 했지만 〈외편〉의 장자는 눈을 부릅뜨고 이야기한다. '사람은 사람이다' 는, 즉 자연을 팽개치고 사람은 사람이 되어야 한다고 무수한 규범을 만들어 내고서는 명성을 사는 인의주의(仁義主義)가 장자로 하여금 눈을 뜨고 시비를 걸게 한 셈이다.

장자여, 그대가 오늘 서울 복판에 온다면 여전히 세상을 아웅하는 피리 소리와 북소리를 듣고 옛날의 그 소리들보다 더 고약한 소리로 영악스럽게 수더분한 천하를 홀리고 있음을 목격하리라. 그렇게 홀리는 주인공은 누구일까? 바로 나일까? 아니면 너일까? 아니면 우리 모두일까? 아마도 장자는 모두가 입에다 피리를 물고 손에다 북을 들고 미치게 불고 쳐 대는 우리들을 군살이 쪄서 생땀을 흘린다고 할 것이 분명하다.

∽　∾

지나칠 만큼 변론을 유별나게 잘하는 것은 기왓장을 쌓아 놓은 것과 같고 밧줄에 매듭을 짓는 것과 같다.

(騈於辯者 纍瓦結繩)

낮에 자고 밤에 깨어 있는 개가 사는 집에는 도둑이 들기가 어렵다. 그 개가 담을 넘어 드는 밤손님을 지켜 주는 까닭이다. 도둑이 들면 짖어 대는 개를 키우는 집보다 짖지 않는 개와 더불어 사는 집 사람은 도둑이 들어도 모르게 편안한 잠을 자게 된다.

짖는 개는 도둑을 소리로 쫓아 주지만 주인들의 밤잠을 깨워 버린다. 도둑이 달아나는 소리를 뒤늦게 듣고는 주인이 도둑이야 소리를 치면 옆집 사람들의 밤잠마저 덩달아 깨워 버린다. 이렇게 짖어 대는 개는 도둑을 쫓지만 도둑을 잡지는 못하고 사람들을 불안한 밤으로 끌어들인다.

짖지 않는 개는 도둑이 담을 넘으면 가만히 망을 보고 있다가 방문을 열려고 할 때야 성큼 나타나 도둑의 양어깨에 두 발을 걸치고 움직이면 문다는 시늉을 한다. 도둑은 질겁을 하고 사납게 드러낸 개의 이빨에 얼이 빠져 주저앉아 버린다. 조용하면서도 사납게 지키는 개 때문에 줄행랑을 칠 수 없는 도둑은 그 자리에서 꼼짝을 못하고 밤샘을 하게 된다. 날이 밝아 주인이 일어나면 짖지 않는 개는 도둑을 인계하고 제 집으로 들어가서 단잠을 청한다. 짖지 않는 개 덕으로 주인은 밤잠을 설치지 않았고 더불어 도둑까지 잡게 된 것이다.

짖어서 도둑을 쫓았지만 밤잠을 깨운 개와 짖지 않고 도둑을 잡아 주고 밤잠을 곤히 자게 해 준 개 중에서 어느 개를 믿고 키워야 할 것인가. 두말할 것 없이 누구나 짖지 않는 개를 믿고 키우고 싶을 게다. 왜냐하면 짖는 개는 도둑을 물지 못하고 짖지 않는 개는 도둑을 물기 때문이다.

번지르르한 말솜씨로 변론을 잘하는 치는 짖는 개가 되기 십상이다. 말이야 어눌하지만 볼 것을 다 보고 들을 것을 다 듣는 사람이 있다면 그를 짖지 않고 도둑을 잡아 주는 개만큼 믿어도 된다. 하지만 세상에는 짖는 개가 소란을 피우면서 세상을 지켜 주겠노라고 골목을 메우는 것이 보통이다.

짖는 개일수록 목소리를 자랑하려고 한다. 달 보고 짖는 개 같은 놈이란 욕이 왜 생겨났을까? 말만 앞세우고 하는 것이 없는 사람을 풍쟁이라고 한다. 풍쟁이란 실없는 치를 말하고 말로만 다 해치우는 놈을 달보고 짖어 대는 개라고 한다. 이러한 사람은 주변 사람들을 잔뜩 기대에 부풀게 했다가 김을 새게 하거나 불편하고 불안하게 한다. 찬란한 말짓으로 변론을 잘한다고 뽐내는 인간은 주변의 사람들을 들뜨게 하다가 불편하게 하고 불안하게 한다.

진실하지 못하고 헛말로 그럴 듯하게 꾸며서 변론을 늘어놓아 사람을 불편하게 하는 짓은 밧줄에 매듭을 내는 짓거리인 셈이고 그런 변론으로 사람을 불안하게 하는 거동은 높이 쌓아 놓은 기왓장과 같다.

개가 짖어 준 덕으로 도망친 도둑은 앙갚음을 하려고 언제 다시 강도짓을 하러 올지 몰라 그 개의 주인은 불편하고 불안할 것이다. 뿐만 아니라 컹컹 짖어 대기만 했던 개는 기왓장을 쌓아 올리고 밧줄에 매듭을 내는 변론꾼처럼 주인을 불안하고 불편하게 하여 밤잠을 설치게 한다.

세상에서 변론을 참으로 잘하는 사람은 변론을 하지 않는 사람이다. 그는 짖지 않는 개를 좋아하고 믿기 때문이다. 하지만 사람은 무엇을 조금 알면 크게 불려서 풍을 치려고 한다. 풍치는 바람에 세상은 빨랫줄의 헌옷처럼 날리고 찢기면서 차라리 빨랫줄이 끊어지기를 바라게 된다. 이처럼 쌓아 놓은 기왓장은 무너져야 화를 면하게 되는 법이고 매듭진 밧줄 역시 끊어져 동강이 나야 못쓰게 되는 법이다. 이러한 꼴들이 세상에서는 여러 갈래로 나타난다. 그러니 꼬집어 사례들을 들지 않아도 세상을 사는 사람이라면 기왓장을 쌓거나 밧줄에 옹이 매듭을 내는 허망한 주인공들을 정치 경제 사회 문화의 각 방면에서 얼마든지 꼬집어 낼 수 있을 것이다.

～～

길다고 그것을 여분으로 생각하지 않으며 짧다고 그것을 부족하게 여기지 않는다. 그러니 물오리는 다리가 비록 짧지만 다리를 길게 해 준다면 괴로워하고 학의 다리가 길다고 잘라 준다면 슬퍼할 것이다.

(長者不爲有餘 短者不爲不足 是故鳧脛雖短 續之則憂 鶴脛雖長 斷之則悲)

만일 사람이 꽃나무가 된다면 하루도 같은 꽃을 피우지 않을 게다. 무시로 꽃모양을 바꾸려 들 것이고 색깔을 고치려 들 게다. 이처럼 사람은 무엇이든 있는 그대로 내버려두려 하지 않는다. 만물 중에서 사람만이 변덕을 부릴 줄 안다. 장자는 인간의 이러한 변덕을 인위(人爲)라고 보았다.

인위는 항상 인간으로 하여금 용심(用心)을 부리게 한다. 용심이란 무엇이든 가만히 그대로 내버려두고는 견딜 수 없는 버릇을 인간에게 전념시킨다. 그 버릇이 곧 욕심을 불러온다. 욕심은 분별(分別)과 어깨동무를 한다. 그래서 인간은 실수를 무시로 범하고 만다. 이것을 사람들은 시행착오라고 둘러댄다. 원숭이도 나무에서 떨어진다고 사람들은 말하지만 그 말은 어디까지나 사람이 지어낸 변명일 뿐이다. 공연히 나무에서 떨어져 죽거나 병신이 된 원숭이는 없다. 오직 사람만이 굵어서 부스럼을 내려고 한다.

　장자는 인위 탓으로 인간이 용심의 부스럼투성이가 되었다고 말해 준다. 그러한 말을 위와 같이 꼬집어 두고 있는 게다. 긴 것을 보면 잘라야 직성이 풀리고 짧은 것을 보면 늘여야 속이 풀린다고 쫄랑거리는 인간이 가소로운 셈이다. 길다고 분질러 버리고 짧다고 이어 주려는 심사가 사람을 못살게 한다. 그래서 사람은 괴로워하고 슬퍼하면서 땅을 치며 통곡을 한다. 자연은 이러한 인간을 아랑곳 않는다. 고생을 사서 하는 인간을 그렇게 말라고 무엇이 답답하여 자연이 관여할 것인가. 인간들이 아무리 발광을 하여도 여전히 해는 떠서 빛을 내리고 땅 위에서는 만물이 자라는데 천지가 무엇이 아쉬울 것인가.

　성형외과에 가서 주먹코를 높였거나 쌍꺼풀을 했다거나 젖무덤을 도톰하게 고친 여인은 늙어지면 칼질을 했던 성형외과 의사를 원망할 게다. 만들어진 쌍꺼풀이 풀리면서 진물이 나는 상처가 될 것이고 높였던 코는 쭈그러져서 두 배나 더 낮게 파고들 것이며 도톰했던 가짜의 젖무덤은 파헤쳐진 무덤처럼 움푹 들어가 제 남편 앞에서도 웃옷을 벗지 못하게 될 게다. 성형외과에 가서 돈을 주고 산 아름다움은 자연이 준 것이 아니라 인위의 탈이었기 때문에 동티가 나고 마는 법이다.

　이렇게 동티가 나는 짓을 사람은 겁없이 하려고 든다. 그러니 오리의 다리가 짧다고 늘리지 말 것이요, 학의 다리가 길다고 자르지 말 일이 아닌가. 그러나 사람은 길면 한사코 자르려 하고 짧으면 한사코 늘리려 든다. 이것이 인위의 탈이요 부스럼이며, 공연히 사서 하는 고생이 아니고 그 무엇이겠는가.

　인위는 만족할 줄 모른다. 그러나 자연은 무엇이든 만족한다. 여기서 인위와 무위가 서로 다르다. 만족한다는 것은 있으면 있는 그대로 두고 없으면 없는 그대로 내버려둔다. 그러므로 만족이란 무위의 선물이다. 그 선물을 누가 주는가? 바로 자연이 주는 것이다.

자연이 주는 선물을 받아서 끌러 보려고 할 것은 없다. 자연은 선물을 포장해서 주는 법이 없는 까닭이다. 오리의 발을 짧은 그대로 보면 되는 것이고 학의 다리를 기나긴 그대로 보면 되는 셈이다. 이러한 선물 받기를 하면 만족은 저절로 사람을 편하게 한다. 편안함이란 먼저 분별을 떠나 있음을 말한다. 무엇이든 분별하지 않는 마음이 된다면 그것이 바로 무심(無心)일 게다. 무심하다는 것은 분별이 없다는 말이며 그것이 곧 자연이다. 아, 자연이여, 그대는 항상 만족한다.

인의로 군림하는 인위가 사람을 차별의 소용돌이 속으로 몰아넣고 군자니 소인이니 편을 갈라서 누구는 군(君)이 되고 누구는 신이 되고 누구는 종이 된다고 윽박질러 버린다. 그래서 세상에는 장단이 생겨나고 고저니 상하니 따지고 들기도 하며, 백성을 반상(班常)으로 갈라 놓고 상전이니 하인이니 패를 갈라 세상을 눈물로 적시게 된다고 장자는 시비를 걸면서 공자의 뒷덜미를 잡고 왜 변무(騈拇)와 육손이의 군살 노릇을 하느냐고 닦아세운다.

본래부터 긴 것은 긴 대로 두라. 본래부터 짧은 것은 짧은 대로 두라. 이것이 곧 본성이다. 본성이란 무엇일까? 분별되지 않는 것이다. 그래서 양반 강물이 있고 상놈 강물이 있다는 말은 들어 본 적이 없는 것이다. 오직 사람들만 귀족이 있고 노예가 있다고 갈라놓고서 윗전이 아랫것의 옆구리에 붙어서 피를 빨아먹는다. 이렇게 인간이 흡혈귀로 변신한 것은 인위가 빚어낸 결과이며, 그런 인간이 인의니 인덕(仁德) 등등으로 등치고 간 내먹는 짓을 한다고 장자는 〈외편〉에서 시

시비비를 밝히고 있는 중이다.

～～

　나는 참된 도덕 앞에서 부끄럽게 여긴다. 그러니 위로는 인의를 행하려 들지 않으며 아래로는 빗나간 짓을 범하지 않는다.

　(余愧乎道德 是以上不敢爲仁義之操 而下不敢爲淫僻之行也)

　참된 도덕은 무위로 있고 거짓 도덕은 유위로 있다고 믿는 장자가 인의를 거부하고 인간이 한사코 짓는 분별을 위와 같이 꼬집어 주고 있다. 인의의 도덕은 명성을 좇고 그 명성이 욕심을 부리며 그 욕심은 항상 인간으로 하여금 남의 밥에 있는 콩이 더 큰 것처럼 보이게 하여 인간이 인간과 서로 다투게 하므로, 장자는 인의의 도덕을 선으로 보지 않는다.

　그렇다면 거짓 도덕이 아닌 참된 도덕은 무엇일까? 이러한 질문을 품어보게 하는 장자는 분명 〈내편〉의 그가 아니다. 〈내편〉에서 그는 가장 허망한 짓이 시비라고 말해 놓고 〈외편〉에 와서는 왜 시비를 걸게 하는가? 그것은 아마도 장자의 육신은 갔지만 그의 정신은 면면히 남아 인위가 짓는 행패를 보다 못해 어쩔 수 없이 시비를 걸게 된 모양이다.

　참된 도덕은 어떤 것일까? 도는 꼭꼭 숨어 있다. 노자도 그것은 아득하게 멀고 은은하고 신비롭게 있어서 인간이 도저히 알 수가 없다고 고백을 했었다. 아무도 도가 무엇인가에 대한 정답을 낼 수가 없다. 그러나 장자는 그렇게 숨어 있는 도가 덕에서 나타난다고 말한다.

　참된 덕은 참된 도를 비춰 주는 거울이다. 그러한 거울을 자연이라

하여도 되고 무위라 불러도 된다. 자연이 곧 무위이며 그 무위가 바로 도의 모습을 비추어 주는 거울인 셈이다.

그 거울을 바라보려면 마음이 텅텅 비어야 한다. 마음에 무엇인가 차 있으면 마음은 땟국으로 절게 되어 참된 거울을 바로 바라볼 수 없는 것이다. 마음속의 땟국을 우리는 욕심이라고 하며 그 욕심에 불이 붙어 맵고 사나운 연기를 뿜어내면 욕망이라고 한다. 욕망이란 마음의 땟국에 불을 지펴서 피워 내는 연기와 같다. 욕망은 참된 덕의 거울을 연기로 그을리게 하여 제 모습을 엉망이 되게 해버린다. 이러한 짓거리를 장자는 인위의 수작이라고 질타한다.

갈릴레오는 땅은 저절로 움직인다고 말을 했다가 종교 재판에 불려 갔다. 그 말을 취소하면 용서를 받고 고집하면 벌을 받게 될 그는 땅은 움직이지 않는다고 말하여 용서를 받았다. 그러나 그는 법정의 문턱을 넘어서면서 그래도 지구는 돈다고 중얼거렸다고 한다. 땅이 돈다는 갈릴레오의 말은 참된 도덕이고 땅이 돌지 않는다는 그의 말은 참된 도덕이 아닌 셈이다. 왜냐하면 참된 도덕은 스스로의 마음이 하는 말로 이어지기 때문이다. 무엇엔가 얽매어 말하는 것은 참된 도덕이 아니다. 자연은 사람을 얽어매지 않는다. 사람을 얽어매는 가장 힘센 밧줄이 바로 인위라는 것이다.

참되지 못하고 참되지 않은 도덕은 어떤 것일까? 갈릴레오가 땅은 돌지 않는다고 말했던 것과 같은 셈이다. 거짓말은 참된 도덕을 멀리 해야 한다. 오직 참된 도덕은 스스로 보는 눈에만 보이고 스스로 듣는 귀에만 들리고 스스로 만족하는 마음에만 울린다. 그래서 자연은 사람을 사람으로 있게 하고 인위는 사람을 꼭두각시로 살게 한다. 남의 눈이 무서워 그렇게 할 수 없다고 말하는 사람이나 남의 체면 때문에 그렇게 할 수밖에 없다고 하는 사람은 스스로 자기를 속이는 셈이다. 이러한 속임수가 인위의 절정이다.

인위의 절정에서는 욕망이 기름불처럼 타오른다. 그리고 그 불길은 나는 인위로 살 테니 너는 무위로 살아야 한다고 아우성을 치게 만든다. 현대인은 다투어 그 절정에서 주인공이 되려고 하므로 고생을 스스로 사서 하는 것은 당연하다. 이러한 고생 탓으로 현대인은 잔인하다. 그러한 잔인성에서 나는 거짓을 범해도 되지만 너는 그러면 용서하지 못한다고 단호하게 일전불사의 결의를 보인다. 현대인은 이것을 절망이나 고뇌 등등으로 수식하려는 전술을 펼치면서 나에게 돌을 던질 자가 누구냐고 아우성을 친다.

그러나 거짓을 범하는 산새를 보았는가? 아니면 사기를 치는 산토끼를 보았는가? 거짓을 범하는 동물은 인간밖에 없음을 천하가 다 안다. 이러한 지경이 모두 인위에서 비롯된다고 장자는 말한다. 왜 인간은 스스로 볼 수 없게 되고 스스로 들을 수 없게 되며 스스로 만족을 못하는가? 이에 대한 해답은 하나의 풀포기에도 있는 것이고 한 송이의 풀꽃에서도 찾을 수 있음을 장자는 타일러 주고 있는 셈이다.

아마 장자도 인간이 인위에서 벗어날 수 없음을 알았을 게다. 그렇지 않았더라면 그가 왜 우화로 말을 걸었겠는가. 너무도 답답하여 우화라도 읊어서 인간에게 덕지덕지 붙어 있는 군살을 빼 주려고 했을 게다. 하지만 인간은 참된 도덕에 이어지게 하려는 것을 한사코 싫어한다. 그래서 건강하게 살려면 육신이 튼튼해야 한다면서 갖은 보약을 달여 먹고 기름기가 넘치는 몸을 황금 욕실에서 우유로 닦고 향수를 뿌리며 세상이 더럽다고 탓을 한다. 이러한 짓은 마음속에서 무수한 욕심이 썩고 있는 까닭에 비롯된다. 마음속에서 구린내가 진동하는데 몸을 아무리 씻어 낸들 깨끗해질 리가 있을 것인가? 이렇게 인간을 더럽히는 것을 장자는 인의가 명성을 위해 만들어 낸 인위라고 하니 얼마나 무서운 일침인가.

2. 〈마제(馬蹄)〉의 어록

〰 〰

말은 발굽이 있어 서리나 눈을 밟을 수 있으며 털이 있어 추위와 바람을 막을 수 있다. 배가 고프면 마음대로 풀을 뜯고 목이 마르면 마음대로 물을 마신다. 그리고 깡충거리며 뛰논다. 이것이 말의 본성이다.

(馬 蹄可以踐霜雪 毛可以禦風寒 齕草飮水 翹足而陸 此馬之眞性也)

말을 물가로 끌고 갈 수는 있지만 물을 마시게 할 수는 없다. 이러한 말씀은 본성에 어긋나는 짓을 하지 말 것을 일러 준다. 본성에 따라 일을 하면 곧 순리를 따라 일을 하는 것과 같다. 순리에 따르는 것을 장자는 무위라 하였고 그것에 어긋난 짓을 인위라고 하였다.

말을 물가로 끌고 갈 수는 있다. 말의 몸을 억지로 끌어당기면 말이 끌려서 물가까지 옮겨가게 된다. 그러나 이러한 억지는 말의 뜻에 따른 것이 아니다. 말이 제 몸의 아픔을 이기지 못해 끌려갈 뿐이다. 이러한 횡포는 사람만이 할 줄 안다. 이것을 장자는 인위의 재주라고 일컬으며 그러한 재주를 값진 지식으로 자랑하는 인간이 무섭다는 것이다. 인위의 지식을 갖추게 된 인간이 왜 무서운가? 말이 억지로 끌리게 하는 채찍을 만들고 재갈을 만들며 고삐와 편자를 만드는 재주를 인간이 부리는 까닭이다.

그러나 말에게 억지로 물을 마시게 할 수는 없다. 말의 마음을 인위의 지식이 마음대로 돌려놓을 수 없는 까닭이다. 그러나 인위의 지식은 포기할 줄 모른다. 말을 목마르게 하면 물을 마시게 할 수 있다는 지식을 찾아낸다. 그리고 말이 갈증을 타게 수작을 부린다. 그러면 목이 타는 말은 물을 마시게 된다. 하지만 말이 스스로 목이 말라 물을 찾아 마시는 것과 억지로 갈증을 느끼게 수를 쓴 것은 같은 것이 아니다. 그것은 조작된 갈증인 까닭이다. 그러므로 아무리 인위의 지식이 극에 달한다 할지라도 만물의 본성을 인위의 것으로 변질시킬 수는 없는 법이다.

말이 제발로 물가에 갔으면 목마름이 본성에서 비롯되어 기쁘게 물을 마신다. 본성에 따라 풀을 뜯어 배가 부르면 말은 즐거워 춤을 추고 논다. 사람도 마찬가지다. 억지로 먹이고 억지로 재우는 것을 말이 바라지 않는 것처럼 사람도 바라지 않는다. 배가 고프면 먹고 싶고 잠이 오면 자고 싶은 것이다. 이러한 본성은 자유 그것인 셈이다. 그러므로 순리에 따른다 함은 자유롭게 그대로 두라는 말과 같다.

그러나 사람은 무엇이든 그대로 두려고 하지 않는다. 이것이 사람을 힘들고 불안하게 하고 부자유스럽게 옭아맨다. 이러한 불행은 모두 인간이 그 본성을 잃어버린 후유증에 해당된다. 그러한 후유증을 인간이 안다면 어찌 사람이 만물의 본성을 착취하여 인간을 위해 활용한다고 자만하고 만용을 부릴 수 있을 것인가.

이제 사람은 겁이 없다. 사람의 간을 클 대로 크게 부풀린 것이 첨단 과학인 게다. 그 과학이 인간을 편하게 하고 강하게 하는 것처럼 보이지만 한없이 약한 존재로 전락시킬 수도 있다. 인간이 만들었다고 자랑하는 핵폭탄은 사람만을 죽이는 것이 아니라 만물을 다 죽이게 된다. 이러한 무서움이 만물의 본성을 떨게 한다. 이것이 인위가 짓는 죄인 게다.

산하에 살면서 마음껏 뛰노는 말을 잡아다가 명마를 만들어 탄다고 자랑하면서 인간은 안장을 만들었고 편자를 만들었으며 채찍과 고삐와 재갈을 만들어 말의 본성인 삶의 자유를 앗았다. 어찌 산하에서 살았던 야생마의 본성만을 앗았겠는가. 사람의 본성을 앗아 가는 인위가 사람을 묶는 고삐, 사람의 입에 채우는 재갈, 사람의 마음을 치는 채찍, 사람의 가슴에 못을 박는 편자를 만들어 사람이 누려야 할 편안함을 앗아 갔다. 그래서 현대인은 모조리 정신병자가 되어 눈에는 핏기가 불꽃처럼 타고 손에는 살기가 등등한 바람을 일으키면서 천하를 폭풍 속으로 몰아간다.

인위의 지식이 덜했던 시절에는 야생마를 잡아다 억지로 길을 들여 사람에게 팔았다. 인위의 지식이 절정에 달한 오늘날은 사람이 사람을 잡아다가 팔아서 돈을 번다. 노예시장이란 말을 들었을 것이고 전쟁에 지면 정복자의 노예가 된다는 말을 들었을 게다. 요사이 인신매매란 말을 많이 들었을 게다. 이 모두는 인간의 본성을 깡그리 앗긴 다음의 재앙인 셈이다. 장자의 말에 귀를 기울인다면 인간은 거울 앞에 서지를 못하리라.

◈ ◈

저 백성에게는 줄곧 간직하는 특성이 있다. 길쌈을 해서 옷을 해 입고 논밭을 갈아 식량을 얻는다. 이를 누구나 한결같이 갖춘 것이라고 한다. 하나이면서 편가름을 하지 않는다. 이것을 아무런 구속을 받지 않는 것이라고 한다.

(彼民有常性 織而衣 耕而食 是謂同德 一而不黨 命曰天放)

만물은 저마다 고루 한결같이 갖춘 것이 있다. 그렇게 갖춘 것을 동덕(同德)이라고 한다. 참새는 참새의 털을 간직하고 참새의 소리를 간직한다. 이것은 곧 참새의 동덕인 게다. 참새는 봉황의 깃털을 탐낸다거나 공작의 꼬리를 탐내지 않는다. 참새는 꾀꼬리의 목소리나 도요새의 목소리를 탐하지 않는다. 사람을 제외한 만물은 저마다의 본성을 동덕으로 간직한다.

사람이 불행한 것은 무엇보다도 사람의 동덕을 파괴하는 데서 비롯되었다. 길쌈을 해서 옷을 만들어 입으면 되는 일이지만, 갈포는 마보다 못하고 마는 무명보다 못하며 무명은 명주보다 못하다는 분별을 하면서 좋은 옷과 나쁜 옷으로 분별하기 시작했다. 그리하여 윗사람은 좋은 옷을 입어야 하고 아랫사람은 나쁜 옷을 입어야 한다면서 상하로 가르고 값을 따져서 거기에 맞추어 입으려 한다. 이러한 탓으로 옷이 날개라는 말이 생겼다. 이렇게 분별하는 버릇은 오직 사람에게만 있는 셈이다. 그래서 사람은 옷가지를 분별하여 동덕을 깨뜨리고 말았다.

논밭을 갈아서 거두어들인 대로 음식을 만들어 먹으면 산해진미가 따로 있다는 말썽은 일지 않을 게다. 그러나 사람은 보리밥은 쌀밥만 못하고 두부는 창포보다 못하고 들깨는 참깨만 못하고…, 이렇게 자꾸 갈라놓고 맛있는 음식이 있는가 하면 맛없는 음식이 있다고 생각한다. 그래서 누구나 맛있는 음식에 군침을 흘린다. 먹는 것을 분별하여 사람은 동덕을 파괴했다.

사람은 음식과 옷가지와 잠자리의 동덕을 파괴해 왔다. 동덕을 파괴하면 모두 같다는 생각이 없어지게 된다. 사람의 분별력이란 이러한 파괴에서 비롯된 셈이다. 천 원짜리 식사는 못나고 만 원짜리 식사는 잘났다는 생각, 어머니가 지어 준 옷은 창피하고 메이커가 붙은 옷가지라야 체면이 선다는 생각, 적은 평수의 집은 가난하고 큰 평수의 집은 부자라는 생각 등등이 동덕을 파괴한 인간의 인위인 셈이다.

여우가 제 털이 노루의 털보다 좋다고 자랑하는 것을 보았는가. 깨끗한 푸성귀만 먹는 노루가 항상 썩은 것을 찾아 먹는 여우를 더럽다고 흉보는 것을 보았는가. 사람이 아닌 생명들은 저들의 동덕대로 살다가 죽어 가므로 희망이니 절망이니 좌절 따위를 모른다. 오로지 사람들만 동덕을 파괴한 탓으로 삶의 고비가 이렇고 저렇다면 서로 물고 늘어져 헤집고 욕하고 시기하면서 경계하고 꽁하게 사는 셈이다. 이 모두는 동덕을 파괴한 인위의 재앙이라고 장자는 시비를 거는 것이다.

무위란 무엇인가? 동덕의 삶을 말한다. 동덕이란 무엇인가? 분별하지 말라는 말이다. 인위란 무엇인가? 지식의 삶을 말한다. 지식이란 무엇인가? 무엇이든 분별해야 한다는 노림수다. 장자는 유가 탓으로 인간이 그러한 노림수에 걸려서 신음하게 됐다고 비난을 한다. 고생스러운 문화인보다야 행복한 야만인이 낫다는 생각을 현대인은 속에 감추어 두고 산다. 그래서 장자를 만나면 누구나 발을 뻗고 푹 잘 수가 있다.

사람은 사람끼리 모여서 살고 뱁새는 뱁새끼리, 개미는 개미끼리 모여서 산다. 나무나 풀도 마찬가지다. 모여 있고 싶으면 머물고 가고 싶으면 다른 곳으로 함께 옮기지만, 편을 갈라 서로 싸움질을 하지 않는 것을 천방(天放)이라고 한다. 이러한 천방의 자유를 잃어버린 것은 사람밖에 없다. 나라를 만들고 국경을 그리고 이 국민 저 국민이 생겨 나면서 천방은 짐승과 새들의 몫이 되고 말았다. 나라가 생겼다는 것은 곧 이 천방이 사람에게서 없어졌다는 말이다.

한 나라의 사람들이 하나같이 편히 사는 것은 아니다. 권력을 쥔 사람과 그렇지 못한 사람 사이에 암투가 벌어지고 쟁탈의 음모가 쉴 줄 모른다. 여야(與野)로 갈라져 서로 옳다고 핏대를 올리면서 자유와 정의를 앞세워 거짓말을 일삼는 것도 동덕을 잃고 천방을 잃은 탓으로 겪는 사람의 고통인 게다.

사람은 동덕을 버리고 차별을 택하게 되었고 천방을 버리고 구속을 택하게 되었다. 신용 카드를 발급받을 때 신용도가 문제되는 것은 동덕을 잃은 수모이며 여권을 지니고 비자를 받아야 하는 것은 천방을 잃은 탓으로 겪는 불편이다. 이렇게 우리는 사랑(同德)을 잃었고 자유(天放)를 잃었다. 그래서 우리는 임진강에 가면 철책을 유유히 넘나드는 새들을 부러워하고 남북으로 흐르는 강물을 부러워한다.

〰 〰

성인이 나타나게 되면서 힘들여 인을 행하고 허둥지둥 의에 의지하면서 온 세상이 의혹을 품게 되었다.

(至聖人 蹩躠爲人 踶跂爲義 而天下始疑矣)

거짓말을 못하는 나라를 자연이라고 해도 된다. 자연은 어김없이 약속한 대로 보여 주고 감추고 한다. 나뭇잎을 보면 자연이 그렇게 함을 누구나 알게 된다. 소나무 잎은 항상 소나무 잎이고 후박나무 잎은 항상 후박나무 잎이다. 자연은 무엇이든 이랬다 저랬다 하지 않는다. 자연이 한결같으므로 만물이 마음놓고 살 수가 있다. 만일 천하가 변덕스럽다면 만물은 살 곳이 불안하여 견딜 수 없을 게다. 이러한 자연을 장자는 지극한 덕이라고 했다.

성인은 누구인가? 지극한 덕을 깨뜨린 장본인이라고 장자는 밝힌다. 인의로 사람을 사람답게 살 수 있다고 외치는 성인이 그 인의를 망치로 삼아 지극한 덕을 조각나게 했다는 것이다. 그래서 사람에게 의심하고 믿지 못하는 생각이 번져서 매서운 눈초리로 몸둘 바를 모르고 허둥지둥한다는 것이다. 사람이 의심하기 시작하면서 하나이던 것이 수만 갈래로 쪼개진 셈이다.

의심하고 믿지 못하는 분별의 병이 지닌 징후이다. 성인은 이러한 병의 징후를 사람답게 되는 진리라고 외친다. 인의가 바로 성인이 믿는 진리다. 진리는 생명을 편하게 한다. 생명을 불편하게 하는 것을 진리라 한다면 인의는 틀림없는 진리라고 장자는 생각한다.

이것은 인이고 저것은 불인이라고 하면서 사람은 두리번거린다. 이래야 의이고 저러면 불의이다고 하면서 사람은 벙벙해한다. 마음에 의심이라는 싹이 트는 까닭으로 사람은 믿는 버릇을 잃어버린다. 본래 의심이란 자기가 손해를 당한다는 우려로 연결된다. 그러한 우려가 바로 욕심에서 우러나온다. 그러니 의혹이란 마음에 욕심을 불러다주는 초인종과 같은 셈이다.

인이 돋보이려면 불인이 있어야 한다. 그래서 군자와 소인의 구별이 생기는 법이다. 군자는 어진 사람이고 소인은 괘씸한 놈이라고 성인은 질타하면서 '인간이여, 군자가 되라'고 호령을 한다. 이러다 보니 사람에도 좋은 사람이 있고 나쁜 사람이 있다는 생각을 갖게 되었다. 지극한 덕은 이렇게 하여 파괴되고 말았다며 장자는 안타까워한다.

의가 빛나려면 불의가 있어야 한다. 의는 충신을 만들고 불의는 역적을 만든다고 한다. 이렇게 말하는 성인을 어느 군왕이 싫어할 것인가. 공자는 왕에게 왕도를 가르쳐 백성을 잘 다스리게 할 수 있다고 하면서 인의로 세상을 다스린다면 태평성대가 된다고 장담을 했다. 그 뒤로 모든 임금은 인의로 정치를 한다고 하면서 세상을 불인과 불의로 몰아넣어 나는 새도 떨어뜨릴 권력을 행사하려고 하지 않는가. 어느 시대나 정치로 백성을 정복하려고 하지 백성의 종이 되어 본 적이 없다. 그래서 장자는 처음부터 정치라는 것을 믿지 않았다. 인의가 정치와 맞물리면서 등치고 간 내 먹는 버릇에 이골이 난 까닭이다.

사람은 사람답게 살아야 한다. 이것은 인의가 말하는 삶의 규범이다. 그러나 사람 역시 하나의 생명으로 산다. 이것은 지극한 덕이 말하는 자연이다. 들판에서 먹이를 쪼면서 즐겁게 놀던 들새 떼는 사람이 나타나면 후루룩 날아서 도망을 친다. 사람이 인의로 살기 시작하면서 들새들이 새구잇감으로 보이기 시작했다. 왜냐하면 짐승은 인의를 모르니 하찮은 것이며 하찮은 것은 인의를 아는 사람이 마음대로 해도 된다고 여겼기 때문이다. 그러나 지극한 덕은 사람의 목숨이나 지렁이의 목숨이나 다 같은 목숨으로 본다. 지극한 덕은 하나인 까닭이다.

사자는 살생을 않는다. 사자는 배고픈만큼 사슴을 탐하지 그 이상을 바라지 않는다. 사슴이 살기 위해 풀을 뜯는 것이나 사자가 살기 위해서 사슴을 잡아먹는 것은 자연의 약속이다. 오직 인간만이 자연의 약속을 어기고 욕심 탓으로 제 몸과 마음을 가누지 못한다. 지극한 덕을 잃어버린 탓이다. 만물과 함께 나란히 산다면 얼마나 편할까.

인의를 앞세우는 사람들이 그것을 저버리고 자유를 주겠다는 사람이 그것을 앗아 가고 평화를 이룩하겠다던 말이 전쟁으로 이어지는 것은 무슨 연유일까? 사람의 마음이 겉 다르고 속 다른 까닭이다. 말하자면 사람이 거짓말을 하는 셈이다. 사람이 사람답게 된다는 인의와 예의가 탈을 쓴 위인이 되게 하는 셈이다. 이것은 모두 재주를 부릴 줄 아는 인간이 그러한 탈을 만들어 인간에게 씌워 주고 지극한 덕을 팽개친 어리석음일 것이다.

3. 〈거협(胠篋)〉의 어록

≈ ≈

세상에서 흔히 말하는 지자(知者)란 큰 도둑을 위해 모아두는 자가 아 닌가. 이른바 성인이란 자도 상도둑을 위해 지키는 자가 아닌가.

（世俗之所謂至知者 有不爲大盜積者乎 所謂至聖者 有不爲大盜守者 乎）

만일 지혜가 인위의 것이면 쓸모가 있다고 여긴다. 그러나 인위의 지혜란 비상과 같을 수 있다. 비상은 독이 되는 경우도 있고 약이 되 는 경우도 있다. 잘 쓰면 약이 되고 잘못 쓰면 독이 될 수 있는 것이 인위의 지혜라고 장자는 생각하는 모양이다.

세상을 다스려 보려고 욕심을 내는 사람일수록 자기 주변에 사람을 모아야 한다는 생각을 품는다. 마음이 후해서 사람을 모으는 것이 아 니라 야심 때문에 그렇게 한다. 치자(治者)의 야심이란 무얼까? 세상 을 거머쥐려는 욕심인 게다. 그러한 욕심이 클수록 참모를 끌어들여 야 한다. 옛날엔 참모를 지자(知者)라 했지만 요사이는 브레인(brain) 이라고 한다. 이름은 달라졌지만 하는 일은 달라진 게 없다. 지자든 브레인이든 상전의 야심을 성취하기 위해 권모술수를 만들어 내야 하 는 까닭이다.

권모술수야말로 인위의 극치가 아닌가. 그러한 극치는 마치 갑 속에 든 칼과 같아서 날이 잘 보이지 않는다. 그러나 잘라서 챙길 것이 분명하면 인정사정없이 도려내 상전의 것으로 준비해 두는 참모일수록 총애를 받는다. 치자를 위한 지자란 모두 상전의 총애를 받으려고 벌이 꿀을 탐하듯이 애를 끓인다. 그래서 상전이 대권을 잡게 되면 개국 공신이 되고 많은 국록을 받아 영화를 누린다.

장자는 특히 유가를 임금의 비위를 맞추어 신하가 되려는 무리에게 방법을 제공하는 수단 정도로 보았다. 얼핏 들으면 장자가 너무 심하게 비뚤어진 마음으로 헐뜯는 것처럼 들리지만 곰곰이 생각하면 옳다는 생각이 든다. 군신이 백성의 어버이라면 진정한 아버지 같은 임금이 얼마나 되며 친어머니 같은 신하들이 얼마나 되었던가. 거의 모든 임금이 무섭고 사나운 의붓아비처럼 군림했고 그 신하들은 오뉴월 서릿발 같은 계모 노릇을 했다는 사실을 새기면 장자의 시비가 후련하게 들린다.

요사이 치자가 되고 싶은 사람은 자나깨나 국민의 종이 되어 심부름을 하겠다고 자청한다. 이것은 군신의 역사가 가르치는 내용을 읽고 뒤집어 말하는 것에 불과하다. 그리고 거짓을 참말처럼 하려고 온갖 말솜씨를 동원해서 국민이란 주인의 비위를 맞추려고 한다. 그러나 어떤 자리에든 당선이 되고 나면 어제의 주인을 보고 종이 되라는 듯이 목에 힘을 주고는 거드름을 피려고 한다. 이처럼 치자의 세계는 예나 지금이나 변한 게 없다. 지자든 브레인이든 상전의 참모 노릇을 하는 것은 큰 도둑을 위해 준비하는 무리일 뿐이 아니냐는 장자의 시비는 여전히 후련하다.

그런데 성자는 왜 큰 도둑을 지키는 자일까? 옛날 임금의 성자는 대신이란 벼슬을 죽을 때까지 받았지만 지금은 고문(顧問)이란 명칭으로 대접을 받는다. 고문이 되면 여러 명의 지자를 거느리고 상전에게 도움을 줄 수 있거나 압력을 넣어 흐르는 물줄기를 바꿀 만큼의 영향력을 발휘하게 된다. 그럴수록 그 고문의 주변에는 지자가 모여들어 권모술수를 편집하는 역량을 발휘한다. 그러니 어느 치자가 성자란 명칭을 주는 데 인색할 것인가. 그러한 성자가 있어야 대권을 훔치는 데 유리할 것이 아닌가. 장자가 이러한 성자를 일컬어 큰 도둑을 지켜 주는 자라고 비꼬고 있는 것은 그 성자가 바로 치자의 주변을 맴도는 지자를 길러 내는 스승인 까닭이다. 지금 우리가 우리의 정치판을 생각하면서 장자의 이러한 시비를 듣는다면 누가 틀렸다고 할 수 있을 것인가. 들으면 다 고개를 끄덕일 게다.

인위의 선을 앞세워 선을 말하는 경우 그 선이 악으로 변하는 비밀을 덮어두어서는 안 된다. 나라를 훔치는 도둑일수록 위세를 당당하게 유지하려고 온갖 구실을 찾게 마련이다. 특별법을 만들고 회유책을 강구하면서 백성들을 부나비처럼 생각하고는 불을 피우려고 한다. 불을 보고 날아드는 부나비가 목숨을 건지고 날개만 태웠다고 운이 좋은 것은 아니다. 날개가 없으니 날 수가 없고 날 수 없으니 굶어죽게 된다. 이와 같음이 인위의 선이라면 장자가 말하는 자연이 얼마나 친어멈 같은가.

～ ～

입술이 없어지면 이빨이 시리고 노 나라의 술이 묽어서 조 나라의 서울이 포위되었다. 성인이 생겨나면 큰 도둑이 일어난다.

(脣竭則齒寒 魯酒薄而邯鄲圍 聖人生而大盜起)

입술이 저절로 없어질 리는 없다. 자연은 있는 곳에 있게 할 뿐이다. 엉뚱하게 코를 붙여 주고 눈이나 입을 달아 주는 것을 본 적이 없을 게다. 사람이면 사람의 모습을 주는 것이고 악어면 악어의 모습을 준다. 그러니 있는 입술이 어느 날 갑자기 없어질지 몰라 걱정하는 사람은 없다. 이는 다 자연의 은혜인 셈이다.

그러나 산사람의 코를 베어 가는 세상이란 푸념을 듣는 경우가 있다. 누가 누구의 코를 베어 간단 말인가. 개가 그렇게 하는 것이 아니요. 매가 그렇게 한다는 것도 아니다. 오로지 사람이 그렇게 하려는 수작을 부릴 뿐이다. 어디 사람이 코만 베어 갈 뿐인가. 필요하다면 무엇이든 요절을 내고 상처를 입히려고 용심을 부리는 것은 사람밖에 없다.

몹쓸 말을 하면 주둥이를 문질러 버린다는 욕을 할 줄 아는 것도 사람이다. 말로 죄를 지으면 혀를 잘라 벙어리로 만들고 입술을 도려내 헛김을 새게 하여 말문을 부수어 버리는 짓도 사람밖에 할 줄 모른다. 이처럼 사람은 수없이 많은 짓을 하면서 멈출 줄 모른다.

사람의 짓은 무엇이든 인과 관계를 빚어 낸다. 그래서 하나의 짓으로 그치지 못하고 항상 의외의 뒤탈을 불러온다. 입술이 잘리는 것만으로 그치는 것이 아니라 이빨이 시리는 일로 이어지는 법이다. 입술을 잘라 낸 인간은 입술을 갖고 도망을 치고 입술을 잘린 자만 그 뒤탈을 앓게 될 뿐이다. 잘라 낸 입술을 갖고 도망간 인간은 백성인가 아니면 군왕을 모신다며 녹을 먹었던 무리들인가는 묻지 않아도 알 일이다. 무엇을 갖고 도망을 치면 그것은 도둑인 게다.

술이 멀겋다는 구실을 삼아 나라를 훔친다면 진쟁을 일삼아 노략질을 한다는 말밖에 안 된다. 노략질은 큰 도둑의 짓이다. 노(魯) 나라가 초(楚) 나라에 술을 진상했다. 그 술이 술 구실을 하지 못했다. 초왕이 노해서 노 나라를 치고 들어갔다. 이 틈을 타서 위(魏) 나라가 조(趙) 나라를 습격하여 서울인 한단(邯鄲)을 포위해 버렸다. 이 결과는 노 나라가 입술이 된 셈이고 조 나라는 이빨이 되어 버린 셈이다. 이처럼 사람의 짓은 엉뚱한 탈을 내서 이로운 쪽보다는 해로운 쪽이 더 큰 것이다. 이를 모르고 인위를 내걸고 세상을 다스리겠다고 하니 입술을 잘라 가는 짓을 무시로 하여 죄없는 이빨이 시리게 된다.

어디 입술을 잘라 이빨을 시리게 한 인위의 짓거리가 전국 시대로 그치겠는가. 인위의 짓이 있는 한 입술을 잘라 내는 일은 항상 있게 마련이란 장자의 시비는 지금도 여전히 살아 있다.

조선조 선조(宣祖) 임금은 심상치 않은 일본을 알아보려고 이 파벌 저 파벌에서 대표를 뽑아 보냈다. 조정에 돌아온 입들은 한목소리로 임금에게 알리지 못하고 한편은 왜란이 가능하다 했고 다른 한편은 그렇지 않다고 입질을 했다. 결국 임진왜란은 일어났다. 그래서 죄 없는 백성들만 생목숨을 앗겼고 왜군은 시체에 칼질을 하여 귀를 잘라가 귀무덤을 만들었다. 어찌 왜군만 목숨을 훔쳐 간 도둑인가. 선조와 더불어 조정백관 모두가 입술을 잘라 내는 짓을 하여 백성의 이빨을 시리게 한 것이다. 그 신하들은 누구인가. 바로 성인 군자의 후예라고 자처했던 사대부들이 아닌가. 그러한 사대부들 탓으로 목숨을 훔치게 한 선조를 목숨을 앗은 큰 도둑이라고 질타한 적이 있는가. 다들 인위와 한통속이 되어 코를 막고 피비린내를 모른 척했으니 얼마나 백성을 도둑질한 것인가.

장자가 군신을 큰 도둑으로 모는 것은 백성을 훔치는 까닭이다. 수더분한 백성의 본성을 훔쳐다가 영악한 것으로 만들어 내고 백성의 피땀을 훔쳐다가 군신의 부귀영화를 이루는 밑천으로 삼았으니 어찌 큰 도둑이 아니겠는가. 인간의 역사상 수많은 철인들이 있어 왔지만 어느 철인과 군신을 큰 도둑이라고 일갈을 했던가. 장자를 제하면 하나도 없다.

자연에는 눈물도 없고 웃음도 없다. 자연에는 희비의 분별이란 없다. 다만 역사에만 그것들이 있을 뿐이다. 인간에겐 역사만 있지 자연은 없다고 말한 서구인도 있지만, 그 역사가 인간을 울리고 아프게 하여 입술을 없애 이빨을 시리게 한 오류가 얼마나 많은가. 이에 대하여 장자가 맨 처음 시비를 걸었던 셈이다.

～ ～

띠를 매는 쇳조각을 훔친 자는 사형을 당하고 나라를 훔친 자는 제후가 된다. 그리고 이 제후의 가문에는 인의가 보존된다.

(彼竊鉤者誅 竊國者爲諸候 諸候之門 而仁義聖之邪)

사람은 처음부터 훔칠 줄 몰랐다. 인간도 처음에는 자연으로 만족했던 까닭이다. 그러나 남의 밥에 있는 콩이 커 보이기 시작하면서 사람은 물건을 훔치고 나아가 마음을 훔치는 버릇을 슬슬 갖게 되었다.

도둑질과 감옥은 밀접한 관계를 갖는다. 아주 먼먼 옛날에는 도둑질한 사람이 있으면 그를 잡아다가 땅 위에 금을 그어 놓고 그 속에 가만히 서 있게 했다. 금줄이 감옥의 담장 구실을 하였으니 그 담장을 얼마든지 넘어서 도망을 칠 수 있었을 것이지만, 가만히 서 있었던 그 때의 도둑은 따지고 보면 오늘날 성자보다도 더 좋은 마음씨를 간직했던 셈이다.

그러나 인의가 점점 무성해지면서 덩달아 감옥의 담장은 높아져야 했다. 훔치는 버릇이 점점 깊어지고 훔치는 마음이 점점 포악해져서 감옥의 문은 모두 창살을 튼튼히 달아야 했다. 그러나 작은 도둑은 잡히면 이렇게 무시무시한 감옥으로 모조리 끌려갔지만, 나라를 훔친 크나큰 도둑은 감옥으로 들어가는 것이 아니라 그 감옥의 주인 노릇을 하게 되었다. 장자는 나라를 훔쳐 제후가 된 자를 감옥의 주인쯤으로 생각했다. 그리고 이러한 실정을 그 제후의 가문에 인의가 보존된다는 말로 비웃고 있다.

장자는 유가의 지자들이 인의를 앞세우는 것은 높은 자리를 탐하는 수작이라고 보았다. 왜냐하면 그 인의가 사람을 꼼짝 못하게 묶어 버리는 인륜과 덕을 제공해 주고, 그 묶음의 고삐를 지자들이 움켜쥐고 아무것도 모르는 수더분한 백성을 이리 부리고 저리 부리는 권세의 주인 노릇을 했기 때문이다. 나라를 훔쳐 제후가 된 자는 그 권세를 분배하는 권한을 독점하고서 그 분배의 통장을 말머리 앞의 당근처럼 대롱거리게 한다. 그러면 세상을 다스릴 묘책이 있다는 지자들이 구름처럼 몰려든다. 장자는 유가가 이러한 지자들에게 꿀이 담긴 벌통 구실을 하는 것으로 보았던 셈이다.

세상을 편안히 다스리겠다면서 세상을 혼란스럽게 하고 백성을 굶주리게 한 군왕의 주변에 온갖 지자들이 모여 치세의 묘를 진언한다며 아양을 떨었다. 아첨이나 아양은 거짓말이기 일쑤다. 거짓말은 제 마음을 속이고 남의 마음마저 훔쳐 가는 도둑질이다. 이것은 인위의 작폐가 아니고 무엇이냐고 장자가 따져 주니 후련한 일이다.

윗물이 맑아야 아랫물이 맑아지는 법이다. 윗물에서 큰 도둑이 놀면 아랫물에서는 작은 도둑이 겁 없이 입질을 한다. 그래서 세상은 혼란스럽고 답답해져 천하가 감옥이 되어 버린다. 난세란 바로 나라를 훔친 도둑이 천하를 감옥으로 꾸며 놓고 무엇 하나 훔칠 줄 모르는 수더분한 백성을 가두어 두는 세상을 말한다. 이러한 난세의 주인일수록 공치사를 일삼고 무슨 무슨 공적이란 명칭을 붙여서 아첨하는 지자들에게 새겨 두게 한다. 이 얼마나 어처구니없는 일인가. 그래서 장자는 인위의 역사를 믿지 않는다.

작은 도둑은 사형을 당하고 나라를 훔친 도둑은 제후가 된다는 장자의 시비가 억지일까, 아니면 옛날에나 있었던 일일까? 그렇지 않다. 지금도 여전히 작은 도둑만 걸려들고 큰 도둑은 정도에 따라 대접을 받으면서 빠져나간다. 법이란 좀도둑한테는 멸치 따위도 걸려드는 촘촘한 그물이지만 큰 도둑에게는 고래라도 너끈히 빠져나갈 만큼 그물코가 넓다. 나아가 제일 큰 도둑이 들면 아예 법이란 그물을 걸어 버린다. 이것이 세상의 물정이다.

이러한 물정은 사람이 만들어 낸 것이지 하늘이 내린 것이 아니며 땅이 심어 준 것도 아니다. 자연은 모든 것을 공평하게 하지만 인위는 수작을 부려 인륜을 만들고 만법을 만든다. 자연은 그것들을 모르지만 만물을 안아 준다. 그리고 자연은 만물이 태어나 일하고 살다가 늙게 되면 흙으로 돌아가 쉬게 한다. 이것을 자연의 덕으로 생각하라고 장자는 타일러 준다.

심신을 도둑질당한 수더분한 백성에게는 제후의 가문이 보존하는 인의가 들판에 사는 초목만도 못하다. 땅을 갈아 곡식을 심어도 상전이 훔쳐 가면 굶기를 밥 먹듯이 하는 백성에게 초목은 뿌리를 주고 잎을 주고 열매를 주어 굶어 죽지 않게 하는 까닭이다. 이러한 은혜는 자연이 베풀지 인위는 무엇이나 욕심을 내어 감추고 훔치는 재주를 키운다. 지금은 어떤가.

～ ～

사람들은 모두 스스로 알지 못하는 것을 추구하는 점은 알고 있지만 이미 알고 있는 것을 더욱 추구하려고는 않는다. 모두 좋지 않다고 여기는 바를 비난할 줄은 알아도 이미 좋다고 생각한 바를 비난해 보려고는 않는다. 이러하여 세상은 크게 어지러워진다.

(天下皆知求其所不知 而不知求其所己知者 皆知非其所不善 而不知非其所己善者 是以大亂)

돌다리도 두드려 가라는 말이 있지 않은가. 공자에게 지(知)란 어떤 것이냐고 물었을 때 공자는 아는 것을 안다 하고 모르는 것을 모른다 하는 것이 곧 아는 것이라고 응답해 주었다. 그리고 옛것을 살펴서 새것을 알라고 당부해 두었다. 앎에 대한 태도는 공자나 장자가 통하는 바가 있다. 그러나 그 앎의 내용을 보면 아주 다르다.

공자는 학문을 배우고 좋아하라고 했다. 그러나 장자는 자연을 따르고 서로 하나같이 좋아하라고 했다. 그 학문을 미지의 세계로 여기고 탐구할 것을 잊지 말라며 남을 다스리기 위해 스스로를 키우라고 공자가 당부하는 것을 장자는 곰곰이 비판해 보라고 타이르고 있다.

하나만 알고 둘을 몰라도 낭패를 당한다. 무엇을 안다는 것은 사방을 두루 알아야 외고집이 되지 않음을 뜻한다. 외고집은 따지고 보면 무엇을 잘 몰라서 우기는 자다. 속이 꽉 막혀서 융통성이 없다고 흉을 보는 경우 흉보는 입질이 바로 자신에게도 관계가 있음을 안다면 외고집은 면할 수가 없다.

미처 몰랐던 것을 알려고 하는 것은 모든 사람들이 추구하는 바라고 여기지만, 자기가 모르고 있는 것이 무엇인지를 모르면 알려고도 않는다. 이를 벽창호라고 해도 된다. 돼지 눈에는 돼지로만 보인다는 말과도 통한다. 벽창호일수록 제가 아는 것이 제일인 양 호기를 부린다. 그래서 벽창호는 항상 꼴불견이란 뒷말을 듣게 된다. 남들이 하는 대로 따라 하면 그러한 벽창호는 되지 않을 게다.

고집쟁이는 자기가 아는 것이 옳다고 믿어서 탈이고 벽창호는 아는지 모르는지를 가릴 줄 몰라 탈이다. 수더분한 범부가 그래도 탈인데 막상 높은 자리에 있는 사람이 고집통이거나 벽창호라면 세상은 조용할 수가 없는 법이다. 무식해서 그렇게 되는 것이 아니라 무엇을 좀 알아서 외고집을 부리거나 엉뚱한 짓을 하게 되므로 큰 탈이 나게 된다.

아는 것은 이미 낯익어 낡았다고 치고 모르는 것을 새것으로 알고, 그 새것을 부단히 좇는 것이 지자의 버릇이다. 그래서 모르는 것에 관심을 두다가 제 발등에다 도끼질을 하는 경우가 세상에는 흔하다. 지자는 손으로 도끼질을 하는 것이 아니라 입으로 한다. 뽐내는 지자일수록 말주변이 능해서 사람을 혹하게 하는 재주가 빛난다. 그러한 말재주에 넘어가 놀아나면 세상이 조용해질 수가 없게 된다.

말재주로 한몫 보려는 사람은 자신의 말에 귀를 기울여 주는 것을 원하면서도 무서워한다. 번지르르하게 내뱉는 말을 곧이듣고 그대로 따라만 준다면 누가 걱정을 할 것인가. 만 사람이 박수를 치는데 유독 한 사람이라도 이의를 달고 나오면 초를 치는 경우가 생긴다. 장자는 지금 수많은 지자들에게 간담이 서늘하게 초를 쳐서 지자의 기를 꺾고 있는 셈이다.

장자는 우리를 미지의 세계로 유인하지 않는다. 산을 아느냐고 물으면 누가 모른다고 할 것인가. 다 안다는 산을 정말로 알고 있느냐고 물으면 그제서야 산이란 것을 되새겨 보는 경우가 있다. 장자는 이러한 경우를 좋아한다. 참다운 지자라면 너무나 낯익게 잘 알고 있는 것을 다시 알려 주어야 한다는 말을 하고 있는 중이다.

뛰어난 재주는 서툴러 보인다. 자랑을 하지 않고 남 앞에 드러내기를 싫어하는 까닭에 그렇게 보인다. 그러나 참답게 뛰어난 재주는 물고기가 연못을 떠나면 살 수가 없다는 진리를 안다. 거짓말을 모르고 꾸밀 줄 모르므로 어눌해 보이고 서툴러 보일 뿐이다. 빛 좋은 개살구처럼 겉만 요란하면 본래 실속이 없는 법이고, 영글지 못한 수수이삭일수록 건방을 떨면서 바람에 요란한 소리를 낸다. 사람의 세상에는 이렇게 빛 좋은 개살구들이 주렁주렁 걸려서 시끄럽다. 그래서 항상 잘난 재주꾼이 혼란을 도모한다.

자연을 모방하라. 이 말은 죽은 것처럼 되었다. 무엇이든 창조하라. 이 말은 기가 살아 펄펄한 모양이다. 그래서 자연을 떠나서도 무엇이든 할 수 있다는 미지의 병에 인간은 걸신들리고 말았다. 이러한 병 탓으로 세상이 얼마나 발전했느냐고 말한다. 그러나 장자는 마음이 편하냐고 묻고 있다.

4. 〈재유(在宥)〉의 어록

이 세상을 그대로 있게 내버려둔다는 말은 들었지만 이 세상을 다스린다는 말은 듣지 못했다. 그대로 있게 하는 것은 이 세상이 그 본성을 망치지 않게 해서이고 내버려둔다는 것은 이 세상이 그 덕을 바꾸지 않도록 해서다.

(聞在宥天下 不聞治天下也 在之也者 恐天下之淫其性也 宥之也者 恐天下之遷其德也)

만 사람이 만 생각을 갖는다. 사람만 그러한 것이 아니다. 만물이 다 그러하다. 소나무는 항상 소나무이고 찔레꽃은 왜 항상 찔레꽃인가? 제 것을 제가 그대로 갖는 까닭이다. 그러나 사람은 그런 줄을 알면서도 그렇지 않을 수도 있다는 모험을 한사코 벌인다. 무수한 모험 중에서 다스림이란 모험이 가장 드세다. 왜냐하면 사람은 이 세상을 다스려야 한다고 믿기 때문이다. 장자는 이러한 믿음에 이의를 달고 나온다.

다스림의 묘약이 수기치인(修己治人)이라고 맨 먼저 유가에서 특허를 냈다. 나를 닦고 키워서 먼저 내가 큰 인물이 되어야 한다는 것이 수기이다. 이것을 가능하게 하는 것을 학문(學文)이라 하면서 문을 배우고 넓히라고 유가는 천명한다. 그 문이란 바로 사람의 것이므로 인위이다. 그러므로 인위의 나는 무슨 일이든 인간의 일을 해야 한다. 그 일의 으뜸을 치인에 둔다. 사람을 다스리는 것을 먼저 하고 나면 제가(齊家)를 하고, 그것을 하면 치국(治國)을 하며, 그 다음에는 평천하(平天下)를 이룬다 함이 곧 다스림[治]의 이상이다. 말하자면 이러한 이상은 사람만 다스린다면 천지를 얻는다고 보는 셈이다. 유가는 이러한 이상을 실현한다고 장담을 한다. 그러니 어느 군왕이 그 장담을 싫어할 것인가.

수기를 하다 보면 사람의 마음이란 통이 커진다는 게다. 한 홉짜리 인간도 생겨나고 한 되짜리 인간도 생겨나며 한 말짜리 인간도 생기고 한 섬짜리 인간도 생긴다. 이러한 연유로 유가는 사람을 소인과 대인으로 나누기도 하고 양반이니 상인(常人)이니 천민 따위로 쪽을 가른다. 장자는 이러한 수작을 터무니없는 헛짓으로 치부해 버린다.

한 홉짜리 통의 사람은 제가로 만족한다. 가장으로서 만족한다는 말이다. 제 가솔을 잘 다스려 집안을 화목하게 하는 가장으로만 그치면 별탈은 없을 게다. 하지만 사람은 말을 사면 경마를 잡히고 싶어한다. 그래서 통이 큰 사람이 나타난다.

한 말짜리 통의 사람은 치국을 노린다. 말하자면 한 나라의 우두머리가 되어야겠다는 포부를 품는다. 백성을 잘 먹이고 산을 다스리고 물을 다스리는 어진 임금이 되겠노라는 표어를 입술에 달고 손으로 북을 치면서 도와 줄 꾼을 모은다. 따지고 보면 옛날 사대부란 통 큰 사람의 밑에서 덕을 좀 보겠다는 꾼에 해당될 게다. 우두머리의 통이 한 말짜리이니 사대부의 통은 되지기 정도인 셈이다.

사람의 통이 한 섬지기쯤 되면 평천하를 탐한다. 그에게는 한 나라란 것이 한 고을로 보인다. 임금을 신하로 앉히고 싶어하는 위인이 천자니 황제라고 불린다. 그러니 수기치인은 욕망을 사다리로 만들어 통이 커야 그 사다리 꼭지까지 오른다는 야심을 품게 된다. 여기서 세상은 탈이 난다. 이러한 탈을 장자는 천하의 본성을 없애는 무서움이고 천하의 덕을 없애는 무서움이라고 밝히고 있다.

한 홉짜리가 한 되짜리를 탐하고 한 되짜리가 한 말짜리를 넘보고 한 말짜리가 한 섬짜리를 뺏자고 하므로 치인의 세상은 탈이 난다. 이것이 인위의 탈이지 어디 천지의 재앙일 것인가. 천하에 없는 홀과 창이 생기고 칼이 생겨 사람의 목숨을 죽이고 사람의 코에 코걸이를 씌워서 끌고 다니는 일들이 날로 번창해 이제는 천하를 쑥밭으로 만들 힘을 쥐고 호령할 지경에 이른 게 아닌가. 이제 세상의 본성은 바뀌었고 그 덕 또한 바뀌었다.

어떻게 바뀌었는가? 수물치인(修物治人)으로 바뀐 셈이다. 지금 누가 돈에 미치지 않았다고 할 것인가. 인간이 물질의 종이 되진 않는다고 누가 단언할 것인가. 이제라도 더 긁어 부스럼을 등창으로 만들지 말고 그대로 두고 좀 편안히 용서하는 일이 현명할 게다. 제발 좀 그대로 두라, 그리고 편하게 하라. 이것이 곧 재유이다. 그래서 장자는 지금 인위의 나가 무위의 나로 되어 보라고 탄식하고 있는 중이다. 사람의 본성이 돈이 되고 사람의 덕이 물건으로 환산되니 장자의 탄식은 그치질 않을 게다.

≈ ≈

편안치 않고 즐겁지 않은 것은 대체로 덕이 아니다. 덕이 아니면서 오래 가는 것이란 이 세상에는 없다.

(夫不恬不愉 非德也 非德也而可長久者 天下无之)

덕은 주어지는 것도 아니고 얻어지는 것도 아니다. 복을 받으려면 덕을 베풀라는 말이 있지만 그러한 덕이란 가짜에 속한다. 동물원에 끌려 온 원숭이에게 사육사가 아무리 싱싱한 바나나를 준다 해도 그 과일이 덕일 수는 없다. 원숭이가 죽지 말라고 주는 것이지 살라고 주는 것은 아니다. 하지만 그 원숭이의 고향 들판에 주렁주렁 달려 있던 바나나는 그 원숭이에게는 덕이다. 이처럼 덕은 있는 것이다.

겨울에 미꾸라지가 얼지 말라고 솜이불로 덮어 줄 수 있는가? 엄동설한이라도 미꾸라지는 감탕 속의 한기를 맡고 자야 편안하다. 두더지는 땅속에서 겨울을 보내야 편안하고 까치는 흔들거리는 나무 끝 까치집에서 자야 편안하다. 미꾸라지에게 덕은 감탕 속에 있고 두더지의 잠자리에 있는 덕은 땅속이며 까치의 잠자리에 있는 덕이란 공중에 매달린 집이다.

원숭이의 덕은 밀림에 있고 미꾸라지의 덕은 감탕 속에 있는 것이다. 사람도 마찬가지다. 사람을 편하게 하면 덕이고 즐겁게 하면 덕이다. 목마를 때 한 사발의 냉수가 덕이고 삼복의 더위에는 서늘한 바람과 나무 그늘도 덕이다. 슬퍼서 흘리는 눈물도 덕이고 기뻐서 웃는 웃음도 덕이다. 억지웃음이나 억지눈물은 덕일 수가 없다. 속마음을 속이고 억지로 웃고 울고 하는 짓이란 곤혹스러운 연극이다. 덕이란 속임수로 포장되지 않는다. 그러므로 위장하거나 분장한 덕은 그 꼬리가 아무리 짧아도 곧장 잡힌다. 덕은 무슨 속임수나 거짓을 용서하지 않는 까닭이다. 그러니 덕이란 무엇인가? 하늘을 우러러 한 점 부끄럼이 없을 때 그 마음은 곧 덕이다.

큰 덕이 있고 작은 덕이 있는 것이 아니다. 갓난 아기에게는 그 어멈의 젖가슴이면 되고 백화점에 나온 어린이에게는 풍선 하나면 족한 것이 바로 덕이다. 어머니의 젖무덤은 아기를 얼마나 편하게 하고 즐겁게 하는가. 어느 치자(治者)가 이러한 덕을 베풀고 준단 말인가.

〰 〰

어진 이는 높은 산이나 험준한 바위 아래서 엎드려 살고 큰 나라의 군주는 궁궐의 높은 집에서 두려워 떤다.

（賢者伏處大山 堪巖之下 而萬乘之君 憂慄乎廟堂之上）

맞은 놈은 두 발을 뻗고 자지만 때린 놈은 오금을 쪼그리고 잔다. 못할 짓을 하면 잠자리가 무서운 법이다. 궁궐에는 수백 개의 방이 있다. 임금이 밤마다 방을 바꾸어 자야 하는 까닭이고 임금의 잠자리를 아무도 몰라야 하는 까닭이다. 그리고 밤마다 임금은 계집을 바꾸어야 잠이 온다. 홀로 있으면 악몽에 시달려 가위눌림을 당하고 식은 땀으로 잠자리를 적시는 까닭이다. 대낮에 못된 짓을 감출 수는 있어도 밤이 들어 잠자리에서는 무엇 하나 감출 수가 없다. 천하를 다 속여도 제가 저를 속일 수 없는 것이 사람의 자연스런 마음이다.

임금이 방을 돌아가며 계집을 바꾸어 품고 자는 그것이 바로 겁이 난다는 증거이고 그 겁이 몸을 떨게 한다는 증거이다. 수많은 법이 있고 오만 가지의 형틀이 있어 사람의 목숨이 임금의 손짓에 달려 있다는데 왜 임금은 밤마다 겁이 나서 떨어야 하는가? 이것은 분명 사람을 다스린다는 욕심이 가져다 주는 뒤탈일 게다.

임금의 뒤탈은 상벌이 빚어 낸다. 본래 임금의 자리는 충신을 소모하여 역적을 키우는 곳이다. 그러나 임금은 오늘은 충신이라고 상을 내리고 내일이면 그 상을 빼앗고 벌을 내리는 짓을 해야 그 권좌의 밑이 구멍나지 않는다는 것만을 안다. 신하의 목숨을 사서 충신이란 문패를 주었다가 그 목숨을 버릴 때는 역적이란 이름으로 되돌려 주겠다는 음모를 항상 도모해야 하니 궁궐의 잠자리는 밤마다 바늘방석인 것이다.

임금은 누구인가? 법이 있어야 사는 사람이다. 법이란 남의 뺨만 치는 것이 아니라 제 목까지 가져간다는 것을 임금이라고 모르겠는가? 그래서 임금은 밤마다 궁궐의 높은 집에서 겁이 나서 떨고 있는 것이다.

그러나 현자는 무엇 하나 무서워하지 않는다. 그분은 법 없이 사는 사람인 까닭이다. 바위 밑에서 잔들 바위가 무너질세라 겁낼 줄도 모르고 잠든 사이에 귓구멍에 독을 넣을 사람도 없어 잠이 오면 그저 잘 뿐이다.

～ ～

성인을 근절하고 지식을 버리면 천하는 잘 다스려진다.

(絶聖棄知 而天下大治)

장자는 어쩌자고 이렇게 뒤집는 말만 할까? 세상 사람들은 성인이 많을수록 세상이 좋아질 것이라고 확신하며 인간의 지식이 날로 발전해갈수록 살기가 더 나아진다는 것을 틀림없는 사실로 다짐하고 있다. 인간의 이러한 확신과 믿음을 정반대로 거슬러 뒤집어 놓는 장자의 말은 하나의 잠꼬대에 불과한 것인가?

종교는 인간을 구원한다면서 인간을 다스리려 한다. 정치는 인간을 위한다면서 인간을 다스린다. 인간의 역사가 시작되면서 줄곧 인간을 다스린다는 것을 감추지 않고 공언한 틀이 있다면 아마도 하나는 종교이고 다른 하나는 정치일 게다. 인간을 다스리는 힘을 놓고 종교와 정치는 항상 그 주도권 다툼을 벌여 왔다. 과거에는 종교가 그 주도권을 가졌으나 지금은 정치가 그 주도권을 완전히 빼앗아 버리고 말았다. 정교 분리(政敎分離)란 말이 그래서 생겼다.

그렇다고 인간을 다스린다는 틀에서 정치가 독불장군 노릇을 하는 것은 아니다. 복병이 나타났기 때문이다. 경제가 바로 그것이다. 옛날엔 경제란 것이 종교의 시녀이거나 정치의 시녀 노릇을 했다. 그러나 이제는 경제가 종교의 후견인 노릇을 감당하면서 입김을 높였고 정치역시 경제 앞에서 눈치를 보는 지경이 되고 말았다. 이렇게 되자 경제가 사람을 다스릴 수 있다는 목소리를 높이게 되어 버렸다. 그래서 정치나 경제는 겉으로는 정경 분리라고 서로 입을 맞추지만, 속으로는 정경 유착을 노리면서 서로 주고받는 흥정을 하며 그 세를 넓혀 간다.

옛날의 정치가 성인을 팔아서 사람을 다스리려고 하였다면 지금의 정치는 법을 팔아서 사람을 다스리려고 한다. 그러나 지금의 경제는 인간의 지식과 물질을 야합시켜 자본이란 힘을 축적하여 인간의 생활을 관장하려고 하다. 본래 법보다 주먹이 가깝다는 말이 있다. 정치가 법을 업고 있지만 경제는 주먹을 쥐고 있는 셈이니, 낮에는 정치가 거드름을 피지만 밤만 되면 경제의 술수에 말려들어 큰 뱀에 말린 토끼 꼴로 목을 졸리고 있다.

자, 이러한 정치가 지금 인간을 편안하게 하는가? 이러한 물음을 던진 다음 막강한 경제가 인간을 행복하게 하느냐는 질문을 겹쳐 보기로 하자. 곰곰이 생각하다 보면 정치의 저울대는 편안함보다는 불안함 쪽으로 기울어지는 꼴을 보일 것이고 경제는 행복보다 불행을 담보로 잡고 사람을 울린다는 판단에 이를 것이다. 이러한 순간 다음과 같은 장자의 탄식을 들어 보기 바란다. "성인이나 지식이 수갑을 조이게 하는 쐐기 구실을 한 것은 아닌가." 누가 장자의 이러한 탄식을 잠꼬대라고 할까? 정치를 요리하는 실세나 경제를 주름잡는 재벌의 권속들은 잠꼬대라고 할게다.

이제 성인이란 칭호는 종이 호랑이에 불과하다. 그 자리에 지식이란 것이 들어와 자리를 차고 앉아 온 사람의 마음에 수갑을 채우고 있는 중이다. 시간은 돈이라던 말도 이제는 낡았다. 아이디어가 돈이라는 말이 실세일 뿐이다. 모든 길은 로마로 통한다는 말은 돈으로 통한다고 수정된 지 오래다. 정치도 돈에 빌붙고 종교도 돈의 힘에 밀리고 경제는 돈의 머슴이 되면서 인간을 수중에 넣고 엿장사 마음대로 포도대장을 수하에 거느린다. 이러한 돈으로 통하는 무수한 갈래의 지식들이 인간을 얼마나 울리는가.

인간을 행복하게 하는 밑천이 된다는 돈 돈. 그래서 누구나 돈타령을 한다. 오늘날의 지식은 돈을 생산하는 샘물 노릇을 한다면서 자연을 물질로 바꾸고, 물질은 돈의 샘물인 자본이 되고 그 자본은 골고루 사람의 손안으로 들어오는 것이 아니라 힘센 사람의 수중에서 폭군이 되기도 한다. 뿐만 아니라 그것은 수소폭탄을 만들어 장사를 하기도 하고 돈을 내놓으라고 목에다 칼을 들이대는 강도를 만들기도 한다. 이처럼 돈을 만들어 내는 지식과 돈을 탐내는 지식들이 사람의 정신을 묶는 수갑이 아닌가. 그런 지식이 근절되어야 하느냐고 묻는다면 아마도 아무도 '아니오'라고 못할 게다. 그러니 장자는 탄식한다.

정치에 아부하는 지식을 버린다면 어떨까? 간신이 임금에게 한번 고자질을 하면 충신이 죽어난다던 옛날엔 임금은 성인의 가르침을 팔아서 사람의 목숨을 끊었다. 오늘날은 이른바 브레인의 말을 듣고 정책을 세우고 그 정책으로 사람을 다스린다면서 지식의 칼들이 피 한 방울 흘리지 않고 횡포를 부린다. 이렇게 좁혀서 생각해 보면 성인을 근절하고 지식을 버리자는 장자의 말은 참말로 들릴 게다. 알아서 탈이 너무나 많다.

～ ～

너의 안을 삼가고 너의 바깥을 막아라. 지식이 많으면 망치고 만다.

(愼汝內 閉汝外 多知爲敗)

꾀가 많은 놈은 그 꾀로 망하고 재주를 믿는 놈은 그 재주로 조상의 무덤에 말뚝을 박는다. 본래 알아서 병이 되기 쉽고 몰라서 약이 되는 경우가 허다하다. 이처럼 지식이 무조건 좋은 것은 아니다. 그러나 인간은 이미 아는 것이 힘이라고 철석같이 믿는다. 그래서 알아야 면장이라도 하지 하면서 모름을 얕보고 놀린다.

무엇을 알수록 사람이 약아빠지고 영악해진다면 그러한 앎이란 차라리 없느니만 못한 법이 아닌가. 몰라서 전쟁을 일으키는 법은 없고 살인강도치고 바보가 없다. 교묘하게 사기를 치거나 음모를 꾸미고 나라를 팔아먹는 매국노에 어디 지능지수가 낮은 놈이 있던가. 사람의 속을 뒤집어엎는 인간치고 무식한 자는 없다.

빛 좋은 개살구 같은 지식은 인간이 앓는 만병의 근원일 게다. 지금 인간들이 앓고 두려워하고 목숨을 저당잡히고 있는 것은 물질문명이라는 공룡이 인간의 목줄을 틀어잡고 있는 까닭이다. 이제는 움치고 달칠 수도 없을 만큼 꼼짝도 못하는 인간은 분명 물질문명의 인질이 되어 있다. 장자는 이미 이러한 인간의 지식을 꼬집고 있는 셈이다.

인간이 안을 삼가면 마음이 욕심을 무서워할 것이고 밖을 닫아 버리면 무엇을 뽐내려는 용심을 줄일 게다. 마음의 안과 밖이 욕심으로 줄달음치는 한 인간이 인위의 종살이를 면하기가 어려움은 자명한 일이다. 정말로 인간이 만물의 주인인가. 이러한 판단은 인간이 넋 나간 상태에서 얼이 빠져 겁 없이 떠드는 허풍에 불과하다. 이는 마치 큰 물길을 흙과 자갈로 막아 놓고 물을 정복했다고 안심하는 꼴과 같다.

마음을 삼가라. 그러면 인간이 인간을 손가락질할 일이 없어질 게다. 밖을 밀폐하라. 그러면 인간이 인간을 삿대질할 일이 없어질 게다. 누가 마음을 삼가란 말인가? 바로 내가 그렇게 하면 된다. 누가 밖을 닫아야 할까? 그 일도 바로 내가 하면 된다. 그러나 모든 인간이 복부인의 근성에 게걸이 들어 있으니 장자여, 그대 앞에 면목이 없다.

〰 〰

저 사물은 무궁한데 사람들이 모두 끝이 있다고 한다. 저 사물은 재어 볼 길이 없는데 사람들은 한계가 있다고 여긴다.

(彼其物无窮 而人皆以爲終 彼其物无測 而人皆以爲極)

사람은 사물을 안다고 한다. 그러나 사람은 사물을 모른다. 잘못 알고 있는 것은 모르는 것만 못하다. 사물의 무궁을 잘못 알아 사물의 끝으로 여긴다. 그래서 삶의 끝이 죽음이라고 여겨 버린다. 모든 욕망이나 욕심이 사람을 주리 트는 것은 무궁을 모르고 끝을 알고 있는 탓이다.

사람이 살다가 흙으로 돌아가면 죽었다고 믿는다. 그 믿음을 무궁으로 안다면 흙에서 왔다가 그 흙으로 돌아감을 알게 된다. 무궁이란 돌아옴〔反者〕의 풀이로 보면 끝이 있다는 강박관념인 끝장이 난다는 무서움에서 벗어날 수 있을 게다. 궁극의 자유가 바로 그러한 무궁인 게다. 그러면 끝이란 무엇인가? 극한의 구속일 것이다. 그러므로 사물은 구속이 아니라 자유임을 사람은 모른다. 모든 사물이 돈으로 보이는 인간의 마음이 어떻게 무궁을 알까.

끝이 없는 사물은 측량되지 않는다. 깊이가 없는데 어떻게 깊고 얕을 것이며 넓이가 없는데 어떻게 넓고 좁다고 할 것인가. 그래서 장자는 이미 가을 짐승의 털끝이 가장 크고 태산이 가장 작다고 말했다. 이는 사물을 사람이 측량하지 말라는 뜻일 게다. 먼지만 한 양귀비 씨에서 넉 자가 넘는 양귀비가 나와 사발만한 꽃을 피우고 호두만 한 열매를 맺는다. 사람은 양귀비 씨는 작고 양귀비 대는 크다고 한다. 이러한 생각은 사물을 한계로 따지는 버릇 탓이다. 작은 그릇 속에 큰 그릇을 넣을 수 없다. 그러나 씨앗 속에 양귀비 대와 잎과 꽃과 열매가 다 들어 있었으니 한계로 따지자면 어느 것이 작고 어느 것이 크다고 할 것인가. 사물이란 무슨 한계로 있는 것은 아니다.

사물은 있는 그대로 있을 뿐이다. 다만 사람이 이렇고 저렇고 따져서 금을 그어 값을 따지고 서열을 매긴다. 여기서 좋은 것이 있고 싫거나 나쁜 것이 있다는 분별을 정하고 욕심을 부린다. 인간의 욕심이란 무엇일까? 좋은 것이면 많을수록 좋고 나쁜 것이면 적을수록 좋다는 수작일 게다. 이러한 수작은 인간한테서 자유를 앗아 버리고 구속을 안겨 준다. 무궁과 무한 그것은 자연이며 자유이고, 끝과 한계는 곧 구속이다.

～　～

만물의 참모습을 거역하면 자연의 작용이 이루어지질 못하오. 짐승의 무리는 흩어지고 새란 새는 모두 밤이 되어야 울고 그 재앙은 초목에 이르고 그 환난은 버러지에까지 미치오. 그거야말로 인간을 다스린다는 것의 잘못이오.

(逆物之情 玄天弗成 解獸之羣　而鳥皆夜鳴 災及草木 禍及止蟲 意治人之過也)

물은 흐르는 대로 두는 것이 제일이다. 물을 막아 호수를 만들고 배를 타고 노닐 때는 보가 터지면 물이 노해서 온갖 것을 삼킨다는 것을 모른다. 우리는 소양댐으로 놀러도 가고 낚시질을 하며 홍수를 조절한다고 자랑한다. 하지만 우리는 천하를 덮을 물동이를 이고 댐 밑에서 사는 셈이다. 이러한 불안을 감수해야 하는 것은 물의 참모습을 거역한 보수인 게다.

사람의 손에 활이란 것이 쥐어지고 난 다음 온갖 짐승은 사람을 보면 달아난다. 사냥감이 된다는 것을 알기 때문이다. 새도 사람을 보면 날아간다. 새구잇감이 될까 봐 겁이 나는 까닭이다. 사람의 눈에 띄지 않는 밤에나 울어 볼 뿐 낮에는 새들도 몸조심을 한다. 사람이 집을 짓고 궁궐을 짓자 나무는 통째로 잘리고 배가 갈라져 비바람에 썩어 갔다. 이것은 나무가 당하는 재난이다. 귀찮게 문다는 이유로 벌레는 사람에게 보이는 족족 죽어 나간다. 이것은 벌레가 당하는 화다.

만물은 사람을 위해 있다는 인간의 생각이 자연을 거역한다. 그러한 거역은 다스린다는 말로 통한다. 인간이 인간을 다스리기 위해 만물을 다스린다고 여긴다. 그래서 천지의 주인이라는 임금이 나타나 세상을 호령하면서 경계를 짓고 성을 쌓아 온갖 것들을 빼앗고 뺏기는 놀음을 한다. 이러한 놀음을 역사라 하지만 그 역사를 전쟁이 떠밀고 다닌다.

사람이 사람을 다스린다는 것이 빚어 낸 과오는 무엇일까? 활시위를 벗어난 화살이 그 과오를 말해 준다. 이 사람이 활시위를 당기면 저 사람이 맞아 죽고 저 사람이 당기면 이 사람이 맞아 죽는다. 짐승이나 새도 맞아 죽고 나무는 활감이 되어 죽고 벌레는 군마에 밟혀 죽는다. 사람만 죽는 것이 아니라 만물이 죽어 나간다. 사람을 다스린다는 본거지인 궁궐은 어디인가? 만물의 도살장과 같다. 이것이 바로 자연을 어기는 극치가 아닌가.

∽ ∽

세상 사람들은 남이 자기와 동조해 주는 것을 기뻐하고 남이 자기에게 반대하는 것을 미워한다.

(世俗之人 皆喜人之同乎己 而惡人之異於己也)

굵은 물개는 생선을 쥔 사람의 손을 좋아하고 털 속에 벼룩이 많은 개는 긁어 주는 사람의 손을 좋아한다. 사람한테는 당신이 옳다는 말 한마디면 언제 어디서든 박수를 받는다.

봉사에게 길이 보이느냐고 물으면 놀리지 말라고 화를 내지만 지팡이 하나로 천하를 노닌다고 말해 주면 천지가 훤하다며 길눈을 자랑한다. 이처럼 사람은 칭찬을 해 주면 생선 앞의 물개처럼 되고 간지러운 목줄을 긁어 주면 뒷발을 들고 오줌을 질금거리며 해해거리는 개처럼 되기도 한다. 본래 칭찬이란 동조한다는 아첨으로 통하며 그 아첨이란 마음을 풍선처럼 만들어 부풀려 놓고 둥둥 뜨게 하는 헛바람인 것을 사람들은 모른다.

잘한다 잘한다 하며 어깨춤을 추게 하는 사람보다 못한다고 침을 놓아 주는 사람이 옆에 있으면, 그보다 앞서 갈 수 없다는 생각 때문에 잘한다고 칭찬하는 아첨꾼을 아군으로 여기고 못한다고 직언하는 자를 원수로 치부해 버린다. 그래서 사람은 사람을 의심하고 시기하고 시샘하면서 제 속을 제가 망하게 한다. 청운의 뜻을 품었거나 권력을 탐하는 사람일수록 이러한 덫에 걸려 망신을 당한다. 대권을 잡은 자가 이러한 덫에 걸리면 망신살이 절정에 달해 마지막을 흉하게 한다.

동조하든 반대하든 다 뒤에는 꿍꿍이가 꼬리를 틀고 있는 게다. 아무런 야심이 없는 사람이 입으로 사탕을 만들 필요가 무엇 때문에 있을 것이며 소태를 만들어 공연히 왜 미움을 살 것인가? 뒤를 생각해서 꼬리를 감추느라고 입으로 칭찬도 하고 반대도 한다. 이러한 일은 사람을 다스린다는 판일수록 점입가경이고 찬성과 반대가 들러리 춤을 춘다. 이러한 춤은 모두 앞서 가겠다는 사람들의 투전일 뿐이다.

요행을 바라지 않는다면 누가 투전판에서 침을 흘릴 것인가? 예나 지금이나 정치판보다 더 큰 투전판은 없다. 그 판에서 개평을 뜯어내려면 입질로 사탕을 만들어야 패를 잡은 자가 기뻐하고 후하게 되는 법이다.

～ ～

자기가 없는데 있다고 할 것이 있겠는가. 있다고 보는 것은 옛날의 군자이고 없다고 보는 것은 자연의 벗일 뿐이다.

(無己 惡乎得有有 覩有者 昔之君子 覩无者 天地之也)

인위의 눈은 남의 밥에 있는 콩을 크게 본다. 그래서 내 콩은 작고 네 콩은 크다고 시비를 건다. 무위의 눈은 남의 밥에 있는 콩을 콩으로 본다. 콩이 콩이니 무엇 때문에 시비를 할 것인가. 내 콩 네 콩이 따로 없으니 콩밥이 따로 없음이다.

그러나 인위를 내걸고 인의로 세상과 사람을 다스린다고 호언한 사람들이 군자를 팔아서 내 콩은 어떻고 네 콩은 어떻다면서 콩밥이 맛이 있다느니 없다느니 시비를 걸며 사람의 입을 바쁘게 하였다. 그래서 무시로 왕도와 패도의 차이가 논란되고 권력을 행사하는 힘이 덕으로 이어져야 한다고 웅변을 일삼은 군자를 장자는 신용하지 않는다. 왜냐하면 그러한 군자들은 항상 자기를 앞세워 명성을 얻고 명성을 밑천으로 삼아 성은을 입었다는 무리들의 우상 노릇을 했기 때문이다.

우상은 외곬수의 믿음을 요구한다. 그렇지 않고 한눈을 파는 자는 따돌림을 받거나 심하면 돌팔매를 맞는다. 어느 때나 우상은 있는 법이다. 우상을 믿는 자들은 그 우상을 우상이라 부르지 않고 이상의 존재라고 말한다. 그러한 존재는 숭배와 칭송을 독점하게 된다.

인간에게 변함 없는 우상은 무엇인가? 그것은 '유(有)'일 게다. 그러므로 그 '유'를 앞세우는 자가 항상 우상의 앞잡이가 된다. 사람은 그러한 앞잡이 노릇을 자청하면서 무엇이 있어야 힘을 쓴다고 확신한다. 장자가 말하는 옛날의 군주란 그 '유'를 앞세운 우두머리를 말한다.

인간에게 변함 없는 벗은 무엇인가? 이러한 물음을 장자가 던지면서 그것은 바로 '무(無)'라고 밝히고 있다. 사람들은 이러한 지적을 좀체로 믿고 따르려 하지 않는다. 왜냐하면 '무'를 믿고 따르려면 먼저 자기가 없다는 데서 출발해야 하기 때문이다. 나는 없어지고 너만 있게 된다는 공포와 두려움 때문에 사람들은 '무'를 제쳐 두려고 한다. 그러나 모든 것이 없다고 치면 자연이 마주하며 인간을 편하게 한다.

보잘것없어도 맡겨둘 수밖에 없는 것이 사물이다. 천한 신분이라도 기댈 수밖에 없는 것이 백성이다.

(賤而不可不任者 物也 卑而不可不因者 民也)

사람의 어리석음 중에서 가장 못된 것은 사물이 사람의 손안에 있다는 자만감일 게다. 자연을 정복한다는 것이 바로 그 자만감이다. 하늘이 무섭지 않느냐? 말은 이렇게 하지만 빈말일 뿐이다. 이제 자연을 삶의 보금자리로 여기는 것이 아니라 물질의 원료쯤으로 여긴다. 그래서 인간은 겁 없이 자연을 요모조모 가공한다.

자연의 가공에서 가공(可恐)할 무서움이 나온다. 그러나 사람은 못할 짓을 하면 그 결과도 못할 짓이 된다는 법을 모른다. 이제야 서서히 무서운 자연이 있다는 것을 알기 시작한다. 그 무서운 자연이 공해라는 말로 통하고 있다. 본래 자연은 만물이 달게 마시는 비만 내렸지 산성의 비를 내린 적이 없었다. 그러나 지금은 산성비를 내린다. 그 산성비는 하늘의 탓이 아니라 사람의 탓이다. 단비가 얼마나 귀한가를 알면서도 산성비를 내리게 하는 사람의 짓은 결국 단비를 업신여긴 꼴이다.

무엇이든 가공하려는 것이 물질문명의 본색이다. 그리고 물질문명은 자연을 물질화하여 하늘을 만들고 땅을 만들고 물을 만들어 생명마저 만들 수 있다는 오만을 부린다. 만일 인간이 이러한 물질문명의 극에 달하면 제가 만든 도끼로 제 목을 내리치고 소멸의 잔을 들게 될는지 모른다. 하지만 인간은 부나비 같은 성질 탓으로 불에 타기 전에는 불은 뜨겁지 않다고 고집을 부린다. 누가 부나비를 천하다 할 것인가. 부나비가 미천하다면 부나비 같은 성질머리를 버리지 못하는 인간도 천한 셈이다.

옛날엔 임금과 그 무리가 백성을 업신여기더니 이제는 물질문명이란 것이 임금과 신하를 만들어 백성을 얕보려고 한다. 사람이 없으면 물질문명이 무슨 소용이 있는가. 물질문명의 자로 사람을 재고는 문명인과 야만인으로 나누는 짓을 하고 시달리는 백성을 얕보고 깔보면서 손가락질을 한다. 그러나 백성없는 컴퓨터와 인공위성이 무슨 소용이 있단 말인가. 누가 백성을 천하다 하는가. 백성은 인간의 자연인 것이다.

5. 〈천지(天地)〉의 어록

～ ～

천지에 두루 통하는 것이 덕이고 만물에 고루 미치는 것이 도이다.

(通於天地者 德也 行於萬物者 道也)

사람은 덕이란 말을 알지만 그 덕을 잘 모른다. 참새나 다람쥐, 떡갈나무, 억새풀 등등은 덕이란 말을 모르지만 그 덕을 잘 안다. 덕은 사람의 것이 아니다. 그렇다고 그것이 날짐승, 들짐승, 초목의 것도 아니다. 다만 덕은 천지에 두루 그 모습을 지닌다.

편안히 살게 하고 편안히 일하게 하며 편안히 쉬게 하는 것이 덕이다. 들판의 한 그루 나무를 보면 덕이 들려주는 말을 들을 게다. 흙과 바람과 햇빛이 있고 물이 있으므로 그 나무는 산다. 뿌리를 내려 흙속에서 밥을 찾아 먹고 잎을 틔워 햇빛을 받고 바람을 맞이하며 숨을 쉬고 꽃을 피우고 열매를 맺어 철 따라 사는 일을 마다 않는다. 나무에게 기름진 흙, 밝은 햇빛, 맑은 물 그리고 깨끗한 바람은 덕의 모습이다. 나무는 덕으로 살다가 명이 다하면 덕으로 죽는다.

사람도 나무처럼 덕으로 살다가 죽는다. 장수하면 좋아하고 요절하면 슬퍼하는 것은 사람의 정일 뿐 덕의 생사는 그대로일 뿐이다. 덕은 말하지 않으면서 말을 한다. 왜냐하면 덕이 사람에게만 말하는 것이 아니라 천지에 두루 통하는 말을 하기 때문이다. 봄이면 나뭇가지에 새순이 돋는다. 그것이 덕의 말이다. 여름이면 나뭇잎이 무성하다. 그것이 덕의 말이다. 가을이면 잎이 진다. 그것이 덕의 말이다. 겨울이면 앙상한 가지가 찬바람을 견딘다. 그 또한 덕의 말이다. 그러한 덕의 말을 어찌 사람의 말로만 들어야 하는가. 사람만 덕에게 변덕을 부릴 뿐 만물이 다 덕의 말을 듣는다.

덕의 모습을 보면 도의 움직임을 본다. 나무가 철 따라 그렇게 하는 힘을 도라고 여기면 된다. 우리는 운명이란 말을 한다. 그 말을 도의 움직임으로 여겨도 된다. 아무도 운명을 조종하거나 조정할 수가 없다. 그 움직임은 너무나 크고 깊지만 맑아 잴 수도 없고 짚을 수도 없다. 그러나 도는 돌고 돈다. 생사의 엮음이라고 할까, 아니면 무상의 바퀴라고 할까.

꿈 꿈

무에 이르러 만물이 원하는 대로 베풀어 주고 알맞은 때에 자유로이 활동하면서 만물과 하나이기를 바란다.

(至無而供其求 時騁而要其宿)

무에 이른 이는 덕을 이룬〔成德〕 사람이다. 그러한 사람이 장자가 바라는 군자다. 성덕이란 무엇인가? 만물에 두루 통하는 모습인 덕을 세우고 만물이 생겨나게 하는 도를 밝히는 것으로 장자는 믿는다. 인의로 법도를 세우는 군자가 아니라 천지의 만물과 하나 되기를 바라는 도덕을 밝히는 자가 군자라는 셈이다.

천지는 만물을 태어나 자라게 하면서도 소유하지 않는다. 간직하면서도 갖지 않으니 베풀기만 하면 되는 천지가 바로 무란 무엇인가를 밝혀 주고 있다. 하늘 아래 수풀 속에서 나는 꾀꼬리가 바로 무의 한 모습이며 어느 집 마루 위 조롱 속의 꾀꼬리는 무가 아닌 한 모습인 게다. 없으면 무이고 있으면 유라고 잘라 말할 것은 없다. 탐하면 유가 되는 것이고 베풀면 무가 되는 것으로 여겨도 된다.

탐한다는 것은 무엇은 좋고 무엇은 싫다는 전제가 붙는다. 좋은 것만 가지고 싫은 것이면 버린다는 것이 욕심의 바탕인 게다. 그래서 분별이 생기고 차별이 빚어진다. 사람이 만물의 영장이란 말은 분별의 극치가 아닌가. 사람이 하는 짓을 합리화하려는 것을 유위(有爲)라고 한다. 유위나 인위는 같은 말이다. 탐해서 빚어지는 인위는 무엇인가? 조롱 속에 갇힌 꾀꼬리인 게다. 아니면 분재원에 가 보라. 그리고 분재감으로 잡혀온 소나무를 보라. 몇 년 되지 않은 어린 소나무를 천년 노송으로 변조하려고 가지를 비틀어 철사줄로 묶어 놓고 천년 노송으로 여기는 마음이 곧 유위인 게다.

조롱 속의 새가 사람을 좋아할 것인가. 분재로 뒤틀린 소나무가 사람을 반길 것인가. 만물의 자유를 유린하면서 인간은 자신의 자유를 외친다. 이러한 인간이 어떻게 무를 알 것인가. 다만 입으로 무라는 말만 할 뿐이다. 장자는 이를 탄식한다. 그래서 탐하고 분별하는 인간의 만행을 일찍 경고한 셈이다. 인위로 목 졸린 인간을 풀어 주려고 무위의 군자를 장자가 부르고 있다. 그러나 알아듣지 못하는 인간을 왜 천지가 구해 주겠는가. 천지에 사람의 짓으로 가득한 환경오염을 인위의 대가로 여기면 된다.

다스린다는 것은 혼란의 근원이 되고 신하에게는 화가 되고 천자에게
는 해가 된다.

(治 亂之率也 北面之禍也 南面之賊也)

다스리는 사람의 입에서는 항상 평화니 행복이니 자유라는 말들이
버릇처럼 나온다. 불행을 막고 전쟁을 막고 질곡을 없앤다는 말들도
자주 나온다. 백성이 원하는 것이 무엇이며 원치 않는 것이 무엇인가
를 알기는 알아서 치자들은 그렇게 말한다. 그러면 백성은 속는 줄 알
지만 믿어 보자고 수근대면서 저 말들이 정말이면 얼마나 좋을까란
단서를 단다.

백성의 뜻이 하늘의 뜻이란 말을 제대로 안다면 어찌 치자들이 거짓
말을 하여 농을 칠 수 있을 것인가. 그렇지 않고 치자들은 백성보다는
법을 믿고 세상을 통치한다고 큰 소리를 지르는 셈이다. 법이 사람의
마음마저 묶어 둘 수 있다고 믿는 통치는 항상 무서운 게다. 그래서
지금은 당당하게 법치라는 말을 쓴다. 옛날엔 왕명을 받아라 하면 무
서워 떨지 않은 것이 없었다. 지금은 모든 것을 법에 따라 처리한다거
나 의법 처단이니 엄벌이란 말을 하여 그 무서움을 더한다. 만 사람을
무섭게 하는 것이 난(亂)인 게다.

옛날엔 왕명(王命)의 다스림이 왜 혼란의 근원이 되었고 지금은 법
치의 다스림이 왜 혼란의 근원이 된단 말인가. 이에 대해 장자는 무위
의 다스림이 아니라 인위의 다스림 때문이라고 진단을 내린다. 문물
제도의 절정이 왕명이던 시대는 갔지만 법전이 그 자리를 차지하고
있는 중이다. 문물제도란 무엇인가? 인위가 짜 놓은 그물이 아닌가.

그 그물이 빈틈없이 든든하고 단단하다기보다는 힘이 세면 그물코가 넓어지고 힘이 없으면 그 코가 좁아지기도 한다. 덩치가 크면 약해서 찢어지지만 덩치가 작으면 고래 심줄보다 더 질기다. 그래서 법망을 거미줄 같다고 한다. 새는 거미줄을 채고 날아가 버리고 나방만 걸려 들어 거미밥이 된다. 백성을 하늘 같다고 말로만 하고 실속으론 나방으로 점치는 다스림이 어찌 난의 근원이 아니겠는가.

충신이 역적이 되는 왕명은 변덕이 많았고 법망이 치자의 뜻대로 짜지고 처짐에 따라 권자가 감방으로 이어지는 꼴을 보게 된다. 이 어찌 신하의 화가 아닌가. 대권을 놓으면 만 사람의 손가락질을 받는다. 이 어찌 천자의 해가 아닌가. 인위의 다스림이란 되돌아오는 화살과 같다.

～ ～

성인이란 메추라기처럼 거처가 일정치 않고 새새끼처럼 주는 대로 먹고 새처럼 날아다녀도 흔적을 남기지 않는다.

（夫聖人 鶉居而鷇食 鳥行而無彰）

사람을 제외하고 만물을 의인화한다면 성인 아닌 것이 없을 게다. 변덕도 사람의 것이고 욕심도 사람의 것이다. 성인 중에도 등급이 있다면 식물의 성인은 일등급이 틀림없지만 동물의 성인은 몇 등급쯤 되는지.

이 꽃이 저 꽃의 꿀샘을 넘보지 않는다. 욕심이란 아예 없는 까닭이다. 욕심이 없다면 아무런 속박이 없는 게다. 그러면 절대 자유는 보장된다. 절대 자유를 누리는 자가 성인인 게다.

개들은 서로 잘 놀다가 개밥 근처에선 서로 으르렁거린다. 모든 짐승은 먹이를 보면 욕심을 부린다. 그래서 약한 놈은 적게 먹어야 하고 강한 놈은 많이 먹어 치운다. 그러나 짐승의 욕심은 본능이지 지식이 꼬드기는 욕심은 아니다. 본능의 욕심은 무엇일까? 꽃이 풍기는 향기와 빛깔 같은 것이고 꿀샘 같은 것일 게다. 본능의 욕심은 목숨의 거름 같아 운명의 여유인지도 모른다. 그러나 본능의 욕심밖에 없는 짐승은 그래도 절대 자유의 맛을 내므로 사람보다는 성인의 자리에 가까이 있는 것이다.

숫다람쥐는 눈이 먼 암다람쥐를 최상의 아냇감으로 여긴다는 우화가 있다. 암컷에게 떫은 꿀밤을 주고 저는 고소한 알밤을 먹으면서 떫다고 엄살을 부려도 볼 수가 없는 암다람쥐는 숫다람쥐의 거짓말을 믿어 주므로 다람쥐의 세상에서는 눈먼 암놈이 신부감으로 인기가 있다. 이런 우화는 다람쥐의 실화가 아니라 사람을 빗댄 것이다. 이러한 숫다람쥐 같은 인간 중에서 어느 누가 성인이 될 것인가. 무위의 차원에서 본다면 지렁이가 오히려 성인에 가깝다.

성인은 절대 자유의 화신이다. 그러나 인간은 절대 부자유의 화신이다. 말하자면 장자가 말하는 성인의 정반대가 인간이다. 인간의 지식은 줄기차게 야망을 성취하라고 꼬인다. 지식이 발견하고 발명해 내는 욕심, 그것이 절대 부자유의 줄기이며 그 줄기의 뿌리가 인위인 것이다. 장자는 그 뿌리를 절단하라 하지만 어느 인간이 그렇게 하겠는가. 어림도 없다.

〰 〰

덕이 지극하면 틈없이 합쳐진다. 그래서 마치 어리석은 것 같고 멍청해만 보인다. 이를 그윽한 덕이라 하고 자연의 작용과 하나가 되었다고 한다.

(其合緡緡 若愚若昏 是謂玄德 同乎大順)

하나가 둘을 낳고 둘이 셋을 낳고 셋이 만물을 낳았다는 노자의 말을 생각한다면, 하나에서 만물까지는 생이란 운명의 운동이요 사는 만물에서 하나로 돌아가는 운명의 운동인 셈이다. 생의 운동은 만물로 이르니 구별이 만 갈래로 나타나고 사의 운동은 하나로 이르니 만 갈래는 소멸해 버린다. 인간은 사후를 모른다. 거기에는 분별이 없는 까닭이다. 사람이 무엇을 알려면 분별의 꼬투리를 잡아야 겨우 가능하다. 그래서 분별이 가능한 이승의 것만을 사람은 알 뿐이다. 사의 저기가 무라면 생의 여기는 유일 게다.

유만 알아선 덕을 모른다. 덕이란 유무의 완벽한 합침인 민민(緡緡)인 까닭에 그윽하고 아득하다고 말한다. 분별이 없는 덕을 사람이 어떻게 알 것인가. 그래서 덕은 멍청하고 어리석어 보이는 게다.

덕이 지극하면 태초의 상태와 같아지고 같아지면 공허해지고 공허해지면 커진다는 장자의 말을 어떻게 들을까? 삶을 통해서 삶을 보지 말고 죽음을 빌어서 삶을 짚어 보라는 말로 헤아리면 될는지 모른다. 죽음 앞에 이르러 관대하고 모든 것을 용서하는 인간은 덕의 이웃이 되는 법이 아닌가. 그리고 숨을 거두면 남은 사람들은 삶이 흙으로 돌아갔다고 한다. 그렇게 돌아감이 곧 무인 것을 산 사람들은 곧 잊어버린다. 인간에게 무는 무엇일까? 관용과 용서와 사랑일는지 모른다. 왜냐하면 인간에게 유는 이것이냐 저것이냐의 시비를 낳고 내것 네것으로 아웅다웅 얽히게 하기 때문이다.

관대하려면 무심하라. 다투려면 유심하라. 용서는 지는 것이고 다툼에서는 이겨야 한다고 고집한다면 무엇을 사랑한다는 말은 거짓말이다. 물이 안개가 되고 안개가 구름이 되고 구름이 비가 되고 다시 그 비가 물이 되는 천지의 화합이 무심의 모습인 게다. 그 화합은 바람과 빛과 물의 완전한 합침이 아닌가. 빛이 더우면 물이 안개가 되고 빛이 식으면 구름이 되는 물을 보라. 안개가 가벼우니 올려 주고 구름이 무거우면 비로 내려 주는 바람을 보라. 이것이 대순인 게다. 어찌 덕이 사람만의 것인가.

⌒⌒

기계 따위를 갖춘다면 반드시 기계가 일을 낸다. 그렇게 되면 반드시 기계에 사로잡히고 마는 마음이 일어난다.

(有機械者 必有機事 有機事者 必有機心)

만물치고 우주 밖에 있는 것은 없다. 수많은 우주가 있다 해도 그 우주는 허공에 떠 있을 것이고 무엇이 떠 있으면 그 속에 무엇이 있는 법이다. 떠 있는 그 무엇을 별이라고 한다. 천지의 지는 땅이고 그 땅은 하나의 별인 셈이다. 우주는 별들의 집이 아닌가.

우주라는 집은 허공에 매달려 있고 사람의 집은 땅 위에 서 있다. 만물이 허공에 떠 있기 때문에 보이는 것은 작고 보이지 않는 것이 크다는 게다. 허공은 무로 있고 만물은 유로 있다. 그래서 무는 크고 유는 작다고 한다. 이런 뜻에서 이미 장자는 가을 짐승의 털끝이 가장 크고 태산이 가장 작다고 말해 두었다.

본성이라고 말은 하지만 무엇이냐고 따지기 시작하면 말문이 막힌다. 막혀 버린 말문을 열기 위해 숱한 현자들이 열쇠를 만들어 놓았다. 그것을 공맹은 인위라는 열쇠로 열자고 했고 노장은 무위로 열자고 했다. 인위는 인의라는 열쇠로 열자고 한다. 그러나 무위는 자연이라는 열쇠로 열자고 한다. 장자가 말하는 자연은 무엇인가? 무는 크고 유는 작다는 모습이다. 공자가 말하는 인의는 무엇인가? 유가 매우 크다고 하고 그 큰 것을 다스릴 줄 알아야 한다는 처방이다. 장자는 그러한 처방을 인위라고 한다. 장자는 기계로 비유해서 인위를 말하고 있는 중이다. 그 기계가 본성을 망친다고 장자는 생각한다. 지금에 이르러 장자의 지적이 분명히 맞아들고 있지 않은가.

기계는 순진한 마음을 앗아가고 결백한 마음을 뭉개 버린다. 기계의 극치인 컴퓨터를 보라. 사람이 만든 컴퓨터가 사람을 조정한다. 그래서 이제 인간은 컴퓨터의 결과를 믿고 사람의 마음을 의심한다. 의심을 받는 인간은 그 의심에서 헤어나려고 마음의 안정을 잃어버린다. 그리고 정신없이 산다고 인간은 자랑을 한다. 주판을 만들었을 때 컴퓨터는 시작됐고 핵폭탄은 활을 만들 때 시작되었다. 기계는 본성을 앗아가는 공포가 아닌가. 컴퓨터 핵우산의 마음이 기계에 사로잡힌 인위의 극치인 게다.

꩜꩜

덕인은 가만히 있어도 아무런 생각이 없고 움직여도 아무런 생각이 없다. 마음에 시비도 없고 좋고 싫고도 없다. 온 세상 안이 함께 이득을 얻으면 기뻐하고 함께 만족함을 편히 여긴다.

(德人者 居無思 行無慮 不藏是非好惡 四海之內 共利之之謂毋悅 共給之之爲安)

'사촌이 논을 사면 배가 아프다' 이 배앓이는 덕이 없는 데서 일어나는 병이다. '똥 묻은 개가 겨 묻은 개를 흉본다' 이 흉보기도 덕이 없는 데서 일어나는 탈이다. '꼬리가 길면 잡히고 도둑이 제 발 저린다' 이는 덕을 훔쳤거나 덕을 욕보인 다음에 오는 뒤탈인 게다. 덕을 없애려는 인간의 짓거리가 어디 이뿐이랴. 긁어 부스럼을 키우고 혹을 떼려다 혹을 덧붙이는 꼴을 인간의 세상에선 얼마든지 만날 수 있다.

보석이 작고 적다고 찡그리는 신부의 얼굴이나 보석이 크고 많다고 벙긋하는 신부의 얼굴이나 다를 바가 없다. 찡그리는 얼굴도 덕이 나간 것이고 벙긋하는 얼굴도 덕이 나간 얼굴인 까닭이다. 무엇은 좋고 무엇은 싫다는 것을 덕은 모른다. 모래도 보석이라면 보석인 게고 비취도 보석이 아니라면 아닌 게 덕의 생각이다. 덕이 가만히 있어도 생각을 않는다 함이란 시비의 생각 호오(好惡)의 생각 같은 따위를 아니한다는 게다. 그래서 덕은 맑고 크다.

조롱 속의 새에게 먹이를 주는 짓이나 난초 분에 물을 주는 짓이나 다를 바가 없다. 새소리를 듣고 싶은 꿍심이 있는 짓이고 난초꽃의 향기를 맡자는 꿍심이 있는 까닭이다. 싸게 사자는 손님이나 비싸게 팔려는 장사꾼의 속셈은 다 같다. 한쪽은 공으로 덤을 노리는 것이고 한쪽은 공으로 돈을 뜯자는 노림일 뿐 공짜로 갖자는 심사는 다 같다. 이러한 짓은 다 계략이요 음모인 게다. 본래 음모나 계략은 나는 유리하고 너는 불리해야 한다는 계산 아래 내가 이기고 너는 져야 한다는 속셈일 뿐이다. 덕은 계산할 줄 모르고 속셈을 부리지 않는다. 그래서 덕은 밝고 크다.

부자가 자기를 위해선 후하고 남에게 인색하면 졸부라고 불린다. 졸부란 돈이 덕을 말아먹은 명성이다. 그 명성은 덕의 기쁨이나 만족을 모른다. 남의 기쁨이 나의 슬픔이 되고 남의 만족이 나의 불만이 된다는 조바심 때문이다. 덕은 그런 조바심을 모른다. 그래서 덕은 그윽하고 크다.

～ ～

자기의 어리석음을 알고 있는 자는 큰 바보가 아니며 자기의 미혹을 알고 있는 자는 큰 멍청이가 아니다. 큰 멍청이는 평생 깨닫지 못하고 큰 바보는 죽을 때까지 트이지 않는다.

(知其愚者 非大愚也 知其惑者 非大惑也 大惑者終身不解 大愚者終身不靈)

옹고집쟁이에게 고집을 버리라고 하면 쓸데없는 말이 되어 버린다. 옹고집쟁이는 고집이란 것을 모르는 까닭이다. 미치광이에게 너 미쳤다고 말할 필요가 없다. 미치광이는 미친 것을 모르는 까닭이다. 그러나 고집을 부리지 말라는 말을 듣고 고집을 거두면 그는 고집쟁이가 아니다. 그래서는 안 된다는 것을 알고 하지 않을 때 어리석음은 없게 된다.

높은 사람이 옳다고 하면 옳다고 받아주고 틀리다고 하면 틀리다고 받아주는 부하는 아첨꾼이라고 손가락질을 당한다. 그러나 세상이 옳다고 하면 옳다 하고 세상이 틀렸다 하면 틀리다고 하는 사람을 아첨꾼이라고 말하지 않는다. 두 경우가 같은 말대답을 하지만 하나는 아첨꾼이 되고 하나는 그렇지 않은 이유는 무엇일까? 상사와 부하의 관계보다 세상과 사람과의 관계가 더 넓고 큰 까닭일까? 그보다 사람이 변덕스러운 까닭이다. 변덕은 사리를 혼란하게 한다.

혼란하면 재는 자[尺]의 형편에 따라 길어지기도 하고 짧아지기도 하며 늘어나기도 하고 줄어들기도 한다. 인위로 만들어진 상식이란 혼란스러운 자와 같다. 그 자의 눈금을 인의로 그었다지만 그 눈금을 읽는 마음은 이해로 얽힌 까닭이다. 돼지의 눈에는 돼지로만 보인다는 말처럼 이해로 뒤집힌 마음은 이해 없는 만물이 있느냐고 반문한다.

장자에게 사람을 평생 바보이게 하는 큰 어리석음과 평생 멍청하게 하는 얼간이는 무엇 때문이냐고 묻는다면 장자는 뭐라고 답할까? 인의를 팔아 이해를 산 탓이라고 답하리라고 짐작해도 될 게다. 복부인은 철 맞춰 들판에 나갈 필요가 없다. 봄이면 어떻고 가을이면 어떠랴. 복부인의 마음은 평당 얼마냐가 문제이지 들꽃이나 단풍 따위는 문제가 되지 않는다. 돈 때문에 큰 바보가 되고 큰 멍청이가 되었음을 모르므로 평생 복부인으로 만족하면서 산다. 눈치가 빨라 막차를 타지 않는다고 뽐내게 내버려두어야 한다.

6. 〈천도(天道)〉의 어록

～ ～

자연의 작용은 끊임없이 움직여 멈추는 일이 없다. 그래서 만물이 생성된다.

(天道運而無所積 故萬物成)

지구가 돈다는 말로 서구인의 사고는 변혁을 했었다. 우주가 움직인다는 생각을 이미 수천 년 전에 위와 같이 말하고 있었다. 본래 천 사상(天思想)은 천운을 믿는 것이다. 천운 그것은 하늘의 움직임을 말한다. 하늘의 움직임에 따라 만물의 운명이 결정된다는 생각은 이제 한물 간 미신일까? 우주를 물질의 창고쯤으로 아는 현대인은 천운 따위를 믿지 않으려고 한다. 하지만 여전히 천운의 덕으로 만물이 산다.

밤낮이 바뀌고 계절이 바뀐다. 이것이 천운이다. 바람이 불고 구름이 흘러가고 그래서 비도 오고 개이기도 한다. 이 또한 천운이다. 태양이 없어진다고 하면 밤낮이 어디에 있을 것인가. 물론 태양도 있다가 없어질 게다. 천운은 무엇이든 가만히 있게 하지 않는다. 모든 것을 변화하게 한다. 변화란 태어나 죽는 돌고 도는 흐름이다. 그러나 아직은 태양이 있어서 밤낮이 있고 밤낮이 있어 낮이면 일을 하고 밤이면 잠을 자게 한다. 이것이 천운이다.

천운이 멈추어 쌓인다면 만물의 생성은 그치고 만다. 비만 오고 눈만 오고, 아니면 맑기만 하고 덥기만 하고, 아니면 춥기만 하다면 사람이 어이 살 것이며 새나 짐승이나 초목은 또 어찌 살 것인가. 비 오다 개이고 춥다가 따스해지고 이러한 천운의 덕으로 만물은 생성한다. 만물의 생성이란 생사의 연결 고리를 말한다. 그 고리의 사이를 명(命)이라고 한다. 그래서 만물은 모두 저마다 명을 타고 나 있다가 없어지고 다시 없다가 있게 된다. 이것이 천운의 반자(反者)이다. 천운이란 바로 되돌아오고 가는 자연의 모습이며 작용이다. 그러한 작용을 천도라 한다.

아무리 밝은 전등으로도 밤을 낮으로 바꿀 수 없다. 아무리 큰 장막으로도 낮을 밤으로 바꿀 수 없다. 아무리 작은 태풍이라도 만 개의 핵폭탄만큼의 위력을 낸다. 인간의 힘이란 별 게 아니다. 그런데 어찌 인간이 하늘의 힘을 잊을 수 있는가. 자연을 정복한다는 말을 하지 말아야 한다.

∽ ∽

무위에 쉬고 있으면 무심해지고 무심해지면 충실해지고 충실하면 잘 다스려진다. 무심하면 고요해지고 고요하면 잘 움직이고 잘 움직이면 모든 일이 뜻대로 된다.

(休則虛 虛則實 實者倫矣 虛則靜 靜則動 動則得矣)

무위로 쉰다는 것은 마음이 쉰다는 것이다. 쉬는 마음은 움직이지 않고 가만히 있는 마음이 아니다. 오히려 쉬는 마음은 쉴 새 없이 움직인다. 어디 고요한 물이 멈추어 있는가. 쉬는 마음은 흘러도 고요한 물과 같다. 그래서 마음은 묘하다고 한다.

막힘이 없으면 물은 흘러도 고요하다. 고요한 물을 들여다보면 눈썹을 헤아릴 만큼 얼굴을 보여 준다. 이처럼 쉬는 마음은 남의 마음을 떠보는 것이 아니라 바로 내 마음이 내 마음속을 조용히 들여다본다. 그러면 무심해진다. 무심이 곧 쉬는 마음이다. 마음속에 나만 홀로 남아 나를 만나면 처음은 시끄러워진다. 기쁜 일, 슬픈 일, 부끄러운 일, 자랑스러운 일 등등으로 얽힌 마음이 바람처럼 떠돈다. 그리고 나는 나에게 숨길 수 없다는 것을 깨닫는 순간 정직해진다. 정직한 마음은 맑고 투명한 유리알처럼 된다. 이렇게 되면 허심해진 게다.

정직한 마음은 아무것도 숨기지 않는다. 이 얼마나 충실한 마음인가. 잘 영근 열매가 좋은 씨앗을 속에 담고 있듯이 해야 할 일과 하지 말아야 할 일을 잘 가려서 갈래를 짓고 나면 마음은 후련해진다. 후련한 마음은 새로 출발한다. 그 마음은 자유롭게 걸림 없이 일을 하기 시작한다. 이것이 무심한 동심(動心)인 게다. 모든 일들이 풀리고 어우러지는 비밀을 맛보게 된다. 그 맛이란 무엇일까? 모든 것을 용서하고 이해해 주고 털어 버리는 것이다.

무위에 쉬는 마음은 남을 만나는 것이 아니라 먼저 내 마음이 내 마음을 만나야 한다. 그다음 모든 것을 있는 그대로 마음이 보고 지나가면서 들판을 걷듯이 하면 된다. 발에 밟히는 잡초를 보라. 밟히면서도 삶을 버리지 않고 거기 있지 않은가. 그 잡초가 새삼스럽게 보일 때 무심한 마음이 잡초를 보는 게다. 먹는 풀인지 먹지 못하는 풀인지 따지지 말고 그저 가만히 보라. 그리고 하늘이 있고 흙이 있어 모두가 있다고 생각해 보라. 그러면 무심한 마음이 넓어진다. 그 넓음이 곧 무위가 아닌가.

무릇 천지의 덕에 밝다는 것, 그것을 모든 것의 근본이며 으뜸이라고 한다. 그 덕은 하늘과 조화가 된다. 그리고 천하를 조절하여 사람과 조화되는 원인이기도 하다.

(夫明白於天地之德者 此之謂大本大宗 與天和者地 所以均調天下 與人和者也)

장자는 우리가 이미 잃어버린 것을 말해 두었다. 덕이란 말만 남았지 그 덕을 잃어버린 지 오래다. 그래서 우리가 생각하고 행동하는 데 덕이 미치지 못하는 지경에 이르렀다. 세상이 왜 이렇게 소란스럽고 험악하고 잔인하냐고 물으면 인간성을 잃어서 그렇다고 말하지 덕을 잃어서 그렇다고 말하는 사람은 별로 없다. 다만 무슨 일이 잘못되었을 때는 사과한다는 뜻으로 덕이 없어서 그렇게 되었으니 용서를 빈다는 말을 한다. 이러한 말로 미루어 인간은 덕이 있어야 일이 잘된다는 것만은 아직도 알고 있는 셈이다. 그러니 인간은 알면서도 덕을 멀리 하고 있는 셈이다.

인간성 상실이란 말이 도처에 흔하다. 인간성이 모든 일 모든 것의 근본이고 으뜸일까? 인간성이 아니라 자연의 덕이 그 자리에 있다고 보는 것이 장자의 생각이다. 만물은 홀로 있는 것을 싫어한다. 함께 어울려 있기를 바란다. 쑥밭에는 쑥들이 모여 살고 소나무 숲에는 소나무들이 모여 산다. 참새는 참새끼리 모여 살고 개미는 개미끼리 모여 산다. 모여 사는 것을 편안히 하는 것을 덕이라고 한다. 모여 사는 것을 불안하게 하면 그것이 바로 부덕인 것이다.

시중에서 갖가지 일들로 시달리는 사람들은 산이나 바다로 가서 푹 쉬었으면 좋겠다는 말을 버릇처럼 한다. 이는 덕이 없어진 곳에서 덕이 있는 곳으로 피난을 가고 싶다는 말이다. 사람이 사람을 불편하게 하는데 왜 산이나 바다는 사람을 편하게 하고 쉬게 하는 것일까? 바다나 산이 덕을 잃지 않고 있기 때문이라고 생각하면 된다. 자연은 사람을 쉬게 하고 언제 찾아가도 반겨준다. 이것이 덕이다. 덕은 조화의 어머니인 것이다.

즐겁게 쉬게 하는 것을 조화라고 여겨도 된다. 그러한 조화를 서로 어울림이라고 여겨도 된다. 오직 사람만 서로 시기하고 시샘하고 다투며 욕심을 부린다. 이것이 인간성의 상실 곧 덕의 상실임을 말하지 않는가.

＊＊＊

무위이면 천하를 뜻대로 움직여도 여유가 있다. 유위이면 천하를 움직인다 하여도 흡족함이 없다.

(無爲也 則用天下而有餘 有爲也 則爲天下用而不足)

일이 바빠서 죽을 지경이라고 말한다. 일에 싸여 마음에 여유가 없다고 말한다. 일에 눌려 심신이 곤죽이라고 엄살을 떨기도 한다. 몸이 허해지면 아무 일도 못하고 주저앉아 망한다고 겁에 질리기도 한다. 일들이 신경을 곤두서게 하니 마음이 면도칼처럼 날이 서고 조그마한 일에도 신경질을 부리게 된다. 이런 등등이 일을 많이 해야 하는 현대인들의 푸념이다. 그러니 어떻게 요즘 세상에서 무위를 말하느냐고 할 게다.

그러나 찬물일수록 쉬어 마셔야 하고 뜨거운 물일수록 입술로 불어서 마셔야 한다. 목마름에 찬물을 단숨에 마시면 목이 메어 숨이 끊어질 수가 있고 뜨거운 물을 한입으로 마시면 입안이 화상을 입는다. 일을 하지 마라 함이 무위가 아니다. 다만 일을 조바심나게 하지 마라 함이 무위일 뿐이다. 왜 일을 조마조마하게 하는가? 일이 잘되어야 한다는 욕심 때문이다. '일할 때 열심히 하라. 그리고 그 결과를 믿어라.' 이것이 무위의 마음이다.

무위로 마음이 다져지면 증권 시장의 복판에서 손발을 흔들며 주식을 팔고 사는 일이 저녁 잠자리까지 따라오지 않는다. 바람에 흔들리는 수양버들을 보라. 산들바람에는 살살 흔들리고 세찬 바람에는 세차게 흔들린다. 수양버들 가지의 흔들림 그런 것이 무위일 게다. 바빠서 여유가 없다는 말은 엄살일 뿐이다.

일에 욕심을 부리면 억지가 붙는다. 그렇게 되면 수작을 부릴 수밖에 없는 지경에 이른다. 그러한 지경이 심하게 되면 사람은 환장하고 만다. 노름판에서 판돈을 몽땅 잃어버린 놈의 눈에는 천지가 날린 판돈으로 보이기 전에 화투쪽으로 보이다가 한번만 더 잘 쥐면 잃은 판돈을 단번에 찾고 그 이상의 돈을 따서 편하게 산다는 만용을 부리게 된다. 그래서 노름꾼은 노름빚을 내려고 땅을 팔다가 땅이 떨어지면 집을 팔고 그 다음에는 마누라를 팔아 거덜이 난다. 이러한 지경이 바로 환장한 것이다. 사람을 미치게 하는 것은 무엇인가? 유위의 극치인 게다. 이래서야 어떻게 만족한단 말인가.

⁓ ⁓

만물은 변화한다. 초목의 돋아나는 싹에도 갖가지 모습이 있다. 번성하다가 쇠하여 죽게 된다. 이것이 변화의 흐름이다.

(萬物作化 萌區有狀 盛衰之殺 變化之流也)

우수 경칩에는 마른 바람이 분다. 그러면 겨우내 앙상했던 나무들이 뿌리채 흔들린다. 언 땅에서 잠자던 뿌리들이 기지개를 켜고 땅속에서 움직인다. 이렇게 하여 잎과 꽃을 피우고 열매를 맺을 힘을 물에 실어 가지로 올려보낸다. 그러면 봄이 된다. 물기 있는 바람이 산하에 그득하면 아지랑이가 그 산하를 덮다가 하늘로 올라가 단비로 내린다. 새싹이 돋아나고 꽃이 피기 시작한다.

봄이 무르녹을 무렵이면 새싹은 제법 잎새 모양을 갖춘다. 잎새 뒤에 털이 보송보송해지면 이미 피었던 꽃들은 시들고 그 자리에 열매가 달릴 약속을 한다. 그러면 여름이 온다.

여름 햇빛은 햇볕이 된다. 빛은 밝게 하고 볕은 익게 한다. 밝게 익어 가는 모습을 무성하다고 한다. 봄이 유년이라면 여름은 청년이다. 자랄 대로 자란 잎새들이 뿌리가 올려 준 값진 것들을 햇볕으로 익혀서 열매의 속을 영글게 하고 그 껍질은 초록으로 둔다. 그러면 가을이 온다.

물기를 말리는 소슬바람이 분다. 허공은 높아지고 카랑카랑 맑아지면 푸르렀던 잎새들이 울긋불긋 물든다. 단풍이 지고 나면 그 단풍의 빛깔은 열매로 옮겨간다. 그리고 그 열매 속에는 다음을 약속하는 씨앗이 배어 있고 봄 여름 가을을 살았던 잎새는 흙으로 돌아간다. 이처럼 가을은 장년의 계절이다.

가지에 열매가 떨어질 무렵 겨울이 온다. 삭풍이 불어 모든 가지들은 메말라 가고 뜨겁던 햇볕은 창백한 햇살로 변하고 허공의 물기는 서리가 되고 내리는 비는 눈이 되어 녹지 않고 쌓인다. 그리고 천지는 겨울이면 잠을 잔다. 그 잠에서 깨어나면 봄이다.

겨울을 죽음의 모습으로 보아도 되고 탄생의 약속으로 보아도 된다. 만물의 변화가 생사의 흐름이고 그 흐름이 작화(作化)인 게다. 그 작화는 자연의 순서가 아닌가. 자연의 순서가 바로 가장 편안한 질서가 아닌가. 오직 인간만이 겨울이면 여름을, 여름이면 겨울을 보챈다. 이는 변화가 아니라 변덕이다.

～ ～

말에는 소중한 데가 있다. 말이 소중하게 여겨지는 것은 뜻 때문이다. 뜻에는 가리키는 바가 있다. 그것은 말로는 전할 수가 없다.

(語有貴也 語之所貴者意也 意有所隨 意之所隨者 不可以言傳也)

사람에게 말은 가장 위험한 것 중의 하나다. 내 말을 오해하지 마라. 내 말을 제대로 들어달라. 아니면 네가 말하는 참뜻이 무엇이냐? 네 말의 저의가 무엇이냐? 등등은 말이 전하는 뜻이 말로는 잘 전달되지 않음을 나타낸다.

사람이 무엇을 말한다고 하지만 그 무엇을 전하지는 못한다. 다만 그 무엇에 대한 주변만을 말할 수 있을 뿐이다. 돌은 무엇인가? 이러한 물음을 말로 분명하게 답할 수 있을까? 참으로 곤란하다. 이는 말이 뜻을 전한다고 하지만 그 뜻이 지니는 바를 말로 할 수가 없다. 말이 입안에서 뱅뱅 돌지만 뭐라 할지 모르겠다고 하면서 혀를 차는 경우를 자주 본다. 이러한 말을 통하여 어떻게 만물의 근원을 밝힐 수 있단 말인가.

말로써 지식을 전파하는 일보다 마음과 사물 사이를 체험하는 일이 더 절실한 편이다. 그래서 나의 체험이란 남에게는 마치 주문(呪文) 같을 수가 있다. 새소리를 듣고 노래라 할까, 울음이라 할까? 노래라고 말할 수 없고 울음이라고도 말할 수가 없다. 그대의 가슴에 우러나는 느낌이 노래로 받아들이면 그 새소리는 노래이고 울음으로 받아들이면 울음인 게다. 마음속에서 일어나는 뜻을 어떻게 혀로 밝힌단 말인가.

그러나 세 치의 혀로 세상을 사로잡을 것처럼 웅변을 토하는 사람들이 없는 것은 아니다. 그래서 사람의 세상에는 궤변이 있는 법이다. 그러한 궤변에 귀를 기울이는 사람도 있기 때문에 한때의 바람처럼 사람의 귓속을 흔들어 놓고 마음을 붕 뜨게 한다. 이것이 선동하는 말이다. 아니면 무슨 복안이 있어서 사람을 설득하려는 수작이 있게 마련이다. 이러한 수작 때문에 참말이냐 거짓말이냐는 시비가 일어난다. 말로써 말 많으니 말 말을까 하노라.

무엇을 말하지 말고 그 무엇을 체험하라. 책 속의 경치를 아무리 읽어도 가서 그 산천을 보는 것만 못하다. 자연을 따르란 말은 그것을 배우란 뜻이 아니라 체험하란 뜻이다. 체험은 말 못할 의미를 안다.

7. 〈천운(天運)〉의 어록

어버이가 나를 잊게 하기는 쉽지만 천하를 함께 잊기는 어렵다. 천하를 함께 잊기는 쉽지만 천하가 함께 나를 잊게 하기는 어렵다.

(使親忘我易 兼忘天下難 兼忘天下易 使天下兼忘我難)

아침저녁으로 부모에게 문안을 올린다고 효자가 되는 것은 아니다. 부모가 마음을 쓰지 않게 하는 자식이 효자다. 아들의 지위가 높아지면 부모는 자랑하지만 한편으로는 밀려나면 어쩌나 싶어 마음을 쓴다. 높은 아들 탓으로 부모의 마음이 불편하다. 자식이 돈을 많이 모으면 부모는 흐뭇해한다. 하지만 돈 욕심 탓으로 감옥에 가면 어떡하나 하고 조바심을 품는다. 이 또한 부모의 마음을 불편하게 하는 게다. 그래서 옆에 있으면서도 없는 듯한 자식은 부모의 마음을 편하게 한다. 이것이 자식의 지극한 인이다.

부모에 대한 지극한 인을 이루기도 몹시 어렵지만 천하에 대한 지극한 인을 이루기는 더욱 어렵다. 명성을 탐하자면 천하에 아양을 떨어야 하고 영달을 누리자면 아부를 해야 하며, 부자가 되려면 남보다 많이 가져야 되고 인기를 끌려면 천하의 관심을 사로잡아야 한다. 누구나 세상에서 연극을 한다. 이는 인을 앞세워 세상을 속이는 일이다.

천하가 나를 잊게 하기는 더더욱 어렵다. 길가에 있는 잡초가 되기를 바라는 사람은 아무도 없다. 무엇이나 잘되면 제 덕이고 잘못되면 세상 탓이라고 얼러대는 유일한 동물이 사람이다. 모란꽃이 크다고 하늘에 절하고 찔레꽃이 작다고 하늘에 대들지 않는다. 그러나 사람은 하늘을 원망하면서 정권도 노리고 은행의 금고도 털고 남의 계집이 예쁘면 탐을 내고 간음도 하고 강간 살인도 한다. 이러한 짓들은 천하가 자기를 잊지 말라는 경고인 셈이다. 그래서 인간치고 털어서 먼지 나지 않을 놈이 어디 있느냐고 말한다. 이런 짓거리는 인을 빙자해서 욕보이는 짓이다.

그러니 인(仁)은 사랑이라고 말할 수 없다. 인이 사랑이 아니냐고 따질 것도 없다. 어질다 하면서 잔인하고 사랑한다 하면서 미워한다. 그래서 인은 무엇이냐고 묻자 호랑이와 이리라고 장자가 답한 것이 아닌가.

~ ~

눈은 보고 싶은 것 때문에 막히고 힘은 이루고 싶은 것 때문에 꺾이고 만다.

(目知窮乎所欲見 力屈乎所欲逐)

심마니가 산삼을 캐려면 산삼을 잊어야 한다. 밤낮으로 산삼을 캐야 한다고 다짐하는 심마니의 눈에는 삽주나 더덕도 산삼으로 보인다. 하지만 삽주나 더덕이 산삼일 리가 없다. 산삼을 캐야 한다는 욕심이 눈에 씌어서 만물이 모조리 산삼처럼 보이지만 제 눈앞에 있는 산삼을 보지 못한다. 그래서 무엇을 제대로 보려거든 눈을 뜨지 말라는 게다. 장님은 만 리를 내다보지만 밝은 눈은 눈요기나 하다가 모조리 놓쳐 버린다.

얼굴에 붙은 두 눈이 그렇다면 그래도 괜찮을 게다. 마음의 눈이 볼 것에 미쳐 버리면 제 집으로 가는 골목도 잊어버린다. 어디 배탈이 배창자에서만 나는가. 뱃속의 배탈이야 설사를 하면 멈춘다. 그러나 마음속에서 배탈이 나면 토할 목구멍도 없고 설사를 할 항문도 없다. 욕심이 마음을 감으면 틈이 없어져 썩어도 그 속에서 썩고 문드러져야 한다. 이는 욕심 사나운 마음이 밤낮으로 겪는 병통이다. 그러면 마음도 힘을 잃어버리고 벌렁 넘어진다. 마음이 넘어지는 것을 절망한다고 한다.

절망이란 희망의 배반일 게다. 희망이 넘친다고 용을 쓰다가 제풀에 꺾여서 넘어지는 인간이란 항상 무엇에 묶여서 가위눌림을 당한다. 이처럼 욕심이 사나우면 마음에 배탈이 나고 식은 땀을 흘려야 한다. 마음속의 탈이 심해지면 결국 감옥으로 가서 치료를 받아야 한다. 그러한 치료를 옥살이라고 하지 않는가. 본래 감옥이란 욕심의 충신이 역적이 되어야 찾아가게 되는 장소가 아닌가. 그러니 처음부터 희망할 것도 없다면 절망할 것도 없는 것을 욕망에 잡혀 끌리다 보면 꼬리가 길어나 옥문의 문턱을 넘게 되는 것이다. 보고 싶은 욕심이 장님을 만들고 성취욕이 넘쳐서 빚잔치를 하고 골목에 나앉는 꼴이란 결국 인위의 욕망이 부여하는 훈장이 아닌가.

보이면 보고 안 보인다고 안절부절못하지 마라. 본래 어진 어멈은 아이를 장난감 가게로 데려가지 않는다. 듣지 못할 것을 듣지 못한다고 애를 태우지 마라. 코끼리와 생쥐가 싸우면 큰 놈이 지고 작은 놈이 이긴다는 것을 알 것이고 욕심 많은 마음이 어디서나 지치고 만다는 것을 알 게다.

～ ～

음악이란 두려운 것에서 시작되지. 두려워하니까 무엇인가 기대고 모시려 하지. 나는 또 이번에는 두려움을 없애는 음악을 연주하지. 두려움이 없어지니까 그 자취가 사라진다네. 혼미해지는 데서 끝나지. 혼미해지니까 어리석어지지. 어리석어지므로 도가 되지.

(樂也者始於懼 懼故崇 吾又次之以怠 怠故遁 卒之於惑 惑故愚 愚故道)

아는 것이 힘이다. 이 말을 아무도 의심하지 않는다. 그래서 될수록 많이 알면 힘이 붙어서 강해진다고 믿는다. 강한 것이 좋다. 이러한 말도 의심받지 않는다. 강해야 한다고 모두가 믿는 까닭이다. 그래서 아는 것이 강한 힘이 될 수 있도록 하면 교육이 잘된다고 여기게 된다. 그러나 아는 것이 있으면 모르는 것이 있게 마련이다. 아는 것만 믿고 으스대는 마음은 항상 모르는 것에 대한 두려움이 있는 법이다.

두려워하는 마음은 무엇인가에 기대기를 바란다. 그래서 마음이 그것을 숭배하려고 한다. 무지렁이가 점집에 가는 일은 별로 없다. 고등교육을 받을 대로 다 받았다는 여인이 복채를 들고 점집에 찾아가서 점을 치고는 마음속에 있는 두려움을 모시는 방책을 점쟁이에게 애걸한다. 이것은 두려움을 모시려는 짓이다. 이러한 짓은 무엇을 알기 때문에 하게 된다. 국회의원에 출마한 남편 때문에 점집을 드나드는 여인은 붙기도 하고 떨어지기도 한다는 것을 아는 까닭이다. 당선과 낙선을 아는 까닭으로 두려움이 생기는 것이고 당선되는 비방을 모시려고 한다. 무엇인가를 모시는 마음이 편할 리가 있는가. 무엇에 기댄다는 것은 항상 불안한 법이다.

마음이 편하려면 모르는 것이 힘이다. 지식이 힘이 아니라 도리어 무지가 힘이라고 하면 아무도 곧이듣지 않을 게다. 두려움을 없애려면 먼저 마음이 무엇엔가 기대지 말아야 한다. 공자는 혹(惑)을 비난하고 노자는 혹을 칭찬한다. 공자는 알아야 무슨 일을 한다고 선언하고 노자는 무엇을 몰라야 탈을 내지 않는다고 충고한다. 그래서 공자는 어리석음을 못난 것으로 생각하고 노자는 어리석음을 편한 것으로 여긴다. 만물을 편하게 하는 근원을 도라고 여기는 장자 역시 두렵게 하는 노래보다 어리석어지는 노래를 부른다. 치자의 노래는 두려우나 장자의 노래는 황홀한 자유다.

〰 〰

물길을 가자면 배를 띄우는 것보다 더 좋은 것은 없고 육지를 가자면 수레보다 더 좋은 것은 없다.

(夫水行莫如用舟 而陸行莫如用車)

수레의 바퀴는 땅의 자연을 따르는 것이고 배의 키는 물의 자연을 따른다. 바퀴가 물에 들면 돌처럼 가라앉고 키가 뭍으로 나오면 널빤지에 불과하다. 이처럼 무엇이 제 구실을 하려면 자연대로 따라 하는 것이다. 그래서 배를 이고 산으로 간다는 말은 억지를 부리지 말라 함이다. 물에서는 물의 자연을 따라야 하고 뭍에서는 땅의 자연을 따라야 한다.

나라의 풍속도 이와 같다. 나라마다 풍속이 다름을 안다면 이 나라와 저 나라 사이에 다름을 서로 알아주면 된다. 그러나 이 나라의 것을 저 나라에 억지로 통하게 하면 배를 밀고 물길을 가는 꼴이 되어 버린다. 서울 명동이나 강남의 번화가에 가면 그런 꼴들이 네온사인 불빛으로 해해거리면서 멍청한 인간들을 후린다. 살롱이나 방석집에 가서 하룻밤 술값으로 한 달 봉급을 털리고 나오는 꼴은 아스팔트 길 위에 곤돌라를 놓고 노 젓는 짓이나 다름이 없을 게다.

한 나라의 역사에도 옛날과 지금이 있다. 옛날과 지금 사이에는 분명 달라진 것이 있다. 물과 땅의 차이만큼이나 차이가 나기도 한다. 젊은이가 늙은이 앞에서 담배를 피운다고 몰상식한 놈이라고 욕을 했다가는 봉변을 당하고 만다. 세상이 바뀐 탓이다. 조선 시대를 생각하고 버릇없는 놈이라고 욕을 하면 우유와 햄버거를 먹고 자란 젊은이가 알아들을 리가 없는 게다. 여인이 부끄러운 곳만 아슬아슬하게 가리고 네거리를 활보하는 것은 제 몸을 팔아서 남의 시선을 사는 것이지 바람이 나서 서방질을 하자는 것은 아니다. 이러한 현대 여성을 조선 시대의 눈으로 본다면 배를 떠밀어 땅 위를 가는 꼴이 되고 만다.

무엇을 따라 하는 버릇이 우스꽝스러울 뿐이다. 끈에 달린 두레박은 그 끈을 잡은 손놀림에 따라 올라오기도 하고 내려가기도 한다. 끈에 매달린 까닭이다. 따라 하다 보면 저절로 얽매인다. 남이 하니까 나도 한다는 마음은 항상 식은 땀을 흘리면서 묶일 뿐이다. 그래서 사람들은 육로에 배를 얹어 놓고 떠미는 짓을 하면서 녹아난다.

〰 〰

요가 천하를 다스렸을 때는 백성의 마음을 서로 친숙하게 했다. 순이 천하를 다스렸을 때는 백성의 마음을 서로 경쟁시켰다. 우가 천하를 다스렸을 때는 백성의 마음을 변하게 만들었다.

(堯之治天下 使民心親 舜之治天下 使民心競 禹之治天下 使民心變)

밤말은 쥐가 듣고 낮말은 새가 듣는다. 이러한 속담이 퍼져 있는 세상은 살기가 어려운 곳이다. 염탐꾼이 득실거리면 귀와 입은 붙어 버리고 사람들의 두 눈만 물가로 끌려나온 잉어의 눈처럼 껌벅거린다. 그래서 다 염탐꾼 노릇을 하는지도 모르고 한다. 이러면 세상은 암담해진다.

치자의 입에서 무엇을 하면 상을 주고 무엇을 하면 벌을 준다고 하면 사람과 사람이 서로 믿기는 어려워지고 서로 다투어 경쟁하게 된다. 가장 치사하고 무서운 것은 사람과 사람이 서로 경쟁하는 세상일 게다. 경쟁하면 사람의 마음이 변해서 그 속에 식인종의 습성을 키우는 까닭이다.

잘살아 보세. 이런 구호를 외친 적이 있었다. 배고픈 설움 탓으로 잘살아 보세를 실천하려고 피땀을 흘렸다. 논밭을 일구어 증산도 하고 공장도 지어 싸구려 임금 덕에 수출도 하고 외화도 벌어들이면서 배고픈 설움을 벗어나게 되었다. 그래서 남들 눈에 어느 정도 부럽게 사는 백성이 되었다.

그러나 잘산다는 것은 호주머니 속에 얼마의 돈이 있느냐에만 달려 있는 것은 아니다. 옥수수 가루 사료를 먹고 사는 집돼지와 칡뿌리를 캐서 먹고 사는 멧돼지 중에서 어느 놈이 잘사는 돼지일까? 먹는 것만 친다면 집돼지가 도살장으로 가기 전까지는 잘산다고 볼 수 있을 게다. 그러나 마음 놓고 사는 것으로 본다면 멧돼지가 잘사는 편일 게다. 산하에 칡뿌리만 흔하다면 멧돼지는 배도 부르고 마음도 편하게 된다. 궁핍에서 벗어나 삶의 자유를 누리는 까닭이다.

잘살아 보세는 집돼지와 사료의 관계만을 생각하고 멧돼지와 칡뿌리의 관계를 몰랐다. 그래서 하면 된다의 구호로 이어지고 사람들의 마음이 경쟁하면서 변해 갔다. 궁기를 면하자 몸에 윤기가 돌고 부티도 제법 났지만 졸부가 득실거리고 살인을 하고도 시치미를 뗄 만큼 사람들이 변하고 말았다. 이것은 순 임금과 우 임금의 다스림 탓일 게다. 지금의 그들은 누구인가.

∽ ∽

발자취는 신에서 생기오. 어찌 발자취가 신이 될 것이오. 백로는 암수가 서로 쳐다보며 눈을 움직이지 않고 있으면 잉태하게 되지요. 벌레는 수놈이 바람 부는 쪽에서 울면 암놈이 바람받이 쪽에서 응답하여 잉태하오. 같은 것끼리는 저절로 암수가 교배되므로 잉태하는 것이라오.

(夫迹履之所出 而迹豈履哉 夫白鶂之相視 眸子不運而風化蟲雄鳴於
上風 雌應於下風而化 類自爲雌雄 故風化)

지뢰밭에선 앞서간 사람의 발자국만 밟아야 살아남는다. 나의 발자취를 따르게 하려면 세상이 온통 지뢰밭인 양 엄포를 놓아야 한다. 그 엄포에 놀아나다 보면 자신을 도둑맞아 버린다. 자신을 도둑당하면 노새나 같다. 생식력이 없는 노새는 본성을 어긴 벌을 받는 게다. 갖가지 인위의 율법으로 사람의 본성을 노새로 만들어 무거운 짐을 끌게 하질 마라.

발자취는 신이 남긴다. 그 흔적은 신에 따라 여러 모양새로 남는다. 그래서 발자취가 변함이 없는 것처럼 생각한다면 천하에 못난 짓일 게다. 자연이 발자취를 남기지 않는 이유가 여기에 있다. 다만 소멸하고 탄생할 뿐 무슨 껍질을 남겨서 밟히게 하지 않는다. 그런 소멸과 탄생을 교미라 해도 되고 성교라 해도 되고 풍화라 해도 된다.

바람이 났다는 말은 곧 눈이 맞았다는 말이다. 이것을 풍화라고 한다. 메뚜기는 메뚜기끼리 바람나고 풀무치는 풀무치끼리 바람난다. 참새는 참새끼리, 오리는 오리끼리 눈을 맞춘다. 이것은 변함 없는 풍화이다.

벌 나비는 이 꽃 저 꽃을 넘나들어 오만 가지 꽃가루를 묻혀 주지만 배꽃은 배꽃끼리 바람나고 능금꽃은 능금꽃끼리 바람난다. 이 또한 변함없는 풍화인 게다. 암캐가 암내를 바람에 실어 보내면 동리의 수캐들이 모여들고 암소가 발갛게 달아오른 음부를 꼬리로 치면 숫소는 코를 대고 웃는다. 그러나 숫소가 암내 나는 암캐를 넘보지 않고 숫캐가 발정한 암소의 꽁무니를 따르지 않는다. 이 또한 풍화이다. 풍화는 문란한 성행위를 모른다. 눈이 맞으면 마음이 맞고 마음이 맞으면 몸이 맞는다. 이것은 풍화의 성교일 게다. 풍화는 성욕이 아니다. 생성과 소멸의 자연일 뿐이다. 풍화에는 간음·강간·치정·살인 따위가 없다. 잉태하는 것은 본성이지 인위의 흉내짓이 아니다.

8. 〈추수(秋水)〉의 어록

꙾ ꙾

내가 하늘과 땅 사이에 있는 것은 마치 작은 돌멩이나 작은 나무가 큰 산에 있는 것과 같다. 스스로를 작다고 여기는데 어찌 스스로를 많다고 할 것인가.

(吾在天地之間 猶小石小木在大山也 方存乎見少 又奚以自多)

사람의 마음이 왜 복잡할까? 만일 마음이 시비를 떠난다면 단순해질 것이다. 만일 차별하는 버릇이 없다면 더욱 단순해질 것이다. 나아가 욕망이 없어진다면 사람의 마음이 복잡할 연유가 없어질 것이다.

그러나 사람은 시비를 걸어야 속이 풀릴 때가 있고 차별을 해야 살맛이 난다고 여길 때가 있으며 욕망이 없어지면 살맛이 없어진다고 생각하는 것을 뿌리칠 수가 없다. 성인을 들어서 알고 있지만 성인이 된 인간은 참으로 찾기가 어렵다.

누가 시비를 떠나 있다고 말한다면 그는 거짓말을 하는 것이고, 누가 차별을 모른다고 말하면 그는 사람을 속이고 있는 것이며, 누가 욕망이 없다고 말한다면 그는 그 자신을 감추고 있는 것이다. 그러나 누가 시비와 차별 욕망 때문에 마음속이 복잡하고 고달프다고 말한다면 마음속의 진실한 모습을 실토하는 셈이다.

마음이 편하고 불편하고는 마음에 달려 있다고 생각하고 믿는 사람이 있다면 인간의 세상에서는 부끄러움이 덜한 사람일 게다. 마음속이 불편한 것은 남의 탓이라고 해대는 사람은 한 손에 칼을 들고 성질만 나면 휘두를 준비가 되어 있다. 칼 옆에 있으면 상처를 입게 마련이다. 시비가 칼이 되고 차별이 창이 되고 욕망이 화살이 되어 자신을 보호한답시고 잘라 버릴 것을 노리고 찔러 버릴 것을 찾아 쏘아 버릴 것을 탐하면서 왜 세상이 자신을 몰라주냐며 고함치는 사람은 편할 수가 없는 법이다. 항상 마음속에서 싸움이 일어나고 싸운다면 이겨야 한다고 생각한다. 이런 생각에 잡힌 인간이 어찌 자신을 작다고 하겠는가. 항상 크고 더 커져야 한다고 주장한다. 장자는 이러한 주장을 서글퍼한다. 그래서 나는 작다고 한다.

∾ ∾

도를 터득한 사람은 명성을 듣지 않고 지극한 덕은 덕을 지니지 않는다. 참으로 큰 사람은 자기가 없다.

(道人不聞 至德不得 大人無己)

공맹은 덕은 득이라고 풀이한다. 그러나 노장은 덕은 득이 아니라고 말한다. 인의를 획득하면 그것을 공자나 맹자는 덕으로 본 까닭이고 노자나 장자는 그것을 획득하면 덕을 잃어버린다고 본 까닭이다.

겉으로는 인의를 하고 속으로는 불인과 불의가 흥청대는 꼴들은 세상에 얼마든지 있는 일이다. 덕을 베풀면 명성이 뒤따라온다는 것을 안 뒤로 덕을 베풀고, 명성을 얻으면 자기가 커진다는 것을 안 뒤로 너도 나도 세상에서 출세하려고 한다. 인간이 서로 해치는 일을 하게 된 것은 바로 이러한 타산에서 비롯되는 것이 아니냐고 장자는 보는 게다.

무슨 구호금 같은 것을 모금하더라도 신문사나 라디오 방송국이나 TV방송국에서 하면 모금이 잘된다. 신문에 이름 석 자를 내 주는 까닭이고 라디오나 TV는 이름 석 자를 전파로 알려 주는 까닭이다. 구호금품을 많이 내는 사람일수록 TV를 통하려고 한다. 이름 석 자가 아니라 직접 자신의 얼굴이 나오는 까닭이다. 그러나 형편이 없어도 작은 돈을 스스로 내는 사람은 모금통이 어디에 있든 상관 없이 남 모르게 작은 돈을 넣고 간다. 이런 경우 큰 돈으로 구호금을 낸 사람은 명성을 사고 그 명성이 덕을 베풀었다고 보증을 하는 것처럼 보이고 그러한 보증이 자기를 돋보이게 한다고 여길는지 모른다. 그러나 작은 돈을 스스로 낸 사람은 덕을 베풀었다고 여기지 않고 구호할 사람이 있어서 구호금을 형편대로 냈다고 여긴다면 어미새가 제 둥지에서 먹이를 기다리는 부리 속에 먹이를 넣어 주는 것과 같은 게다. 그래서 백지장도 둘이 들면 가볍다는 말이 있는 게 아닌가. 장자는 작은 구호금을 몰래 모금통에 넣은 사람을 만나려고 한다.

덕을 주고 득을 받는 것은 덕이 아닌 셈이다. 덕은 주고받는 것이 아니다. 덕은 감사한다는 말이나 고맙다는 말로 꼬리를 달지 않는다. 누가 덕을 베푼단 말인가. 덕은 소유되는 것이 아닌 까닭이다. 만물은 저마다의 덕을 타고 난다. 그러므로 덕이 있는 사람이 따로 없다. 그래서 대인은 자기가 유별나다고 주장할 줄 모른다. 그러니 자기가 없어지는 셈이다.

각각 쓸모 있는 것을 쓸모 있다고 한다면 만물에서 쓸모 없는 것이란 없다. 각각 쓸모 없는 것을 쓸모 없다고 하면 만물에서 쓸모 있는 것이란 없다.

(因其所有而有之 則萬物莫不有 因其所無而無之 則萬物莫不無)

독사에게 물려 본 사람은 독사를 보는 족족 잡아서 죽인다. 뱀술을 마시고 효험을 본 사람은 독사를 보면 그것을 산 채로 잡아서 술병에 넣는다. 독사에게 물린 사람은 그것을 쓸모 없다고 여기고 그것을 술병에 넣는 사람은 독사가 쓸모 있다고 여기는 게다. 그렇다면 독사는 쓸모 있는 놈인가 아니면 쓸모 없는 것인가.

평강공주는 바보에게 시집을 갔다. 쓸모 없는 인간을 바보라고 한다. 공주의 남편이 되었던 그 바보가 나중에 공을 세운 장군이 되었다. 아내가 바보 남편을 장군으로 만들어 쓸모 있게 했단 말인가. 바보가 장군이 될 수 있어서 공을 세웠단 말인가. 누가 어느 한쪽만을 택해서 결정을 내릴 것인가. 그리고 누가 바보는 쓸모가 없고 장군은 쓸모가 있다고 할 것인가. 그렇게 갈라놓고 단정할 수 없는 일이다. 장군은 사람을 죽일 줄 알지만 바보는 그런 짓을 모른다. 그렇다면 바보가 쓸모 있는지 장군이 쓸모 있는지 알 길이 없다.

가망이 없는 사람을 보면 싹이 노랗다고 한다. 그러나 가망이 있는지 없는지 아무도 모른다. 싹이 노랗다고 심은 것을 뽑아 버리는 농부는 없다. 오히려 싹이 푸르면 걱정을 한다. 웃자랄 가망이 있는 까닭이다. 곡식이 웃자라면 미쳐 버리고 미치면 열매 맺기를 잊어버린다. 어찌 노란 싹이 쓸모 없고 푸른 싹이 쓸모 있다고 할 것인가.

배나무 주인은 배가 많이 열기를 바란다. 그러나 배나무가 열매를 많이 달고 있으면 배가 잘아질까 봐 걱정을 한다. 열매를 솎아 내고 한 가지에 몇 개만 남겨둔다. 그래서 많은 것이 쓸모가 있고 적은 것은 쓸모가 없다고 말할 수 없는 게다. 배의 개수가 많기를 바란다면 배는 작아지게 마련이고 큼직한 배를 바란다면 매달린 열매의 개수가 적어야 하는 까닭이다.

그러니 누가 쓸모 있는 것과 쓸모 없는 것을 갈라서 결단을 낸단 말인가. 쓸모가 있고 없고를 따져서 시비를 걸고 차별하게 됨은 항상 뒤끝이 걸리게 마련이다.

∽ ∾

올빼미나 수리는 한밤에 벼룩을 잡고 털끝까지 헤아려 보지만 한낮에 나오면 눈을 부릅떠도 산이나 언덕도 보지 못한다.

(鴟鵂夜撮蚤察毫末 晝出瞋目而不見丘山)

눈이 어두우면 돋보기를 쓰라고 한다. 돋보기를 쓰면 눈이 밝아져서 사물을 보는 것이 아니라 사물이 커져 보이게 된다. 그래서 돈을 주고 안경을 산다. 그러나 안경을 벗으면 그 눈은 그전대로 어두울 뿐이다. 눈이 고쳐진 것도 아니고 사물이 커진 것도 아니다. 돋보기가 늙어 버린 눈을 젊게 할 수 없는 것이고 제 모습을 지닌 사물을 키울 수 없는 일이다. 그래서 달라진 것은 없다. 돋보기를 쓴 눈은 좋아졌고 벗은 눈은 나빠졌다고 말할 수 없다. 안경이 눈의 성질을 바꿀 수 없는 까닭이다.

박쥐는 밤에 날고 낮에는 숨어서 잔다. 소리를 내서 거리를 잡으며 날아다니는 박쥐는 시끄러운 낮에는 혼란을 당하기 때문이다. 하루살이는 빛만 보면 날고 어두우면 날개를 접고 죽는다. 그렇다고 박쥐는 밤을 좋아하고 하루살이는 낮을 좋아한다고 말할 수 있고, 하루살이는 밤을 싫어하고 박쥐는 낮을 싫어한다고 말할 수 있는가. 다 성질 탓임을 안다면 그렇게는 말을 못할 것이다.

그러므로 올빼미의 눈이 밤에는 좋고 낮에는 나쁘다고 말할 것은 없다. 낮이면 못 본다고 올빼미가 제 눈을 제 발톱으로 후벼 내지 않는 것은 밤이면 봐야 하는 것이고 낮이면 나뭇가지에 앉아서 쉬면 되는 까닭이다. 먹이를 잡자면 눈을 밝혀야 할 것이고 쉬면서 자자면 눈을 감아야 할 것이므로 올빼미의 눈은 올빼미에게 안성맞춤인 게다. 제 몸에 알맞으면 제 성질에 따르는 것이다. 이것을 자연이라고 여기면 된다.

사람에게만 좋고 나쁨이 있는 것이지 자연은 그런 분별을 않는다. 고기는 물속에서 숨을 쉬는 것이 제 성질머리이고 짐승은 땅 위에서 숨을 쉬는 것이 또한 제 성질인 게다. 고기를 땅 위로 잡아 올리면 숨을 쉬기가 어려워지고 사람을 물속으로 끌어넣어도 역시 숨을 쉬지 못하게 된다. 이것은 자연을 어긴 탓이다.

알밤은 고소해 좋고 꿀밤은 떫어서 나쁘다고 말하지 마라. 생선에 가시가 많다고 투덜대지 마라. 만물이 사람을 위해서 있는 것은 아니지 않는가.

～ ～

소와 말에게 네 개의 발이 있는 것 이것이 하늘이다. 말 머리에 고삐를 매고 소의 코를 뚫어 구멍을 내는 것 이것이 사람이다.

(牛馬四足 是謂天 落馬首 穿牛鼻 是謂人)

　자연은 무엇인가? 소의 네 발이다. 문화는 무엇인가? 소의 코를 뚫어 버린 구멍이다. 소의 네 발을 누가 주었는지 말로는 밝힐 수가 없다. 그러나 소의 코에 구멍을 누가 뚫었는지는 분명하다. 무엇이 소의 코에 구멍을 냈는가? 사람이다. 소의 네 발은 소를 편하게 한다. 소의 코에 뚫린 구멍은 소를 불편하게 하고 고통을 받게 한다.

　문화는 사람밖에 누리지 못한다고 사람들은 자랑한다. 장자는 그러한 자랑이 만물을 잡다가 결국은 사람을 잡는다는 것을 벌써 알았던 셈이다. 사람은 처음에 짐승처럼 살았다. 곰이 물고기를 잡듯이 물고기를 잡아먹었고 새가 열매를 따먹듯이 열매를 따 먹고 살았다. 이를 야만인이라고 하자.

　사람은 손발로 일을 해서 먹고 살았다. 그러자 도구를 쓰기 시작했다. 아마도 소의 코를 뚫어서 구멍을 내고 그 구멍에 코뚜레를 끼워서 일을 시킬 수 있다는 꾀를 알았을 때 일은 벌어진 게다. 문화가 인간을 행복하게 한다는 것이 인간만이 행복하게 한다는 집착을 갖게 하는 까닭이다. 그러한 집착은 드디어 자연은 물질이라는 결단을 내리고 만물을 무자비하게 죽이고 있는 중이다. 이것을 문화인이라고 하자.

　문화인은 만물이 사람을 위해 있다는 믿음을 소중히 한다. 그러한 믿음은 양계장에 가 보면 확연해진다. 뒷박만 한 통 속에 암탉을 넣어 놓고 앞에다 모이 통을 달고 밝은 전등을 켜 놓고 음악을 틀어 놓는다. 낮에만 알을 낳는 닭의 본성을 이용하려고 전등을 켜서 닭의 밤잠을 훔친다. 음악을 들려주면 알을 잘 낳는다고 하여 틀어 놓은 음악은 닭의 몸을 훔치는 것이다. 그리고 알을 팔아서 돈을 벌다가 닭이 늙으

면 뒷통에서 꺼내 쥐덫 같은 철망에 실어 육계감으로 팔아 버린다. 이
처럼 사람은 닭의 본성을 훔치고 닭의 몸을 훔치고 닭의 알을 훔친다.
그렇다고 양계장 주인을 도둑이라 말할 수 없고 잔인하다고 비방을
받으면 안 된다고 여긴다. 문화는 결국 천지를 양계장처럼 만들어야
끝장이 날 모양이다.

갖가지 작은 것에 이기지 않는 편이 크게 이기는 것이다. 이 큰 일을
거두는 일은 다만 성인에게만 가능하다.

(以小不勝 爲大勝也 爲大勝者 唯聖人能之)

낚시꾼은 낚싯줄을 몽둥이에 매지 않는다. 가느다란 간지대에 낚싯
줄을 맨다. 물론 지금은 파이버그래스란 신식 낚싯대가 나와서 대낚
은 없어진 셈이지만 여전히 몽둥이를 낚싯대로 삼지는 않는다. 미끼
에 걸려든 잉어는 온 힘을 다해 도망치려 한다. 그러면 가냘픈 낚싯대
는 휘청거린다. 물속의 잉어가 하는 대로 낚싯대는 따를 뿐 낚싯대가
잉어를 물 밖으로 끌어낼 만한 힘은 없다. 서툰 낚시꾼은 낚시가 큰
고기를 물어 주어도 끌어 올리질 못하고 낚싯대만 부러뜨린다. 그는
낚싯대가 물린 고기에게 져 주어서 이기는 것을 모르는 까닭이다. 그
래서 노자는 약한 것이 강한 것이고 강한 것이 약하다고 말한 셈이다.

수양버들을 보라. 바람이 이리 불면 이리 흔들려 주고 저리 불면 저
리 흔들려 준다. 사람은 지조가 없다고 버들가지를 흉보지만 그 가지
들이 져 주지 않으면 둥치가 바람에 부러진다. 둥치가 바람에 버티고
뿌리가 바람에 밀려 흙 밖으로 뒤집혀 나오지 않게 하려면 수양버들

가지는 바람이 하자는 대로 져 주어야 한다. 이 또한 져 주어서 이기는 것이 아닌가.

힘 세다고 때린 놈은 밤잠을 설치고 약해서 맞은 놈은 발을 뻗고 잔다. 힘을 믿는 자는 더 센 힘이 나올까 봐 걱정하지만 힘이 없는 자는 그런 걱정을 할 필요가 없다. 날마다 긴장하면서 싸우기만 하면 져야 되는 약골은 싸울 엄두를 내지 않으므로 힘으로 몸을 망칠 이유가 없다. 이겨야 빛나고 지면 창피하다는 말은 사람들이 지었을 뿐 자연의 것은 아니다.

성인은 어리석다는 말이 있다. 그래서 성인은 제 꾀로 제가 묶이는 똑똑한 짓을 모르고 제 도끼로 제 발등을 찍는 영악한 짓을 모른다. 성인은 높은 자리를 탐하지 않는다. 올라가면 내려옴을 아는 까닭이다. 출세했다는 성인은 없다. 왕릉은 있지만 성인의 무덤은 없다. 풀잎처럼 살다가 마른 풀잎처럼 사라진다. 그러나 모두가 왕을 부르지 않지만 누구나 성인을 찾는다.

9. 〈지락(至樂)〉의 어록

∽ ∾

나는 무위를 온전한 즐거움으로 삼고 있다. 하지만 세상 사람들에게
는 그 무위가 큰 고통이다. 그래서 옛말에 지극한 즐거움이란 즐거움이
없는 것이며 지극한 명예란 명예가 없다고 했다.

(吾以無爲誠樂矣 又俗之所大苦也 故曰 至樂無樂 至譽無譽)

꽃 위에서 나풀거리는 나비를 보면 부러워진다. 내가 나비가 되었으
면 싶고 내가 꽃이 되었으면 싶어진다. 꽃은 그저 피어 있고 나비도
꽃이 있어 앉아 일을 하고 있는 까닭이다. 꽃도 나비도 아무런 구속이
없고 매인 데라곤 없다. 다만 하늘과 땅이 시키는 대로만 하면 된다.
그러면 아무런 걸림이 없다.

꽃 위에서 나풀거리는 나비, 그것들이 무위라는 것을 보게 하고 느
끼게 하고 생각하게 한다. 얼마나 그것들은 편한가. 걸림 없이 편하니
얼마나 자유인가. 참된 즐거움이란 걸림이 없는 자유일 게다. 그것은
스스로 노니는 것, 즉 자유(自遊)인 것이다. 장자가 참다운 즐거움이
라고 하는 무위를 걸림 없이 스스로 노니는 것인 자유로 여기면 된다.

꽃을 꺾고 싶어하는 것은 무엇인가? 사람밖에 없다. 나비를 잡고 싶
어하는 것은 무엇인가? 사람밖에 없다. 꺾고 싶은 꽃을 꺾지 않고 그

대로 두려니 아깝다. 잡고 싶은 나비를 그대로 날아가게 하려니 또한 아깝다. 그래서 참지 못하고 꺾어 버리고 잡아 버린다. 그리하여 꽃은 억지로 죽게 되고 나비도 그렇게 죽게 된다. 이는 사람이 욕심을 버릴 수 없어 일어나는 일이다. 꽃을 꺾어 무위를 망치고 나비를 잡아 무위를 망친 셈이다.

우리에게 무위는 왜 고통일까? 무엇보다 욕심을 버려야 하는 까닭이다. 욕심을 버리거나 아예 잊어버린다는 것만큼 어려운 일은 없다. 즐거우려면 즐거움을 탐하지 마라. 명예로우려면 그 명예를 탐하지 마라. 탐하면서 탐하지 않은 체하려고 하니까 즐거움이 부끄럽게 되고 명예로움이 수치스럽게 되는 게다. 그래서 지극한 즐거움에는 낙이 없고 지극한 명예에는 명예가 없다는 셈이다. 하지만 우리는 그것들을 사고 파는 것으로 알고 싫는다.

~ ~

희미하고 아득한 속에서 썩은 것이 변해서 기운이 생기고 그 기운이 변해서 형체가 생기고 그 형체가 변해서 삶을 갖추게 된다. 이제 다시 삶이 변해서 죽어 간다.

(雜乎芒芴之間 變而有氣 氣變而有形 形變而有生 今又變而之死)

이런 말을 현대인은 믿으려 하지 않는다. 비과학적이라고 일소에 부치고 접어 버린다. 증명이 될 수 없는 것이면 부정될 수밖에 없다고 거부해 버린다. 하지만 과학이 생명을 만들지도 못하고 규명하지 못한다. 생명이란 생사(生死)의 사이를 말한다. 그 사이를 운명이라고 한다. 자연 과학은 생명의 운명을 측정하지를 못한다. 그러므로 과학을 빙자해서 위와 같은 말을 팽개친다면 생각이 게으르고 짧은 셈이다.

고요히 아득하게 명상해 보라. 명상은 마음속을 양파처럼 벗긴다. 양파의 껍질을 몇 겹이나 벗겨야 속이 나올까. 벗기다 보면 양파의 속 알맹이가 없어져 버리는 것을 알게 된다. 명상이란 이처럼 마음속이 없어져 버릴 때까지 생각을 하고 생각하여 사물을 넘어선 경지까지 마음속을 벗긴다. 이러한 경험을 현대인은 하지 않으므로 즐거움을 안에서 누리지 못하고 밖에서만 찾으려고 한다. 그래서 죽기 전에 실컷 놀아 보자고 한다. 그리고 죽음을 종말로 생각하고 죽으면 그만이라고 다짐한다.

이러한 다짐은 항상 불안하다. 삶이 끝난다는 믿음 때문이다. 그러나 위와 같은 말을 곰곰이 생각해 보면 죽음이란 것이 생이 만나야 하는 블랙홀 같은 것일는지 모른다. 블랙홀을 그대로 통과할 수 있는 것은 하나도 없다고 한다. 엄청난 힘이 어떠한 형체이든 입자로 쪼개 버린다고 한다. 그 입자들이 다시 모여 형체를 이루게 되리란 가설도 있다. 삶을 그렇게 쪼개 버리면 죽음인 게다. 사의 입자가 다시 모여 생으로 되리라.

생이 따로 있고 사가 따로 있다고 여기는 분별이 사람을 고통스럽게 함은 분명하다. 마음에 고통이 없어지면 마음은 즐겁게 되고 몸에 고통이 없어지면 몸이 즐겁게 된다. 심신을 지극한 즐거움으로 감싸게 하려면 맨 먼저 생사가 하나의 수레바퀴라고 여기면 된다는 게다. 생사의 바퀴가 돌고 도는 소리를 들으면 지극한 낙이 오는 모양이다. 저 부는 바람이 그 소리일까?

～～

주머니가 작으면 큰 것을 담을 수가 없고 두레박 줄이 짧으면 깊은 물을 뜰 수가 없다.

(褚小者不可以懷大　綆短者不可以汲深)

공자가 이런 말을 좋아한다고 장자가 비웃는다. 인의를 팔아 명성을 사려고 하면 그 명성을 담을 호주머니가 클수록 좋을 게라는 꼬집음이 담긴 말이다. 물론 이 말은 옛 성인의 말이 아니라 관자(管子)의 말이라고 한다.

호주머니도 인위이고 두레박의 줄도 인위이다. 인위란 항상 욕심을 억제시키고 절제시켜 없앤다고 하지만 결과는 언제나 욕심을 선동하는 짓을 한다고 장자는 비판한다. 인위는 호주머니를 달고 두레박에 끈을 매라고 한다. 그러나 무위는 호주머니의 밑을 터버리고 두레박의 끝을 풀어 버리라 한다. 호주머니를 키우고 두레박 줄을 늘이는 것은 결국 욕심을 부리는 일로 이어진다는 게다.

우리의 옷에는 본래 호주머니가 없었다. 저고리에도 그것을 달지 않았고 치마나 바지에도 호주머니를 달지 않았다. 도포에도 호주머니는 없다. 이렇게 호주머니가 없이 살았던 아주 옛날에는 상놈도 없었고 양반도 없었다. 모두가 한 두레로 살았다. 참으로 즐거웠을 게다.

그러나 밖으로 호주머니가 달린 옷이 들어오면서 우리는 서글퍼졌다. 호주머니를 크게 하려는 부자가 생기고 남의 호주머니를 털거나 넘보는 양반들이 노략질을 일삼았던 까닭이다. 옷고름이 없는 조끼를 보라. 호주머니 투성이로 몸에 착 달라붙어 있는 조끼는 처음부터 우리에게 있었던 것이 아니다. 이제는 호주머니에 지퍼를 달기도 하고 비밀 호주머니를 만들어 사타구니에 매달고 다니는 지경이 되었다.

바가지로 물을 푸는 샘물로 우리는 만족했다. 땅을 깊이 파서 만든 우물을 왜 필요로 할 것인가. 철철 흐르는 물을 마시면 되었던 까닭이다. 그러나 이제는 물도 돈을 내고 사서 마셔야 할 지경이다. 땅속 깊이 있는 지하수를 끌어 올리느라고 수십 자씩 파이프를 박는다. 말하자면 두레박 줄을 한없이 늘이고 있다. 이렇게 깊은 물을 퍼 올려야 하는 원인은 어디에 있을까? 무위를 잃어버리고 인위로 사는 까닭인 게다. 플라스틱 병 속의 물을 마시며 문화인임을 자랑하지만 즐거움을 태우는 욕심을 마실 뿐이다.

～ ～

만물은 모두 기(機)에서 생겨난다. 다시 만물은 모두 그 기로 돌아간다.

(萬物皆出於機 皆入於機)

만물을 있게 하는 조화의 근원을 열자는 기라고 했고 노자는 도라고 했다. 도나 기나 다 돌고 도는 운동을 하게 한다. 그러한 운동을 기라고 한다. 기(機)는 힘이고 도나 기(氣)는 힘이 나오게 하는 그 무엇이다.

도와 기, 그리고 기(機) 같은 것을 현대인은 알려고 않는다. 그래서 현대인은 철학을 잃었다. 철학이란 무엇일까? 따지고 보면 철학이란 마음을 요리하는 솜씨와 같다. 맛있는 음식을 탐하면서도 맛있는 마음을 모른다. 지극한 즐거움이란 무엇일까? 맛이 좋은 마음일 게다.

설익은 감은 떫고 익은 감은 달다. 떫은 마음을 단 마음으로 익게 하는 것이 낙이 아닌가. 사람의 마음속을 영글게 하려면 돈으로는 안 된다. 물론 현대인은 돈으로 마음을 매수할 수 있다고 여기지만 매수한 마음은 항상 배반을 하는 게다. 백 원에 팔린 마음은 천 원을 준다 하면 다시 팔려 가는 까닭이다. 낙이란 사고 파는 것이 아니다. 그리고 그것은 남에게 주고 남으로부터 받는 것이 아니다. 제 마음속을 맛있게 한다면 그것이 낙으로 이어지는 비밀일 게다. 이러한 비밀을 삶의 철학으로 부른다고 여겨도 된다.

마음을 즐겁게 하는 일은 바로 그 마음에 달려 있다. 마음이 마음을 생각하기 시작하면 자연스럽게 인간은 스스로 자신을 만나게 된다. 그 순간 나는 어디에서 와서 어디로 가느냐고 물어도 되고, 태어나서 지금 내가 되어 있는데 죽으면 무엇이 되느냐고 묻게 된다면 바로 그러한 물음이 철학이 되는 셈이다. 이러한 철학의 놀이를 즐기려면 도나 기나 기(氣) 등등이 마음을 더욱 맛있게 요리할 수 있게 해야 한다. 왜냐하면 그것들은 물질이란 족쇄를 풀어 주는 신비로운 열쇠인 까닭이다.

명상은커녕 상상이나 환상을 잃어버린 현대인은 마음을 잡을 수가 없다면서 백화점이나 극장, 아니면 디스코텍 같은 데서 스트레스를 푼다고 말한다. 그러나 돈을 주고 물건을 산다고 마음속의 상처나 그늘이 걷힌 이가 있는가? 없었을 게다. 한순간 잊었을 뿐 뿌리는 남는다. 마음속에 남아 있는 뿌리를 뽑아내려면 남의 손이나 물질이나 돈으로는 안 된다.

10. 〈달생(達生)〉의 어록

〜 〜

하늘과 땅은 만물의 어버이다. 두 기가 합치면 형체를 이루고 기가 흩어지면 본래의 근원으로 돌아간다. 몸과 정신이 손상되지 않고 있는 것을 자연과 함께 변화한다고 한다.

(天地者萬物之父母也 合則成體 散則成始 形精不虧 是謂能移)

목숨은 먹어야 살고 숨을 쉬어야 산다. 먹는 것은 땅에서 나오고 숨을 쉬는 바람은 하늘에 있다. 삶은 결국 천지에 달려 있음을 누구나 알 수 있다. 그러나 모든 것은 천지가 낳는다고 하면 현대인은 믿으려 들지 않는다. 참새는 참새 알에서 나오고 송아지는 암소에서 나오고 사람은 어머니의 자궁에서 태어난다고 하면 믿는다.

그러나 생명이 태어나려면 암수가 있어야 한다. 난자를 암컷의 기라고 여기면 될 것이고 정자를 수컷의 기라고 여기면 된다. 두 개의 기가 합쳐야 생명이 태어난다는 것은 분명하다.

땅의 기를 음이라 하고 하늘의 기를 양이라고 하면 옛말을 어떻게 믿겠느냐며 현대인은 고개를 젓는다. 그러나 음을 마이너스라 하고 양을 플러스라 하면 그럴는지도 모른다며 반은 수긍을 하려고 든다.

음을 난자로 생각하고 양을 정자로 생각한다면 생명이란 그 두 기가 합쳐서 비롯된다고 믿는 것을 현대인은 상실하여 천지의 고마움을 모른다. 천지가 만물의 어버이임을 안다면 어찌 자연을 더럽히는 일을 인간이 저지를 것인가. 천지를 부모로 안다면 어떻게 자연을 한낱 자원으로만 보고 마구 상처를 입힐 것인가.

두 기가 헤어지면 죽음이라고 말하면 현대인은 믿지 않으려고 한다. 뇌파가 중지되고 심장이 멎으면 죽음이라고 믿는다. 어떤 주검이든 흙으로 돌아간다. 흙에 묻힌 주검은 곧 사라져 없어져 버린다. 어디로 갔을까? 천지로 돌아갔다고 여기면 된다. 생을 고집하고 사를 무서워하는 것은 자연에 순응하는 참뜻을 몰라서 그렇다고 장자가 지금 위와 같이 말하고 있는 셈이다. 그러나 생사가 천지의 것임을 현대인은 모른다.

～ ～

하늘을 여는 자는 덕이 생겨나고 인간을 여는 자는 앙갚음이 생긴다. 그 하늘을 싫어하지 말고 인간에 빠져들지 않으면 백성은 진실에 가까워진다.

(開天者德生 開人者賊生 不厭其天 不忽於人 民幾乎其眞)

덕은 사람을 편하게 하는 것이고 적은 사람을 해롭게 하는 것이다. 덕이 어디 사람만 편하게 하는가. 만물을 편하게 하면 그것이 곧 천덕이다. 적이 어디 사람만 해롭게 하는가. 만물을 해롭게 하면 그것이 곧 재앙이다.

구름이 떠 있고 해와 달이 있고 별이 있는 허공을 하늘이라고 한다. 그것은 눈에 보이고 귀에 들리는 하늘이기도 하다. 그러나 보이지도 들리지도 않는 하늘이 있다. 그것을 무위로 여겨도 된다. 땅 위에서 숨을 쉬면서 사는 사람들은 온갖 생각을 하고 온갖 행동을 한다. 그 생각과 행동은 분별과 차별 그리고 욕망이 얽혀서 일어난다. 그런 것을 인위로 여기면 된다.

무위는 사람을 편하게 한다. 만물을 편하게 하는 까닭이다. 인위는 사람을 해롭게 한다. 만물을 해롭게 하는 까닭이다. 그러나 인간은 엇나가는 본능이 있는지 무위를 멀리하고 인위를 처든다. 현대인은 인위의 절정에서 살고 그 인위를 믿는다. 돈이란 것이 그 절정일 게다.

현대인은 돈을 믿지 사람을 믿지 않는다. 신을 믿는다면서 돈을 믿고 양심을 믿는다면서 그 양심을 돈이 보증을 서 주어야 한다. 은행에 저금이 많고 적음에 따라 사람 값을 따지는 세상이다. 사람의 값에 무슨 정가표가 있을 것인가. 그러니 너도 나도 사람 값을 올려야 한다고 발버둥친다. 이것을 인위의 실정으로 여긴다면 장자의 말이 얼마나 후련하게 하는가.

사람을 돌보고 키우지 마라. 커서 호랑이가 된다. 이러한 말은 인위가 빚어 내는 무수한 앙갚음과 배반을 말해 준다. 은혜를 원수로 갚는다고 서운해할 것이 있을까? 무엇을 바라고 사람을 키우는 것은 동물원 원숭이에게 과일을 먹이는 것과 같다. 철망 속의 원숭이는 인간이 주는 먹이를 고마워하지 않는다. 밀림 속의 과일나무를 고마워할 뿐이다. 나무가 꽃을 피워 열매를 맺듯이 그렇게 사람을 키운다면 왜 호랑이가 되겠는가. 무엇을 바라고 수작을 부리면 그 수작을 뒤엎어친다. 인간을 덮고 하늘을 열어라. 이 말씀은 신비주의가 아니다. 인위는 산성비를 내리고 무위는 단비를 내린다.

～ ～

하늘과 땅이 드넓고 만물이 다양해도 아랑곳없이 오로지 매미의 날개만을 알고 있을 뿐이다.

(雖天地之大 萬物之多 而唯 蜩翼之知)

숲을 보고 나무를 보지 마라. 어떤 때는 이렇게 말하고 또 어떤 때는 숲만 보질 말고 나무를 보라고 말한다. 이처럼 인간은 형편에 따라 코걸이 귀고리 식으로 마음을 쓴다. 마음이 혼란해서 그렇게 되는 게다. 혼란한 마음은 체 밑바닥 같고 헝클어진 실꾸리 같아 다 아는 것처럼 보이지만 실은 하나도 모른다.

반풍수가 사람을 망친다. 천지를 안다고 어찌 떠들 것이고 만물을 소상히 안다고 어찌 뽐낸단 말인가. 돼지 눈에는 돼지로만 보인다는 선문답은 이런 꼴을 두고 한 말일 게다. 매미 날개 쪽이 하늘이고 땅일 수 있으며 만물이 하나임을 안다면 무엇은 귀하고 무엇은 천하다는 옹고집에 틈이 나게 된다. 이렇게 되면 마음은 꽁생원의 딱지를 벗어나게 된다.

천지가 드넓다고 야망을 품고 청운의 꿈을 키우느라고 마음이 하루가 다르게 메말라 간다면 매미의 날개 쪽에 마음이 팔려 있는 쪽은 마음이 가난할 것이니 편하다. 서양에서도 마음이 가난해야 천국에 든다고 말했으니 어디에서나 인간의 야망은 사람을 못살게 구는 모양이다.

만물이 다양하므로 알 것이 많다면서 하나도 지식 둘도 지식이라고 조여매다 보면 그 지식이 사람을 잡는다. 항상 일등을 하고 일류 대학에 가야 한다고 밤낮으로 성화를 받았던 아이가 공부 안 하는 세상으로 간다고 유서를 남기고 투신 자살을 했던 일은 그 아이의 부모가 그 아이를 죽인 것이다. 아이를 잃은 것이 입시 제도 탓이라고 돌리면 공부하라는 데 질려서 죽은 아이는 살아남아 있는 그 부모를 용서하지 않을 게다. 지식에 대한 욕심이 사람을 잡고 세상을 망친다는 것을 공자도 몰랐다.

사람은 매미 날개에 불과하고 하늘의 구름도 매미 날개에 불과하며 다이아몬드 보석이나 은행의 보증 수표도 매미의 날개에 불과하다고 여길 수 있다면 마음이 얼마나 편할까. 천지의 만물을 아랑곳 않고 매미 날개 하나에 온 마음을 쏟을 수 있다면 얼마나 좋을까. 할 것이 너무 많고 알 것이 너무 많아 밤잠을 설치는 현대인은 매미 날개를 하나의 날개라고만 안다.

～ ～

질그릇을 놓고 내기 활을 쏘면 솜씨가 좋다. 은이나 동을 놓고 내기 활을 쏘면 주저한다. 황금을 놓고 내기 활을 쏘면 혼란해진다.

(以瓦注者巧 以鉤注者憚 以黃金注者殙)

복권을 살 때는 꿈을 꾼다. 행운이 오라고 빈다. 당첨이 밝혀지면 복권 쪽지는 쓰레기통 속으로 팽개쳐진다. 그리고 빌어먹을 놈의 복권이라고 욕을 해댄다. 이것은 욕심이 사나움을 밝혀 준다. 욕심은 눈이 없어 앞뒤를 모른다. 욕심은 귀가 없어 들을 줄 모른다. 그래서 욕심에 용심이 나면 코뿔소처럼 어디고 내달려야 한다. 이것이 욕심의 심란(心亂)이다.

마음이 잡히지 않아 통 일이 안 된다고 푸념한다. 왜 그런지를 곰곰이 생각하지를 못한다. 마음의 닻줄이 끊겨서 표류하고 있으면 있을

수록 세상이란 너울이 치는 성난 바다가 되어 버린다. 그래서 심란을 사나우면서도 옹졸하고 남의 탓으로 돌리려고 핏대만 세운다. 사람의 욕심은 사람을 시들시들 말라서 죽어 가게 한다. 이것을 피가 마른다고 말하기도 하고 입술이 탄다고 말하기도 한다. 이는 다 게걸스런 욕심이 마음의 고요를 앗아 간 후유증일 게다. 마음을 잡으려면 욕심을 버려야 한다는 것을 뻔히 알면서도 그렇게 하기가 어렵다. 인간은 욕심의 동물이라는 신앙이 굳기 때문이다. 무위란 무엇인가? 그러한 신앙을 깨 버리자는 것이다.

욕심이 적을수록 무위에 가깝고 욕심이 많을수록 인위를 가까이 하려고 한다. 물론 인위에도 옳음을 택하고 이익을 버리라고 한다. 그러나 왜 옳음을 택해야 하는가에 대한 해답에서 문제가 생긴다. 세상을 다스릴 군자는 의(義)를 가까이 하고 이(利)를 멀리해야 한다는 해답이 묘하다. 의를 탐하고 이를 버린다는 말은 앞뒤가 맞지 않는다. 마음이 무엇을 탐하면 무엇이든 마음을 심란하게 한다는 것을 놓치고 있는 까닭이다. 그래서 지극한 의에는 의가 없고 지극한 이에는 의가 없다고 한다.

지극한 의란 무엇일까? 만물을 이롭게 하는 그것일 게다. 지극한 이란 무엇일까? 두 사람이 백 원을 나누면 오십 원씩 나누어 갖고 다섯 사람이 나누면 이십 원씩, 그리고 열 사람이 나누면 십 원씩 고르게 나누어 갖게 하는 것이 지극한 이일 게다. 그러나 심란하면 지극한 의리(義利)로 진압하면 된다.

⁓ ⁓

발을 잊는 것은 신이 꼭 맞기 때문이고 허리를 잊는 것은 허리띠가 꼭

맞기 때문이다. 시비를 잊는 것은 마음이 스스로 알맞기 때문이다.

(忘足 履之適也 忘要 帶之適也 知忘是非 心之適也)

맨발로 있으면 발이 있다는 것을 잊는다. 발은 몸에 붙은 자연인 까닭이다. 그러나 신발을 신으면 발이 있다는 것을 느낀다. 발이 신을 신고 있기 때문이다. 그러나 그 신이 발을 아주 편하게 한다면 발과 신을 동시에 다 잊어버리게 된다. 그러나 신이 발보다 크면 벗어질 것이고 작으면 발을 아프게 하여 발이 있고 신이 따로 있음을 알게 된다. 시비란 무엇인가? 그것은 발보다 신이 큰 경우이거나 아니면 발보다 신이 작은 경우에 해당된다.

허리가 있음을 모르고 눕고 일어나고 앉고 선다. 허리는 몸의 자연인 까닭이다. 바지를 허리띠로 매면 허리를 느낀다. 띠가 허리에 붙은 까닭이다. 느슨하게 띠를 매면 바지가 흘러내려 걸음을 엇갈리게 하고 지나치게 꼭 잡아 매면 허리가 조여들어 하반신이 얼얼하게 되고 온몸이 불편하게 된다. 그러나 띠를 꼭맞게 매면 허리도 잊혀지고 띠도 잊혀져 온몸이 편하게 된다. 시비란 무엇인가? 허리가 조인다고 바지를 흘러내리게 맨 띠거나 아니면 바지가 흘러내린다고 허리를 조여 맨 띠와 같은 것이다.

시비를 가려서 쪽을 갈라놓는 것보다는 이쪽 저쪽을 다 잊는 것이 더욱 편하다. 시비란 무엇이 옳고 무엇은 그르다는 것이 분명하다면 일어나지 않는다. 분명치 않으므로 일어나는 게다. 분명치 않은 것을 분명하게 한다는 것은 흙탕물을 그릇에 담아 두면 물은 맑아지고 알갱이는 그릇 바닥에 쌓이는 꼴과 같게 된다. 시비를 가르면 앙금이 남게 된다.

시비를 하는 마음은 항상 시를 긍정하고 비를 부정하는 방향을 정해 놓는다. 그리하여 시의 쪽이면 이기고 비의 쪽이면 지는 것이란 결정을 내려 두고 시비를 걸므로 마음은 싸움을 하게 된다.

시비는 마음을 항상 변하게 하고 외물에 신경을 쓴다. 그래서 마음이 분주하게 검사도 되고 판사도 되고 변호사도 되면서 논고도 쓰고 판결도 하고 변론도 하려고 한다. 시비는 이와 같이 이겨야 한다는 욕심이다. 그러나 마음이 스스로 노닐고 편하려면 시비에 져 주는 편이 나을 게다.

11. 〈산목(山木)〉의 어록

～ ～

만나면 헤어지고 이룩되면 부서지고 모가 나면 깎인다. 높아지면 비방을 받고 일을 하면 결함이 남고 현명하면 모함을 당하고 어리석으면 사기를 당한다.

(合則離 成則毀 康則挫 尊則義 有爲則虧 賢則謀 不肖則欺)

사람의 일이란 원하는 대로 되지를 않는다. 오히려 그렇게 못되는 법이다. 사람의 짓에는 절대가 없고 항상 상대적인 까닭이다. 그러나 인간은 선악을 정해 놓고 선한 것은 영원하길 바라고 악인 것은 영원히 없어지길 바란다. 이러한 바람은 사람을 고통스럽게 한다. 또한 자기에게 항상 이롭기만을 소망하고 자기에게 항상 해롭지 않기를 소망한다. 이러한 소망이 만 가지 화근이 된다.

사랑할 때는 서로 좋다며 만나고 미울 때는 서로 싫다며 헤어진다. 한번은 결혼을 하고 한번은 이혼을 한다. 결혼이 왜 이혼의 화근이 되었을까를 살피지 않고 서로 탓하며 삿대질을 한다. 이는 만남과 헤어짐의 화근이다.

공든 탑이 무너지랴 하지만 무너진다. 제가 세운 송덕비는 죽고 나면 허물어지는 법이다. 남산에 섰던 우남 선생의 동상은 한번 섰다가 한번 넘어졌다. 이는 성취가 파괴로 이어지는 사실이고 모가 나서 깎여 내린 증거이며 존경이 비방으로 바뀐 역사다. 백범이 살해된 것은 현명하지만 모함이 따른 슬픔이었던 화였다면 그 저격범은 어리석어서 사기를 당한 꼴이 된 사건이었다. 이처럼 사람의 짓에는 항상 화근이 꼬리를 감추고 틈을 노리고 있는 셈이다. 그래서 맑은 날 우산을 들라고 하지만 사람이 어찌 우산의 갓으로 하늘을 가리고 땅을 적시는 빗물을 막을 것인가. 사람만 내리는 비를 피하려고 할 뿐이다. 들판의 풀처럼 비를 따르면 비를 맞는다고 걱정을 할 것은 없다. 이처럼 자연이 하는 대로 하면 화근이 내릴 곳은 없다.

사람만 한사코 우산을 쓰고 머리를 감추고 어깨를 움츠린다. 그러나 바짓가랑이에 흙탕물이 묻는 경우를 모른다. 결국 철벅거리다가 넘어져 오물을 뒤집어써야 손에 든 우산을 버린다. 그리고 생쥐처럼 된다. 이것은 비를 피한 화근일 게다. 순리대로 하라. 이는 자연을 믿고 따르란 말이다.

〜 〜

스스로 공을 앞세우는 자는 공을 잃어버리고 공을 이루어 거기에 연연하면 망신을 당한다. 명성을 이루고 거기 머무는 자는 욕을 먹는다.

（自伐者無功 功成者墮 名成者虧）

보석을 감추는 것은 모든 사람이 보석을 탐하는 까닭이다. 보석을 자랑하려고 가락지에 붙어 손에 끼고 다니면 도둑이 노린다. 손가락에서 보석을 빼 가는 경우라면 다행이지만 심하면 손가락을 잘라가 버린다. 이는 보석을 자랑하다 보석과 함께 손가락을 잘리고 병신이 되는 꼴이다. 공이란 가락지에 얹힌 보석 같다. 공을 자랑하면 시샘이란 도둑이 붙어서 다 훔쳐가 버린다. 그래서 공치사를 말라는 게다.

명성만큼 절세미녀는 없다. 누가 명성을 싫어할 것인가. 부러워하고 시샘을 할지언정 아무도 미워하진 않는다. 그래서 운동 선수가 금메달 따기를 소원한다고 내놓고 말해도 흉거리가 못 된다. 금메달이 운동 선수의 명성인 것은 분명하다. 없던 돈도 생기고 세상이 이름을 기억해준다.

그러나 금메달을 목에 걸고 난 다음 그 주인은 또 다른 연습으로 피땀을 흘려야 한다. 운동이 아닌 새로운 삶을 살아야 한다. 세세연년 금메달을 따서 목에 걸 수는 없기 때문이다. 그런 줄도 모르고 한순간 생긴 돈으로 거드름을 피우고 세상이 영원히 제 이름을 기억해 주리라고 믿는다면 바로 목에 걸었던 금메달이 돌부리가 된다는 것을 모르는 어리석음일 것이다.

매달 주는 연금으로 살면 된다고 하자. 늙어서 죽음을 기다리는 노인이 연금을 타면 보기 좋아도 젊은 나이에 연금을 받는다고 자랑할 것은 못 된다. 오히려 게으름만 세상에 알리는 꼴이 되고 말 게다. 이렇게 되면 스스로 몸을 망치고 손가락질만 당한다. 수모는 영광을 팔수록 더해진다.

명성이란 길에 박힌 돌부리라고 여기면 된다. 그 돌부리에 걸려서 넘어졌다고 그것을 발로 차지를 말라. 제 발만 아픈 법이다. 그리고 명성이 퇴기(退妓)를 낳는다고 믿으면 된다. 한때 젊고 이쁜 얼굴을 팔아 풍류객의 품에서 놀다가 눈가에 잔주름이 들기도 전에 권번의 툇마루에 앉아 수심가를 부른다고 명기라던 명성은 다시 오지 않는다. 명성은 지나가는 돌개바람이다. 명성에 걸신들리면 망신살이 뻗친다. 이것이 명성의 뒷물이기 쉽다.

❧ ❧

대개 이익으로 맺어진 사이는 위급한 일을 만나면 서로 버리게 되고 천륜으로 맺어진 사이는 위급한 일에 부딪치면 서로 뭉치고 합쳐진다.

(夫以利合者 迫窮禍患害相棄也 以天屬者 迫窮禍患害相收也)

고래잡이가 새끼 고래 한 마리를 잡으면 두 마리를 더 잡는다고 한다. 새끼를 빼앗긴 어미 고래가 포경선을 떠나지 못해 고래포의 작살을 맞아 죽는다. 그러면 처자를 잃은 애비 고래가 포경선을 향해 질주하다가 역시 작살에 맞아 죽는다. 피를 흘리며 바다에 떠 있는 세 마리의 고래는 천륜의 뭉침이 어떤 것인가를 보여 준다.

큰 부자일수록 유언장을 빨리 만들어 공증을 해 두면 그 집안이 덜 시끄럽게 된다. 만일 큰 부자가 졸지에 죽어 버린다면 분명 살아 있는 피붙이들이 송사를 내는 까닭이다. 유언장 없이 큰 부자가 죽게 되면 형제자매들이 각각의 몫을 찾으려고 유명한 변호사를 앞세워 재산 다툼을 하고 남보다 더 험한 사이가 되어 고인의 제상 앞에서도 으르렁거린다. 한 모자가 고인의 재산을 놓고 송사를 벌여서 세상이 놀란 적이 있었다. 미망인은 남편의 재산을 물려받겠다는 것이고 상주는 아버지의 재산이니 자신이 물려받아야 한다고 법에 하소연을 했던 셈이다. 돈덩이가 크면 쌈짓돈이 호주머니 돈이란 방정식은 성립되지 않는 모양이다. 그 모자의 법정 시비는 이익이 천륜을 잡아먹은 꼴이다. 천륜으로 따지자면 인간이 짐승만 못하다.

천륜이 식은 밥이 된 지는 오래다. 늙을수록 돈이 있어야 손자의 옷음을 맛볼 수가 있지 늙어서 궁하면 며느리의 눈칫밥을 먹으면서 날이 새면 부리나케 집을 나와 갈곳 없는 들개처럼 돌아다녀야 된다는 말을 파고다 공원에 나와 있는 노인들이 들려주는 사연이다. 이처럼 돈이 있어야 이제는 천륜도 살 수 있으므로 이익의 쟁탈 앞에선 고깃덩이를 놓고 으르렁거리는 성난 개들보다 더 험악한 용심(用心)을 인간은 서슴지 않는다. 이것은 천륜을 잊은 지 오래임을 말한다.

이익이 있으면 모이고 그것이 없어지면 미련 없이 헤어지고 사라지는 게 이익의 진리가 아닌가. 그렇다고 무슨 위험이 닥치든 천륜은 서로 뭉치게 한다는 말을 모두 잊었을까? 아니다. 망나니들만 잊고 있을 뿐이다.

12. 〈전자방(田子方)〉의 어록

～ ～

멀고 아득하여라. 덕이 온전한 군자는 멀고 아득하여 헤아릴 길이 없다.

(遠矣 全德之君子)

사람은 덕이란 말을 알지만 덕을 행하기는 어렵다. 덕망이 높은 사람이 있다고는 하지만 어떤 조건 아래서만 그렇다는 것이지 참으로 덕이 있다는 것은 아니다. 덕은 베푸는 것도 아니며 빼앗는 것도 아니다. 덕은 이익을 주는 것도 아니며 해를 끼치는 것도 아니다. 있는 그래도 그저 편하게 하면 덕에 가까울 수는 있다.

장자가 말하는 덕은 사람의 말로 풀어 내기가 어렵다. 차라리 만물 중에서 오직 인간만이 덕을 말하면서도 덕을 모르고 사는 목숨일는지 모른다. 움직여 이리저리 돌아다닐 수 있는 목숨보다 한 자리에 멈추어 있는 목숨이 차라리 장자의 덕을 보여 준다고 여겨도 된다. 온갖 식물을 보라. 식물이 살고 있는 모습이 바로 자연이 원하는 덕일 게다. 첫봄의 연약한 싹은 나무의 덕이고 여름의 무성한 잎새도 나무의 덕이며 가을의 단풍잎도 나무의 덕일 게다. 한 해를 나무로서 살게 한 잎새들의 구실을 곰곰이 헤려 본다면 잎새가 하는 일이 바로 나무의 덕인 것을 알게 된다. 목숨을 편하게 살 수 있게 하는 것이 바로 덕인 까닭이다.

살생하지 마라. 이것은 덕을 말하는 게다. 원수를 사랑하라. 이 역시 덕을 말하는 게다. 마음을 어질게 하라. 이 또한 덕을 말하는 게다. 그러나 온전한 덕이란 나무와 잎새의 관계와 같은 것이므로 살생이라든지 원수라든지 어짊이라든지조차도 모른다. 그저 있으므로 서로 있고 서로 있으므로 서로 사는 것이 덕일는지도 모른다. 어느 인간이 이러한 덕을 베풀었는가? 한 사람도 없다고 여겨도 된다. 역사에 위대한 인물도 명암이 있게 마련이고 인간은 본래 불완전하다는 단서를 달고 덕이 있고 없음을 재 보는 경우 외에는 덕이 온전한 인간이란 없는 법이다. 그래서 멀고 아득하다는 말로 덕을 말하는 모양이다. 덕은 절대일 뿐이다. 상대적인 타협이 아니다. 병을 주고 약을 주는 인간의 행위는 장자의 덕을 울릴 뿐이다.

〰 〰

태어남은 없는 것에서 비롯되고 죽음은 그 없는 것으로 되돌아감이다. 처음과 끝이 한없이 되풀이되어 다함이 없다.

(生有所乎萌 死有所乎歸 始終相反乎無端)

만물은 있는 것일까, 아니면 없는 것일까? 철학은 이러한 질문으로부터 시작되고 그 물음에 대한 해답을 얻으려고 철학은 많은 생각들을 남긴다. 그 많은 생각들이 변화를 알게 되었다.

만물은 무상하다. 여기서 무상이란 변화를 말한다. 흐르는 물에 발을 씻을 때 같은 물에다 발을 씻을 수 없다. 이 또한 변화를 말한다. 한 시간 두 시간이나 어제 오늘 내일 등등도 변화를 말한다. 이처럼 만물은 변화하지 않는 것은 없다. 이러한 변화를 통틀어서 생사라 한다.

목숨이 있는 것만 생사가 있는 것은 아니다. 무엇이든 있는 것이면 없는 것이 된다. 있는 것을 생이라 하고 없는 것을 사라고 여기면 된다. 오는 것을 생이라 하고 가는 것을 사라고 한다. 어디서 오고 어디로 가는 것일까? 이러한 물음이 바로 변화일 게다.

변화를 상반이라고도 하다. 서로 되돌아옴이 상반이다. 가면 오고 오면 가고 이것이 변화이다. 흙은 만물의 어머니란 말이 그래서 생겼다. 살아 있던 사람이 죽으면 어디로 가나? 흙으로 간다. 그렇다면 흙은 죽은 것들의 무덤이란 말인가? 무덤도 있고 집도 있는 것이 땅이다. 생사가 함께 있는 것을 흙이라고 여기면 된다. 나뭇잎을 보라. 청청히 무성하다가 낙엽이 되어 흙이 되는 나뭇잎을 보라. 인간도 자연의 입장에서 본다면 하나의 나뭇잎에 불과할 뿐이다.

생을 시작이라고 사를 끝이라고 생각하지 마라. 이것이 자연이 말하는 부탁일 게다. 손자를 안고 웃는 할아버지를 보라. 생은 사의 시작이고 사는 생의 시작이라고 손자와 할아버지가 말한다. 내 몸이 흙으로 돌아가면 내 영혼은 어디로 갈까? 허공의 바람이 되어 무슨 소리를 내면서 흘러다닌다고 여긴들 틀릴 것도 없고 오뉴월 뭉게구름 속의 번갯불처럼 무슨 힘이 되어 있으리라고 여긴들 무엇이 틀릴 것인가. 몸도 변화하고 마음도 변화해서 그 이전으로 돌아간다고 여긴다면 무슨 종말이 있단 말인가.

∽ ∾

풀을 먹는 짐승은 수풀이 바뀌는 것을 꺼려하지 않고 물속의 벌레는 물이 바뀐다고 싫어하지 않는다.

(草食之獸 不疾易藪 水生之蟲 不疾易水)

　여름의 무성한 푸성귀를 마음껏 먹었던 노루가 겨울이 되면 말라서 까칠한 풀새를 먹는다. 겨울을 원망하고 여름을 탐한다면 노루는 겨울의 숲에서 살아남지 못할 게다. 산에 사는 노루는 여름이면 여름대로 살고 겨울이면 겨울대로 산다. 더위와 추위를 탓하지 않고 자연이 허락하는 대로 노루는 살아가고 죽을 때가 되면 죽는다. 겨울에 마른 풀섶을 먹는 노루를 미련하다 하고 여름에 푸짐한 푸성귀를 먹었던 노루를 영리하다고 할 것은 없다. 여름이면 푸성귀를 마음대로 먹고 겨울이면 마른 풀섶을 먹고 사는 것이 노루의 자연일 뿐이다. 노루는 자연대로 산다.

　비가 와서 못물이 넘치면 물방개는 쓸려 나가 물웅덩이로 옮겨진다. 물웅덩이에 고인 물이 언제 말라 맨땅으로 변할지 모를 일이지만 웅덩이의 물 위에서 물방개는 여전히 빙빙 돌면서 물을 고마워한다. 결국 웅덩이의 물이 말라 붙으면 물방개는 물을 잃어버리고 온몸이 말라 흙 위에 걸쳐지게 되면 지나던 개미 떼가 먹잇감으로 실어 가 개미의 밥이 되고 만다. 물방개는 사람처럼 마음을 쓸 줄을 몰라서 물이 마르지 않는 못으로 돌아갈 줄을 모른다고 할 것은 없다. 물이 있으면 물방개는 빙빙 돌면서 삶을 즐기고 물이 없으면 말라 죽게 되는 것이 물방개의 자연일 뿐이다. 물방개는 자연대로 살다가 죽어 갈 뿐이다.

　사람만 제외한 만물은 자연대로 있다가 자연대로 간다. 오직 인간만이 자연대로 살다가 자연대로 죽어 가기를 거부한다. 이러한 거부를 우리는 고(苦)라고 한다. 삶이 고인 것은 그 삶이 자연이 아니라 인위

로 엮어지는 탓임을 장자는 이미 알았다. 여름을 에어컨으로 시원하
게 하고 겨울을 보일러로 따뜻하게 한다고 우쭐대지 마라. 더우면 덥
다고 겨울을 그리워하고 추우면 춥다고 여름을 그리워한다. 이처럼
인간은 변덕스럽다. 제 욕심대로 세상이 펼쳐지기를 바라는 까닭이
다. 이러한 까닭을 문화라 한다. 문화가 없는 노루나 물방개는 삶의
고를 모르고 살다 간다.

~ ~

나는 저절로 찾아오는 것을 물리치지 못하고 저절로 물러가는 것을
막지 못한다.

（吾以其來不可卻也 其去不可止也）

무엇을 좋아하고 무엇을 싫어한다고 못을 박으면 옹색해지게 마련
이다. 호오(好惡)가 분명할수록 좋다고 하지만 그 호오라는 것이 사람
에 따라 서로 다르니 무슨 기준으로 좋고 싫음을 가늠할 것인가를 조
금만 생각한다면 무엇은 좋고 무엇은 싫다고 갈라놓는 버릇도 하나의
억지일 게다. 끊고 맺음이 분명하여 사리가 밝다고 하는 것 역시 하나
의 억지일 게다. 억지를 부린다는 것은 제 뜻대로 하겠다는 욕심인 것
이다.

젊음이 좋고 늙음이 싫다면서 여인들은 얼굴의 잔주름을 원망하고
남자는 흰머리를 원망한다. 잔주름을 감추려고 짙게 화장을 하고 흰
머리를 감추려고 염색을 한다. 잔주름이 감추어졌다고 늙은 몸이 젊
어질 리는 없고 흰 머리카락이 검게 되었다고 젊어질 리도 없다. 이
모두 부질없는 짓이다. 이처럼 사람은 부질없는 짓을 함부로 하면서

도 의젓해한다. 이것은 모두 욕심이 저지르는 억지일 게다.

사람의 세상은 억지 탓으로 편하질 못하다. 나 아니면 안 된다는 생각 탓으로 세상이 어지러워지고 남보다 더 잘되어야 한다는 야망 탓으로 세상이 항상 소란스럽다. 정치를 하는 사람은 억지로 자기를 치켜세우려고 수작을 부리고 경제를 하는 사람은 억지로 자본을 모아들이려고 못할 짓을 하고 문화에 종사하는 사람들은 인기를 타야 한다는 욕심 탓으로 별의별 눈치를 본다. 그래서 우리가 사는 사회는 하루도 편하지 못하다. 왜냐하면 우리의 사회는 욕심이 부려 대는 억지로 편집되고 있는 까닭이다.

저절로 오면 오는 것을 맞이하고 저절로 가면 가는 것을 보내면 될 것을 알면서도 그러지 못하는 것이 사람이 부리는 욕심의 억지다. 실매듭을 풀려면 실을 당겨서는 안 되고 아무리 목이 말라도 한 모금의 물이면 된다. 억지로 매듭을 풀자고 실을 당기면 실이 끊어지고 갈증을 풀자고 한 사발의 물을 한 목에 들이키면 목이 메어 숨통이 막혀 죽는 법이다. 이처럼 억지로 무엇을 하려고 들면 부러지거나 끊어지거나 아니면 터지고 만다. 억지를 부리지 마라. 이것은 현대인이 가장 싫어하는 계율일 것이다.